울리는 수업

권일환 지음

울리는 수업

권일한 지음

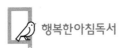 행복한아침독서

책을 내며

'한 학기 한 권 읽기' 수업하다가 3학년 아이가 소리쳤다.

"이게 제가 원하는 수업이라고요, 이렇게 배우고 싶어요!"

독서가 간접 경험을 하게 한다면, 독서 수업은 간접 경험을 직접 겪게 해준다. 독서 수업은 책 이야기를 내 이야기로 바꾼다. 당연하다고 여긴 것이 사실인지 생각하고, 작은 일에서 행복을 찾고, 글에 자신을 담아내고, 실수를 인정하고…… 무엇보다 진짜 자신을 마주한다. 자신이 누구인지 깨닫는 곳까지 이끈다. 초등 3학년 때 만나 9년 동안 독서 수업에 참여한 아이가 고등학교를 졸업하며 편지를 썼다.

감사합니다. 선생님 덕분에 10대의 마지막도 가치 있게 보낼 수 있었어요. 올 한 해는 정말 많은 일이 있었어요. 이겨내지 못한 일도 있었고 스스로를 확인할 수 있었던 일들도 있었어요. 혼란스러운 시간이었는데 그때마다 선생님과 함께했던 시간을 떠올렸어요. 끊임없이 나를 돌아보고, 당연하다 생각되는 걸 의심하고, 생각을 거듭하고 이해하려 노력했어요. 전부 선생님이 가르쳐주신 거예요.

제가 선생님께 배운 가장 소중한 것은 나를 마주하는 방법이었어요. 스스로를 인정한다는 게 정말 어려운 일이더라구요. 내 미운 점까지 전부 나라는 걸 이제는 받아들일 수 있어요. 부모님을 보며 '난 절대 저렇게 하지 말아야지!' 했던 모습도 결국에는 전부 '나'였어요. 처음에는 괴로웠는데 솔직해지고 비워내려 하니까 받아들여지더라구요. 고맙습니다.

언제나 가까이에 선생님이 계신다는 게 큰 위안이었는데 더 이상 그렇지 않아서 아쉬워요. 다시 만날 기회가 온다면 그때는 선생님과 많은 이야기를 나누고 싶어요. 아직 못해본 이야기들이 많잖아요.

초등학교 3학년 때 처음 만나 10년 동안 함께 책과 글을 나누면서 배운 것들은, 제 삶에서 가장 소중한 것들이에요. 제가 고흐를 사랑하는 것도, 사소한 일에서 행복을 찾는 것도, 글 속에 나를 담아내는 방법도, 실수를 인정하고 진짜 중요한 게 무엇인지 아는 것도 전부 선생님 덕분이에요. 다시 없을 최고의 순간들을 함께 해주셔서 감사합니다. 선생님 곁에 언제나 행복이 있길 바랄게요. 책 속의 세상에서도요. (글쓴이, 이가진)

아이들이 독서 수업을 기다린다. 책 읽기, 내용 알아보기는 재미있고, 토론은 즐겁게 긴장되며, 글을 쓰면 마음이 시원하다. 친구와 함께 책을 읽으면 즐겁다. 놀이로 내용을 알아보면 책이 더 재미있어진다. 토론하면 마음이 울렁이며 표현하고 싶어진다. 쓰고 싶은 내용이 생긴다. 책에 빠져들어 자기 이야기를 하고, 아픈 마음을 내보인다. 울기도 한다. 꼭꼭 감춰둔 생각을 털어놓고는 다음 수업을 기다린다.

독서 수업과 독서동아리를 하면서 아이들이 치유와 회복, 추억을 누렸다. 즐겁게 생각하고 배우며 자랐다. 책이 양분을 공급하고 열매를 맺게 했다. 소개한 편지가 독서 수업이 어떠했는지 잘 보여준다. 독서 수업이 어떻게 다시 없을 최고의 순간이 되었는지 소개한다.

차례

1부
수업 준비

독서 수업은 마음을 살피는 일이다.
책놀이로 마음의 빗장을 열고
질문으로 따뜻한 공간에 초대하면
아이가 감춰둔 마음을 드러낸다.
이럴 때의 수업은 고귀한 일이다.

나는 책벌레다. 집에 텔레비전이 없다. 핸드폰도 주로 통화용이다. 날마다 책 읽고 글을 쓴다. 내 자녀는 아빠가 책 읽고 글 쓰는 모습을 보며 자랐다. 아빠가 책벌레이면 자녀가 책을 읽을까? 부모가 책을 좋아해도 자녀가 책을 안 읽는 경우는 많다. 교사가 책을 좋아한다고 아이들이 책을 읽는 것도 아니다. 아이들이 책을 좋아하려면 모범만으로는 부족하다. 뭔가 더 있어야 한다.

　내가 아이들과 책으로 무언가를 함께 하지 않았다면 아이들은 독서와 글쓰기를 아빠의 취미 정도로 여겼을 것이다. 난 아이들을 살폈다. 관심사와 수준에 맞게 책을 여기 슬쩍 놓아두고 저리로 던져주었다. 아이들이 책을 즐거워하도록 도와주었다. 언젠가 막내가 '아빠 냄새'라는 말을 알려줬다. 아빠가 풍기는 분위기인데, 아빠 냄새가 나면 책을 읽고 공부할 마음이 생긴다고 했다. 아빠 냄새 덕분에 내 자녀들은 스트레스를 받지 않고 원하는 대학에 갔다.

　3월 2일, 새로운 아이들을 만난다. 학급 아이들은 아빠 냄새를 모른다. 옆 반과 똑같은 보통 아이들이다. 우리 반 이름을 '○학년 독서반'이라고 지었지만, 독서 수업을 많이 하지 않는다. 필독 도서를 정하거나 독서록을 쓰지도 않는다. 그래도 시간이 지나면 우리 반 아이들이 책을 읽는다. 내가 계속 책 냄새를 풍기기 때문이다.

새로운 단원을 시작할 때 가끔 책놀이[•]를 한다. 일주일에 한 번 아침에 책을 읽어주려고 노력한다. 공부하다가 이따금 책 이야기를 한다. 독서 행사할 때 '재미있겠지! 재미있을 거야!' 하며 부추긴다. 그렇다고 독서 활동을 많이 하는 건 아니다. 독서 활동을 많이 한다고 아이들이 책을 읽는 게 아니기 때문이다. 책은 아이들에게 쉬운 상대가 아니다. 몇 아이를 빼고는 모두 책을 부담스럽게 생각하고 힘겨워한다. 아이들 대부분은 책 읽는 자체를 싫어한다.

나는 책을 많이 안다. 오랫동안 아이들과 책을 읽었다. 토론 경험이 많아서 아이들이 귀를 기울이는 질문을 찾아낸다. 그러나 아이들이 책과 친해지는 까닭은 이런 것들 때문이 아니다. 아이들 마음을 헤아리지 않고 독서 활동을 많이 하면 점점 책을 싫어한다. 하기 싫은 걸 시키면 어른도 싫어하는데 아이들이라고 다를까! 아이들이 진짜 책을 좋아하게 하려면 억지로 하는 독서 활동, 행사 치르듯 겉핥기로 끝나는 활동에서 벗어나야 한다. 아이들 마음이 울렁여야 한다.

수업 과정은 이렇게 진행된다. '거꾸로 퀴즈'로 책을 소개하고 아이들과 함께 읽는다. 내용 알아보는 놀이를 준비하고 토론 질문을 만든다. 토론하면서 아이 마음을 들으려 노력한다. 아이들 반응을 기대하고, 아이들이 하는 말에 귀 기울이며, 아이들 마음에 다가선다. 그러면 아이들이 점점 책과 독서 수업을 좋아한다.

아빠 냄새는 따뜻한 냄새다. 아이들이 따뜻하다고 생각하는 공간에서 느끼는 냄새다. 아이들은 불안하면 잘 배우지 못한다. 따뜻한 곳에서는 마음을 연다. 독서 수업에서 가장 중요한 것은 믿고 들어주는 따뜻한 분위기이다. 그래서 독서 활동을 할 때 참가자들 마음을 편안하게 해주려고 노력한다. 마냥 느슨하게 받아주는 건 아니다. 사람은 서로를 함부로 대하

[•] 책으로 하는 놀이 활동이다. 『책벌레 선생님의 행복한 책놀이』(권일한, 행복한아침독서, 2020) 참고.

면 불안해한다.

시간이 지나면 우리 반에도 '책 냄새'를 맡은 아이가 생긴다. 아빠 냄새를 느끼는 아이가 점점 많아진다. 나한테서 풍기는 분위기랄까, 책을 말할 때 보이는 눈빛이랄까, 독서 활동할 때 바뀌는 표정이랄까 그런 게 있나 보다. 책을 대하는 내 마음에서 우러나오는 따뜻한 기운이 아이들 마음을 움직인다고 생각한다.

1부에서는 독서 수업 준비하는 과정을 소개한다. 책을 고르고, 책을 읽고, 질문을 준비하고, 내용 알아보는 활동을 안내한다. 무엇보다 중요한 건 따뜻한 공간이다. 아이들을 생각하며 책을 고르고, 아이들이 즐겁게 책을 읽도록 안내하고, 아이들 마음에 조심스레 다가가는 질문을 준비하고, 재미있는 방법으로 내용을 알아본다. 독서 수업에 좋은 책 목록, 책 읽는 방법, 토론 질문 만드는 방법, 내용 이해를 위한 놀이 방법이 아니라 아이들 마음을 듣고 싶어 하는 마음을 읽어주면 좋겠다.

1 ——— 독서 수업할
책을 정해요

교사가 좋아하는 책, 아이들이 좋아하는 책

독서 수업은 책과 아이들 삶이 만나는 시간이다. 교사는 책과 아이를
연결해주는 안내자다. 안내자가 즐거우면 아이들을 기쁘게 안내한다. 사
람은 좋아하는 일을 하면 즐거워한다. 좋아하면 잘 알게 되고, 잘 알면 잘
한다. 교사가 책을 잘 알고 좋아하면 준비 과정도 즐겁다. 자신이 깨닫고
느낀 것을 아이들에게 알려주고 싶어 기대가 커진다. 준비를 잘하면 자연
스럽게 좋은 결과가 나온다.

교사가 좋아하는 책으로 수업하려면 책과 활동 내용이 아이들 눈높이
에 맞는지 살펴야 한다. 특히 '이 정도 책은 읽어야 한다'는 생각을 버려야
한다. 독서 수업은 아이들 눈높이에 맞추어야 한다. 또 교사가 좋아하는
책으로 수업할 때는 다양한 책을 다루어야 한다. 좋아하는 분야만 읽지 말
고 동화, 소설, 사회, 과학, 예술 분야로도 수업해야 한다. 물론 관심이 없
던 분야의 책으로 수업하면 잘 안 될 수도 있다.

독서 수업을 처음 할 때는 수업에 성공하는 기억을 만들어야 한다. 쉬
운 책으로 가볍게 시작해서 수업을 잘했다는 기억을 가져야 한다. 실패 경

험은 용기를 꺾고 두려움을 심는다. 한 번 안 된다 생각하면 다시 하고 싶지 않다. 그러면 교사는 독서 수업을 부담스러워하고, 아이들은 독서 수업에 대한 거부감이 생긴다. 좋은 책을 골라 자연스러운 질문으로 독서 수업에 대한 좋은 기억을 만들면, 계속하고 싶어진다.

아이들은 자기들이 좋아하는 책이 눈높이에 맞다. 교사가 보기에 유치한 책을 아이들이 좋아한다. 어디에 초점을 맞추어야 할까? 독서 수업은 질문으로 이끌어간다. 질문을 잘 준비한다면 교사가 좋아하는 책으로 수업해도 된다. 어려운 책도 질문을 잘하면 아이들이 즐거워하는 독서 수업이 된다. 다시 말해서 책이 재미있거나 질문을 잘하거나 둘 중 하나는 갖추어야 한다.

독서 수업은 놀이와 활동, 질문과 토론으로 디딤돌을 놓아 아이들이 책을 즐기게 하는 과정이다. 이를 잘하는 교사는 어려운 책으로도 수업할 수 있다. 경험이 적거나 질문을 만들기 어렵다는 등의 이유로 부담스럽다면, 아이들이 좋아하는 책으로 수업하는 게 낫다. 아이들이 좋아하는 책으로 한두 번 수업하면서 독서 수업을 어떻게 하는지 배우자. 그런 다음 교사가 좋아하는 책으로 바꿔가자. 그러면 아이들이 '이번에도 재미있을 거야!' 하며 즐겁게 참여한다. 가장 좋은 책은 아이와 교사가 모두 좋아하는 책이다. 이런 책을 찾아야 한다.

아이들은 영웅 이야기를 좋아한다. 도화지로 아이언맨 팔 모양을 만들어 끼고 논다. 『슈퍼 히어로 우리 아빠』는 아빠가 영웅이다. 슈퍼 히어로인 아빠는 불에도 뛰어들고 사고가 나면 달려가 사람을 구한다. 가족들과 함께 있다가 갑자기 사라지면 누군가를 구하는 중이다. 아이들은 이런 책을 좋아한다.

아이들은 동물 이야기도 좋아한다. 『봄날의 곰』은 교실에 곰 한 마리가 나타나 사건을 일으키는 이야기다. 우리 삶을 재미나고 즐겁게 만드는 것 (곰)이 무엇이냐에 따라 생각이 달라진다. 『특별한 동물원』에서 산이는 동물을 좋아하는 봄이와 친해지려고 집에 펭귄이 산다고 말한다. 저학년 아이의 특징을 잘 살린 동화이다. 『화요일의 두꺼비』는 올빼미에게 잡힌 두꺼비가 올빼미 집에 갇혀 지내는 이야기다. 단순한 내용이지만 친구 관계에 대해 생각하게 하는 좋은 책이다.

무엇보다도 아이들은 자기들 삶을 과장한 이야기를 좋아한다. 가족을 주제로 토론하면 '동생이 없으면 좋겠다', '형 누나, 언니 오빠가 없으면 좋겠다'는 말을 자주 한다. 이때는 『레기, 내 동생』, 『가족을 주문해 드립니다!』 같은 책이 좋다. 학원에 시달리는 아이들은 『수일이와 수일이』나 『시간 가게』가 좋다. 수일이는 학원 가기 싫어서 가짜 수일이를 만든다. 『시간 가게』에서 윤아는 1등이 되려고 기억을 팔아 시간을 산다. 공부와 성적, 학원과 부모의 요구에 떠밀린 아이들과 수업하기 좋다. 게임과 영상에 빠진 아이에게는 『방과 후 사냥꾼』을 추천한다.

책을 좋아하지 않는 남자아이들에겐 판타지 성격이 강한 책을 추천한다. 『신기한 방귀 가루』는 노르웨이 작가가 썼다. 춥고 조용한 곳이기 때문일까, 스칸디나비아 작가들은 장난기가 넘친다. 내용이 황당하다 못해 괴상하다. 방귀 가루를 먹고 우주로 날아간다. 감옥에 갇힌 아이가 변기로 들어가 탈출하고, 하수구에 사는 아나콘다에게 잡아먹힌다. 남자아이들에게 로알드 달이 쓴 글처럼 황당한 이야기가 통한다.

작가의 의도가 드러난 책과 숨겨진 책

처음 독서 수업할 때는 작가의 의도가 드러나는 책이 좋다. 작가의 의도가 보이는 책은 고민하지 않고도 무엇을 말하는지 안다. 어떤 책인지 알면 수업 준비 시간이 줄어든다. 아이들도 내용을 쉽게 이해하고 질문에 대답을 잘한다. 아이들이 잘 대답하면 교사도 마음이 편해진다. 자연스럽게 수업이 즐거워진다. 교사와 아이 사이에 상호작용이 잘 일어나서 좋은 결과가 나온다.

『만복이네 떡집』은 나쁜 습관을 고치는 내용이다. 『나가자! 독서 마라톤 대회』는 자신감에 대한 이야기, 『무적 수첩』은 친구를 괴롭히지 말라는 이야기다. 셋 다 무엇을 말하는지 명확하고 내용이 짧아서 읽기 쉽다. 이런 책은 이해하기 쉽고 토론 주제가 확실해서 수업하기 편하다.

작가가 책을 쓴 목적이 드러난 책은 내용이 쉬워서 부담이 적다. 부담이 적고 재미있으면 자꾸 하고 싶어진다. 독서 수업 경험이 적어도 성공 가능성이 높다. 꾸준히 하면 아는 책이 점점 많아지고, 좋은 책을 나누고 싶은 욕심이 생긴다. 토론하고 싶은 마음도 생긴다. 그러면 좀 더 어려운 책에 도전한다. 독서 수업 경험이 쌓이면 작가의 의도가 잘 드러나지 않은 책, 다양한 생각을 하게 만드는 책이 좋아진다.

송미경 작가는 여러 가지 낯선 이야기에 작가의 의도를 숨겨놓았다. 『돌 씹어 먹는 아이』에는 일곱 개의 단편이 담겼다. 「혀를 사 왔지」는 작가의 의도를 찾는 게 재미있다. 「돌 씹어 먹는 아이」는 돌을 씹는 것이 무엇을 나타내는지 알면 금방 이해한다. 「지구는 동그랗고」, 「아빠의 집으로」는 약간 어렵다. 「종이 집에 종이 엄마가」, 「나를 데리러 온 고양이 부부」는 작가의 의도를 찾기 어렵다. 「혀를 사 왔지」와 「돌 씹어 먹는 아이」로 독서 수업을 하고, 아이들이 좋아하면 다른 작품을 다루는 방법도 괜찮다. 아이들이 『돌 씹어 먹는 아이』를 좋아하면 송미경 작가의 다른 책으로 수업한다.

김태호 작가도 기발하게 쓴다. 『신호등 특공대』에서는 신호등이 살아서 움직인다. 재개발 지역의 모습, 동물 보호, 우정, 사랑, 협력 등을 다룬다. 아이들 눈높이에 맞으면서 좋은 가치를 담았다. 『제후의 선택』은 열다섯에서 스무 쪽가량의 짧은 단편 아홉 편을 모았다. 일상에서 일어나는 일을 독특하고 색다른 시선으로 바라보았다. 쉬운 단편부터 하나씩 수업하면 어려운 작품도 읽고 싶어질 것이다.

이금이 작가는 위층 아이들이 시끄럽게 뛰어서 '망나니들'이라 생각했다. 그런데 엘리베이터에서 위층 아이들이 눈치 보는 모습을 보고는 아이들을 미워하지 않으려고 상상하기 시작했다. 상상의 결과로 나온 책이 『망나니 공주처럼』이다. 층간소음을 다룬 내용이라면 독서 수업하기 쉽겠지만 이 책은 다르다.

망나니 공주는 말타기, 담장 고치기, 나무 오르기를 좋아한다. 요리와 바느질은 못 한다. 왕자는 요리와 바느질, 정원 가꾸기를 잘한다. 성 역할 고정관념을 다룬 책 같다. 그런데 '공주다움, 나다움'을 말한다. 자아상, 자의식을 다루는 책인가 싶은데 다시 부모와 자녀 이야기로 나아간다. 전쟁을 일으켜서 상처를 달래는 털보 왕과 눈물과 슬픔으로 상처를 달래는 홀쭉이 왕이 친구가 되는 이야기이기도 하다. 짧은 내용에 생각할 거리가 많다. 여러 가지 이야기를 들려주는 책이다.

함께 토론한 교사들이 『망나니 공주처럼』은 읽긴 쉽지만 무엇을 토론할지 찾기 어렵다고 했다. 그런데도 이 책으로 수업해보고 싶다고 했다. 교사들은 나다움, 모범이 되는 삶, 자기를 찾는다는 것, 이야기의 일부만 알 때와 전부를 알 때의 차이, 아내를 잃은 두 왕이 상처를 드러내는 모습 등을 나누었다. 아이들과 가볍게 수업하기에도 좋고, 책을 좋아하는 아이들과 깊이 빠져들기에도 좋은 책이다.

여백이 많은 책, 여백이 적은 책

독서 수업하기 좋은 책을 추천해달라는 부탁을 받는다. 독서 수업에 좋은 책 목록은 만들기 어렵다. 사람마다 보는 눈이 다르기 때문이다. 좋아하는 책이 다르고, 같은 책에서도 좋아하는 부분이 다르다. 책을 읽은 느낌, 관심 두는 부분도 다르다. 독서 수업 경험, 독서 수업 방향과 활동 내용에 따라 수업하기 알맞은 책이 달라진다. 그래서 책 추천해달라 하는 분에게 책을 좋아하는지, 독서 수업을 얼마나 했는지, 누구와 무엇을 하고 싶은지 묻고 책을 알려준다.

독서 수업이 낯선 분에게는 여백이 적은 책을 추천한다. 여백이 적은 책은 작가의 의도가 단순하고 다루는 주제가 적다. 독자가 무얼 느끼고 알아야 하는지 정해진 책이다. 주제 파악이 쉽고 내용도 쉬워서 복잡한 생각이 들지 않는다. 여백이 많으면 생각이 복잡해지고 이야기할 내용이 많아진다. 읽을 때마다 생각이 달라진다.

여백이 많으면 읽을수록 다른 맛이 우러난다. 토론 주제를 잡기 어렵고 글을 쓰기도 어렵다. 도대체 무얼 말하는지 모르겠다는 분도 있다. 그러면 수업하기 어렵다. 대구에서 5~6학년 열 명과 『망나니 공주처럼』으로 독서토론을 했다. 6학년 아이가 "책을 처음 읽을 때 글밥도 적고, 글씨 크기도 커서 '저학년이나 보는 책을 왜 대화 주제로 선택했을까?' 생각했다. 책을 읽을 때도 무슨 이야기를 책에서 하고 싶은지 잘 이해가 안 됐다."라고 했다. 20분이면 읽는 내용이지만 무엇을 말하는지 몰랐다. 여백이 많기 때문이다.

여백이 많은 책은 분량이 짧아도 읽는 시간이 오래 걸린다. 분량만 보고 저학년 책이라고 얕보면 안 된다. 그림책은 여백이 많아서 읽을 때마다 생각이 달라진다. 반면, 분량이 길어도 여백이 적은 책이 있다. 쉽고 재미있는 이야기가 계속 이어진다. 읽기 편해서 인기가 많다. 작가의 의도를 찾기도 쉽다. 아이들도 편하게 읽는다. 독서 수업을 시작하기에 좋은 책이다.

『꼴뚜기』는 여섯 개의 단편이 실린 동화책이다. 단편 「꼴뚜기」는 왕따 문제를, 「사랑 사랑 누가 말했나」는 이성교제를 다루었다. 「축구공을 지켜라」는 고학년이 저학년 공을 빼앗아 차는 이야기다. 일정한 주제를 다루어서 내용이 명확하다. 독자가 생각할 공간이 적다. 『어린 왕자』는 '이런 이야기다'라고 정리하기 어렵다. 내용이 짧지만, 여백이 많으므로 아이보다는 어른을 위한 책이다.

여백이 적은 책은 글을 쓰기도 쉽다. 「꼴뚜기」를 읽으면 왕따를 토론하고 왕따에 대해 글을 쓴다. 어떤 아이는 '왕따 생각하라고 선생님이 『꼴뚜기』 읽으라 하셨네!' 한다. 이런 책은 독서감상문을 쓰기 쉽다. 그래서 독서 수업을 시작하는 분에게 추천한다. 다만 아이들이 비슷한 내용으로 글을 쓰는 경우가 많다.

다양한 생각을 나누려면 여백이 많은 책이 좋다. 여백이 많은 책은 정해진 답이 없다. 정답이 아니라 자기 생각을 말해야 한다. 처음에는 무슨 말을 할지 몰라 어색하겠지만, 시간이 지나면 자기 생각으로 여백을 채워 이야기한다. 그래서 나는 여백이 많은 책을 좋아한다. 다양한 생각을 듣기 때문이다. 자기 색깔을 드러내어 글을 쓰려면 여백이 많은 책이 좋다. 여백이 많으면 빈 곳에 우리의 생각과 경험을 채워 넣어야 한다. 열 명이 같은 책을 읽고 서로 다른 열 가지 생각을 나눈다면 얼마나 풍성한가! 여백이 적은 책으로 시작해서 독서 수업을 즐기고, 조금씩 여백이 많은 책으로 깊어지면 좋겠다.

읽기 쉬운 책 vs 고전 명작

『나니아 연대기』는 1억 부 넘게 팔렸다. 아이들이 『나니아 연대기』를 읽고 보낸 편지가 너무 많아서 답장을 보내기 위해 작가 C. S. 루이스는 형의 도움을 받아야 했다.● 여덟에서 열 살 아이들이 편지를 많이 썼으며 일곱 살 아이도 『나니아 연대기』에 대한 의견을 보냈다. 우리나라에선 열 살이 넘어야 이 책을 읽는다. 우리나라 어린이 독자 대부분은 쉬운 책을 좋아한다.

뉴베리상은 어린이책의 노벨상으로 불린다. 주요 독자가 어린이들이다. 그러나 우리나라 어린이는 뉴베리상 수상작을 힘들어한다. 책을 많이 읽는 초등학교 6학년, 중학교 1학년 학생도 뉴베리상 수상작인 『하늘을

● 루이스가 쓴 답장을 모은 책 『루이스가 나니아의 아이들에게』(C. S. 루이스, 홍성사, 2012) 참고.

달리는 아이』를 힘들어했다. 뉴베리상 수상작『밉스 가족의 특별한 비밀』
도 토론하기 어렵다고 했다. 아이들은 읽기 쉬운 책, 금방 공감을 불러일
으키는 책을 좋아한다. 우선 그런 책으로 수업해야 한다. 쉬운 것부터 천
천히 알려줘야 한다.

다만 이런 책으로 수업하면 가볍게 끝난다. 재미있긴 하지만 아쉬움이
남는다. 독서 수업을 한두 번 하고 말 거라면 뉴베리상 수상작을 추천한
다. 한 번만이라도 좋은 책을 맛보라 권한다. 딱 한 번 이탈리아나 멕시코
음식을 먹는다면 제대로 된 집에서 진짜 맛을 봐야 하지 않겠나! 먹는 방
법을 몰라 당황하고 모양과 맛이 낯설어 실망할 수도 있지만, 딱 한 번이
니까 전문 식당에 가야 한다. 그래야 제맛을 안다.

뉴베리상 수상작을 읽으려면 읽는 힘이 있어야 한다. 읽는 힘은 읽어
야 생긴다. 읽는 힘이 없을 때는 가볍고 쉬운 책, 고민하지 않아도 되는 책
에 손이 간다. 스마트폰이 널리 보급되면서 쉬운 책을 읽을 때도 노력이
필요한 시대가 되었다. 스마트폰은 특별히 노력하지 않아도 쉽게 보지만,
책을 읽는 데는 힘이 필요하다. 고전 명작을 읽을 정도의 힘을 가지려면
시간이 오래 걸린다.

권정생 선생님은 "읽을 때 불편한 책이 좋은 책"이라 했다. 불편한 책
은 피하고 싶은 감정이나 문제를 끄집어내어 고민하게 한다. 독서 수업에
는 불편한 책이 좋다. 불편한 지점에서 갈등과 고민이 생기고, 고민하며 배
우면 점점 자란다. 배움의 목적이 성장 아닌가! 재미로 시작해도 더 높은
곳을 바라보아야 한다. 처음엔 쉬운 책으로 시작하더라도 점점 불편한 책
으로 바꾸어야 한다. 꾸준히 하면 불편한 책도 재미있어진다.

좋은 책은 우리가 '되어야 하는' 모습을 보여준다. 현실을 날카롭게 밝
힌다. 인간 본성의 문제와 시대의 모순을 드러낸다. 좋은 책은 우리가 이
자리에 머무르면 안 된다고, 모순을 딛고 일어서라고 말한다. 고전이 이런
책이다. 고전 명작만이 좋은 책이라는 말은 아니다. 그림책과 동화책 중에

도 좋은 책이 많다. 고전 명작을 말한 까닭은 고전 명작을 읽는 수준의 독서 문화가 이루어지기를 바라기 때문이다. 우리나라는 초등학생이 책을 가장 많이 읽는다. 중학교, 고등학교로 갈수록 책을 읽는 시간이 줄어든다. 성인 독자는 10퍼센트도 안 된다.

학교에서 독서교육을 많이 하고, 도서관의 영향력이 커지고, 가정에서 독서를 강조하여 독서 문화가 넓어지고 깊어져야 한다. 아이와 아이가, 아이와 어른이, 어른과 어른이 함께 읽고 토론하는 문화가 이루어져야 한다. 그러면 가정이 더 화목해지고 문화가 발전할 것이다. 어릴 때 읽은 책을 어른이 되어서도 읽고, 부모와 이야기한 책을 자녀와도 이야기하면 얼마나 좋을까! 그런 책이 진짜 고전 명작이다.

다양한 주제를 다룬 책으로 나아가자

독서도 편식이 강하다. 사람들은 자기가 좋아하는 분야의 책을 많이 읽는다. 누군 문학책을, 누군 역사책을, 누군 위인전이나 사회 관련 책을 선호한다. 자기계발 책이나 시집을 좋아하는 사람도 있다. 교사가 역사를 좋아해서 역사책으로 수업하면 역사를 좋아하는 아이는 열광한다. 자칫 교사와 역사 마니아만의 수업이 돼버린다. 독서 수업을 잘하려면 역사책으로 수업할 때, 역사에 관심 없는 아이를 생각해야 한다.

교실에는 동화, 시, 역사, 과학을 좋아하는 아이가 함께 있다. 동화책으로 수업하면 시, 역사, 과학을 좋아하는 아이를 고려해야 한다. 다양한 주제를 다룬 책을 골고루 나누어야 한다. 이번에는 동화책, 다음에는 역사책으로 수업해야 한다. 아이들이 과학책, 경제를 다룬 책, 다문화, 인권 등을 다룬 책을 골고루 만나게 해야 한다. 다양한 아이가 다양한 주제로, 여러 가지 이야기를 하도록 안내해야 한다. 한 분야의 책에 푹 빠져 수업하고 싶다면 독서동아리를 추천한다.

주제별 독서 수업 추천도서

친구 사이, 가족 사이에서 일어나는 일을 다룬 책

초등 저학년 : 『쿵푸 아니고 똥푸』, 『내 이름은 구구 스니커즈』, 『꽝 없는 뽑기 기계』, 『하룻밤』, 『한밤중 달빛 식당』, 『마술 딱지』, 『우리 동네에 혹등고래가 산다』

초등 고학년 : 『어느 날 그 애가』, 『하룻밤』, 『여름이 반짝』, 『축구왕 이채연』, 『영모가 사라졌다』, 『장수 만세!』, 『숨은 신발 찾기』, 『속상해서 그랬어!』, 『주병국 주방장』, 『천사를 미워해도 되나요?』, 『잃어버린 자전거』, 『두 배로 카메라』, 『일기 먹는 일기장』, 『기호 3번 안석뽕』, 『모양순 할매 쫓아내기』, 『방과 후 사냥꾼』, 『노잣돈 갚기 프로젝트』, 『혼자 되었을 때 보이는 것』, 『플레이 볼』, 『비교는 싫어!』, 『빨강 연필』, 『바꿔!』, 『너는 나의 달콤한 □□』, 『어쩌다 보니 영웅』, 『불량한 자전거 여행』, 『만국기 소년』, 『딸기 우유 공약』, 『문제아』(제리 스피넬리 지음)

과학, 환경, 자연 등을 다룬 책

『꼬불꼬불나라의 환경 이야기』, 『네모 돼지』, 『닭답게 살 권리 소송 사건』, 『담임 선생님은 AI』, 『랑랑별 때때롱』, 『로봇 반장』, 『마지막 거인』, 『복제인간 윤봉구』, 『불 꺼진 아파트의 아이들』, 『세계를 바꾸는 착한 마을 이야기』, 『수상한 진흙』, 『신호등 특공대』, 『아빠를 주문했다』, 『알래스카의 썰매 타는 아이』, 『야생 동물은 왜 사라졌을까?』, 『엄마 사용법』, 『우주로 가는 계단』, 『줄리』, 『하늘이 딱딱했대?』, 『해리엇』

역사를 다룬 책

『꼬마 역사학자의 한국사 탐험』, 『꽃신』(김소연 지음), 『김란사, 왕의 비밀문서를 전하라!』, 『나는 비단길로 간다』, 『담을 넘은 아이』, 『돌 던지는 아이』, 『동방의 마르코 폴로 최부』, 『명혜』, 『백정의 아들, 염』, 『서찰을 전하는 아이』, 『선사 시대 제물이 된 찬이』, 『안중근 재판정 참관기』, 『오월의 달리기』, 『우리말 모으기 대작전, 말모이』, 『조선의 마지막 춤꾼』, 『조선의 마지막 호랑이 왕대』, 『창경궁 동무』, 『책 깎는 소년』, 『책과 노니는 집』, 『1940년 열두 살 동규』, 『첩자가 된 아이』, 『초정리 편지』, 『판소리 소리판』, 『하늘을 울리는 바이올린』, 『할머니의 수요일』

경제를 다룬 책

『비정규 씨, 출근하세요?』, 『생각이 크는 인문학』, 『세상의 모든 돈이 내 거라면』, 『열두 살 백용기의 게임 회사 정복기』, 『우리는 돈 벌러 갑니다』, 『좋은 돈, 나쁜 돈, 이상한 돈』, 『천 원은 너무해!』, 『흥부전, 부를 탐하다』, 『조선 갑부 흥보의 흥보은행 설립기』

장애를 다룬 책

『글자가 너무 헷갈려』, 『기적의 피아노』, 『나는 멋지고 아름답다』, 『나와 조금 다를 뿐이야』, 『복희탕의 비밀』, 『아름다운 아이』, 『엄순대의 막중한 임무』, 『옥상 위를 부탁해』, 『우리들만의 규칙』, 『투명 인간』, 『바람을 가르다』, 『학교잖아요?』

인권을 다룬 책

『나는 초콜릿의 달콤함을 모릅니다』, 『나와 조금 다를 뿐이야』, 『내게는 소리를 듣지 못하는 여동생이 있습니다』, 『무기 팔지 마세요』, 『손으로 보는 아이, 카밀』, 『새피의 천사』, 『신나게 자유롭게 뻥!』, 『우물 파는 아이들』, 『지구촌 곳곳에 너의 손길이 필요해』, 『진짜 투명인간』

위의 책들을 추천한다. 추천 목록을 따라가다가 자기만의 목록을 만들어보자. 수업이 하나씩 쌓이면 책을 가지고 아이에게 다가가기가 점점 쉬워질 것이다.

2 ——— 책을 읽어요

2003년, 탄광 마을 학교에서 처음으로 아이들에게 책을 읽어주었다. 그땐 책 읽어주는 부모나 교사가 없었다. 나도 우연히 읽어주기 시작했다. 읽어준 책 제목, 아이들이 듣던 모습, 선생님이 책을 읽어주었다고 일기 쓴 아이가 지금도 기억난다. 그때 좋아하던 아이들을 떠올리며 지금도 아이들에게 책을 읽어준다.

난 책 읽어주는 기술이 뛰어나지 않다. 구연동화를 배우지 않았다. 목소리를 과장할 줄 모른다. 다양한 목소리를 흉내 내지도 못한다. 시골 아저씨가 약간의 기교를 넣어 읽어주는 정도다. 아이들이 좋아하는 책을 고를 수는 있지만 재미있게 읽는 재주는 없다. 그냥 읽어주는데도 아이들이 책 읽어주는 시간을 기다렸다. 읽어주는 시간이 끝날 때마다 아쉬워했다.

그때와 달라진 점이 있다. 지금 아이들은 내가 읽어주는 책을 직접 읽으려 한다. 2000년대 아이들도 책을 읽으려 했지만 지금 아이들이 더 적극적이다. '직접' 읽겠다고 나선다. 엄마에게 똑같은 책을 사달라고 조른다. 책을 사는 문화가 자리 잡은 것 같다. 책을 읽어주면 같은 책을 펴놓고 읽어주는 부분을 손가락으로 따라가기도 한다. 책 읽어주면 아이들이 좋아하는 건 그때나 지금이나 똑같다.

독서 수업을 위해 책을 읽어야 한다면 직접 읽어주기를 권한다. 책 읽기 싫어하는 아이도 선생님이 읽어주면 듣는다. 선생님이 읽어주고, 친구와 함께 들으면 더 재미있다. 할머니, 할아버지가 옛날이야기를 들려주는 추억을 교실에서 만들어가는 셈이다. 선생님이나 부모가 읽어주는 책은 맛있는 간식과 같다. 아이들이 과자 상품 대신 책 읽어주는 상품이 더 좋다고 한다. 방법도 간단하다. 일주일에 하루를 정해 아침마다 10~15분씩 읽어주면 된다.

동화는 한 장(chapter) 분량이 열다섯 쪽 내외여서 읽어주기 좋다. 일주일에 한 번 읽어주면 두 달 만에 백오십 쪽 분량의 책 한 권을 읽는다. 『꼴뚜기』, 『제후의 선택』 같은 단편 모음은 하나씩 읽기 편하다. '한 학기 한 권 읽기'를 위해서라면 수업 시간에 책을 읽어줘도 된다. 다 읽어주기 힘들다면 몇 번 읽어주고 "남은 내용은 집에서 읽어와라." 하거나 "선생님 대신 책 읽어줄 사람을 찾습니다." 해도 좋다.

요즘 아이들은 구연동화 하듯 실감 나게 읽는다. 자신이 등장인물이 되어 연기하듯 읽는 아이도 있다. 탄광 마을 학교에서 성우를 꿈꾸는 아이를 만났다. 광부 아빠는 아이에게 무관심했고, 엄마도 아이를 방치했다. 4학년이 될 때까지 아이를 학교에 보내지 않았다. 아이는 인형으로 여러 목소리를 만들며 놀았다. 책을 어찌나 실감 나게 읽는지 성우 같았다. 들을 때마다 빠져들었다.

책을 읽어줄 때는 아이들 평균보다 조금 수준 높은 책이 좋다. 아이 스스로는 읽지 않을 책을 이런 기회에 들려준다. 초등학생들은 읽을 때보다 들을 때 더 잘 이해한다. 책을 많이 읽지 않은 아이는 읽어도 이해하지 못하는 문장이 있다. 듣기는 이보다 쉬워서 혼자 읽기 어려운 내용도 들으면 이해한다. 나는 대부분 약간 어려운 책을 읽어주었다.

미로초등학교에서 근무할 때 도서관을 리모델링했다. 도서관 정면 칠판 위에 양각으로 문장을 붙였다. "난 행복한 부자야. 내겐 책과 도서관이 있거든." 교실과 집에서도 아이들이 행복한 부자가 되면 좋겠다. 부모와 교사가 책을 읽어주어서 아이들을 행복하게 하면 좋겠다. 목이 좀 아프지만 그만한 가치가 있다. 아이들이 책 읽어주는 부모를 만나, 책과 노닐며 행복하기를 바란다.

짝과 읽기, 모둠에서 읽기

2008년에 큰 학교로 근무지를 옮겼다. 지역에서 가장 큰 학교라 도서관이 있었다. 작은 학교에도 차츰 도서관이 생길 때였다. 그런데 도서관에 똑같은 책이 많았다. 해마다 학급에 20~30만 원 정도 도서 구입비를 주었는데, 한 사람이 도서목록을 정하면 학년 전체가 똑같은 책을 사는 경우가 많았다. 이듬해에 이전 목록을 그대로 쓰기도 했다. 그래서 도서관에 책 종류가 적고, 같은 책이 잔뜩 있었다.

좋은 책이 스무 권씩 꽂혀있으면 괜찮다. 아이들 손때가 묻은 책들도 좋다. 그러나 대부분은 새 책 그대로 열 권, 스무 권씩 쌓였다. 몇 년 지나 색이 바래면 읽지도 않은 책을 그냥 버렸다. 도서관에 책이 다양하지 않은 데다 엉터리 같은 책을 쌓아둬서 안타까웠다. 똑같은 책을 더미로 쌓아두는 짓을 언제까지 할지 답답했다. 그 뒤로 같은 책을 여러 권(복본) 사는 걸 싫어했다.

10년 뒤에 '한 학기 한 권 읽기'가 시작되면서 책을 복본으로 사라는 공문을 받았다. 공문 보면서 '이제야 독서교육을 제대로 하는구나!' 생각했다. 같은 공문을 10년 전에 받았다면 말도 안 된다고 화를 냈을 것이다. 이렇게 생각한 까닭은 독서 환경이 바뀌었기 때문이다. 학교마다 도서관이 생겼다. 도서관에 좋은 책이 많아졌다. 좋은 책을 추천하는 곳도 많아졌다. 책 모임에 참여하는 교사가 많아졌고, 책을 쓰는 교사도 많다. 독서 수업과 활동이 다양해졌다. 이제는 살 책을 정하기 귀찮아서가 아니라 제대로 수업하기 위해서 복본을 산다.

독서 수업을 하려면 아이들이 책을 읽어야 한다. 도서관에 '복본'이 없다면 돌려 읽기와 함께 읽기를 한다. 돌려 읽기는 순서를 정해서 돌아가며 책을 읽는 방법이다. 한 아이가 책을 다 읽고 다른 아이에게 건넨다. 두 번째 아이가 책을 다 읽고 세 번째 친구에게 건넨다. 한 권으로 여러 명이 읽는 장점이 있지만, 도중에 한 아이라도 게으름을 피우면 책을 못 읽는 아이가 생긴다.

함께 읽기가 돌려 읽기보다 효과가 좋다. 책이 학생 수의 절반만큼 있다면 짝과 읽기를 한다. 책이 학생 수의 4분의 1만큼 있으면 모둠에서 읽기를 한다. 짝과 읽기, 모둠에서 읽기 모두 아이들이 번갈아가며 읽는다. 짝과 읽기는 한 아이가 읽고 이어서 짝이 읽는다. 모둠에서 읽기는 모둠 친구들이 순서대로 돌아가며 읽는다. 일정한 분량을 읽는 방법과 일정한 시간만큼 읽는 방법이 있다. 똑같은 분량을 정해서 읽는 것보다 시간을 정해서 읽는 게 좋다.

읽기 능력이 뛰어난 아이(A)와 부족한 아이(B)가 다섯 쪽씩 번갈아 읽는다고 하자. A는 다섯 쪽을 빨리 읽지만 눈으로 읽을 때보다 느리다. B는 읽는 능력이 부족하지만 A가 읽는 소리를 들으며 따라 읽으면 더 빨리 이해해서 좋다. 반대로 B가 읽을 때는 A가 답답해한다. 읽기 능력이 부족한 아이가 소리 내서 읽어야 하니 더 느리다. 똑같은 분량을 읽게 하면 A는 B와 같이 읽기 싫어한다.

3분마다 바꿔 읽기를 해보자. A가 3분 동안 다섯 쪽을 읽고 이어서 B가 읽는다. B는 천천히 읽으므로 3분 동안 한두 쪽을 읽는다. B가 읽을 때 A가 좀 답답하지만 3분은 길지 않다. 짝이 모르는 낱말을 도와주기도 한다. 잠시 뒤에 A가 다시 읽는다. B는 책을 보면서 친구가 약간 빠르게 읽는 소리를 따라간다. 다시 자기 차례가 되면 천천히 책을 읽는다. 이렇게 하면 A와 B 모두 책을 이해하며 읽는다. 자기 목소리와 친구 목소리를 번갈아 들으면 즐겁다.

일정한 시간마다 소리를 내주는 프로그램(앱)*도 있다. 짝과 읽을 때 아이들이 잘 읽으면 5분마다, 읽기 힘들어하면 3분마다 신호를 보낸다. 모둠에서 읽을 때는 짝과 읽을 때보다 시간이 짧아야 한다. 세 명이나 네 명이 번갈아 읽으면 짝과 읽을 때보다 지루해진다. 이때는 2분이나 3분마다 신호를 보내면 좋다.

각자 책을 읽으면 빨리 읽는 아이와 늦게 읽는 아이의 차이가 크다. 짝과 읽거나 모둠에서 읽으면 시간 차이가 줄어든다. 선생님이 한 부분을 읽어주고, 이어서 짝과 10분 읽고, 짝과 짝이 만나 모둠을 만들어 다시 10분을 읽고, 마지막으로 선생님이 읽어주면 아이들이 계속 집중한다. 약간의 변화는 아이가 집중하게 도와준다.

앞서 한 설명이 복잡하다면 아주 간단한 방법이 있다. 책을 펼치면 왼쪽과 오른쪽 두 쪽이 보인다. 두 쪽을 짝과 번갈아 읽는다. 책을 펼치고 딱 봤을 때, 읽을 양이 많은 쪽을 A가, 양이 적은 쪽을 B가 읽는다. A-B-A-B로 순서대로 읽는 게 아니라 A(글씨가 많은 왼쪽)-B(글씨가 적은 오른쪽)-B(적은 왼쪽)-A(많은 오른쪽) 순서가 되기도 한다.

각자 집에서 읽어오기

나는 읽어주는 책과 독서 수업하는 책이 다르다. 책을 좋아하는 아이들에게는 약간 어려운 책을 읽어준다. 책에 관심이 없는 아이들에게는 재미있는 책을 읽어준다. 분량이 짧은 책을 자주 바꿔가며 읽기도 하고 긴 분량의 책을 꾸준히 읽어주기도 한다. 아이들 수준과 관심에 맞는 책을 골라 읽어준다. 책을 읽어주면 아이들이 좋아한다. 수업을 위해서가 아니라 책 자체에 빠져드는 시간을 누리는 게 좋다.

* '타이머 반복 재생'을 검색하면 몇 가지 프로그램을 안내한다.

'한 학기 한 권 읽기'나 '독서 캠프'를 하려면 아이들이 책을 읽어야 한다. 이때는 책을 읽어주지 않는다. 책을 읽어주는 게 좋지만 수업해야 한다는 의무 때문에 읽어주는 느낌이 들기 때문이다. 수업해야 하니까 책을 읽어야 하고, 아이들이 책을 읽기 싫어해서 교사가 읽어준다면 독서 수업을 억지로 하는 셈이다. 이렇게 시작하면 수업도 떠밀려 하는 경우가 많고, 수업 과정이 힘들어진다.

아이들이 스스로 책을 읽는 게 가장 좋다. 스스로 읽으려면 책에 관심을 가져야 한다. 책을 읽기 전에 '거꾸로 퀴즈'를 해서 내용을 궁금하게 만든다. 책의 앞부분이나 재미있는 부분을 읽어주는 방법도 좋다. 책을 정말 싫어하는 아이들을 만났다면 읽어주겠지만, 그렇지 않다면 집에서 읽어오게 한다.

강원도 고성 죽왕초등학교에 가서 독서 수업을 했다. 책을 읽지 않은 아이가 많았다. 책 읽지 않은 수준에 맞춰 수업하고 돌아왔다. 이듬해 다시 죽왕초등학교에 독서 수업하러 갔다. 이번에는 아이들이 모두 책을 읽었다. 책을 읽어야 수업이 더 재미있다는 걸 지난해에 느꼈기 때문이다. 2018년에는 영월 청령포초등학교에서 이틀 동안 독서 캠프를 했다. 책을 읽지 않은 아이가 3분의 1가량 됐다. 이튿날 다시 갔을 때는 모두 책을 읽어왔다.

독서 수업을 하거나 독서 캠프를 해도 같은 일이 일어난다. 책을 읽지 않고 온 아이도 독서 수업 다음 날에는 책을 읽어온다. 집에서 읽지 않은 아이는 아침 시간, 쉬는 시간, 점심시간에 책을 읽는다. 독서 수업할 때는 미리 책을 읽어 와야 수업이 더 재미있다는 걸 깨달았기 때문이다. 그래서 나는 앞서 소개한 짝과 읽기, 모둠에서 읽기를 거의 하지 않는다. 아이들이 집에서 책을 읽어오기 때문이다.

스스로 책을 읽게 하려면 호기심을 일으켜야 한다. 아이들이 꼭 읽어야 할 책이 있다면 내가 먼저 읽는 모습을 보여준다. 아침에 아이가 교실에 들어와 인사해도 모른 척 책을 읽는다. "안녕하세요!"라는 말이 들리지만 못 들은 척 계속 책을 읽는다. 선생님이 인사하지 않으니 이상하게 생각해서 다가온다. 그래도 못 본 척한다. 몇 아이는 소리를 지르거나 내 몸을 흔든다. 그러면 깜짝 놀란 척하며,

"어, 왜? 책 읽는 거 방해하지 말고 놔둬!"

하며 계속 책을 읽는다. 그러면 아이가 무슨 책인지 보려고 고개를 들이민다. 그럼 일부러 퉁명스럽게 말한다.

"아, 좀 방해하지 말고 저리 가!"

아이는 내가 쳐놓은 덫에 걸렸다. 내가 피할수록 더 궁금해한다. 무슨 책인지 알고 싶어 고개를 내민다. 나는 아예 책상 밑 좁은 공간에 들어가 책을 읽는다. 잠깐 거기에서 책을 읽다가 '어, 시간이 벌써 이렇게 됐나? 교무실에 가야 하는데……' 하며 책을 두고 나간다. 이렇게 연극을 하면 도대체 무슨 책인데 저럴까 궁금해하며 책을 살펴본다. 이렇게 찾아낸 책은 대부분 인기 순위에 오른다.

거꾸로 퀴즈*는 궁금증을 일으켜 책 내용에 관심 갖게 하는 활동이다. 아이들이 읽지 않은 책에서 문제를 열 가지 냈다. 읽지 않고 정답을 찾는 활동이라 부담이 없다. 틀려도 실망감이나 부끄러움이 생기지 않는다. 읽지 않은 책이니까! 문제를 풀 때마다 정답을 알려주었다. 열 문제를 다 푼 뒤에, 문제와 정답을 힌트 삼아 줄거리를 써보라 했다. 문제를 통해 책 내용을 알려주었기 때문에 책 내용을 비슷하게 추측했다. 거꾸로 퀴즈를 하면 아이들이 책을 더 잘 읽는다. 얼마 뒤에 수업하면 대부분 책을 읽어온다.

아이들이 책에 관심을 갖게 하고 책을 읽게 한다면 어떤 방법이라도 괜찮다. 그런 방법을 알면 알수록 독서 수업이 재미있어진다. 나는 내가 만든 한두 가지 방법을 사용한다. 연수나 책에서 배운 내용이 도움이 되지만 내가 찾아낸 방법이 내게 알맞았기 때문이다. 자신만의 방법을 선택해서 꾸준히 실천해보면 좋겠다.

● 『책벌레 선생님의 행복한 책놀이』, 78~86쪽 참고.

3 ——— 질문을
미리
만들어요

아이들은 분석하며 읽지 않는다. 공감하며 읽는 아이도 적다. 경험을 바탕으로 읽기도 어렵다. 삶의 경험이 적기 때문이기도 하지만 책을 읽고 이야기를 나눈 경험이 없기 때문이다. 아이들은 학교에서도, 학원에서도, 정답 찾는 활동을 많이 한다. 독서 활동을 하거나 독서감상문을 쓸 때도 제대로 안내받지 못한 채 결과를 요구받는다. 어떻게 읽는지, 읽고 무얼 생각해야 하는지 모르면서 결과를 만들어낸다.

이렇게 배우면 대충 내용만 이해하며 읽는 습관이 생긴다. 내용을 이해하기 바빠 의미를 생각하지 못한다. 그러면 '재미'로 책을 판단한다. 책을 재미있게 읽어도 느낌과 생각을 말하지 못한다. 느끼는 게 적으니 쓸게 없다고 한다. 이런 태도를 바꾸려면 묻고 대답해야 한다. 책을 똑바로 읽었는지 묻는 게 아니라 '어떻게' 읽었는지, '너에게 어떤 책인지' 물어야 한다. 아무 느낌이 없다는 아이와 묻고 대답하기만 해도 책이 다르게 보인다고 한다.

소크라테스는 질문으로 대화를 이끌었다. 그는 정답을 묻지 않았다. 상대가 모순을 깨닫고 생각을 바꿀 때까지 질문했다. 유대인들의 교육 방법으로 알려진 하브루타도 질문이 핵심이다. 질문을 잘하면 궁금해지며 알고 싶어진다. 좋은 질문은 마음을 열어 솔직하게 말하게 한다. 다른 방식으로 생각하게 하고 새로운 생각을 받아들이게 한다. 핵심에 다가가게 도와준다.

책을 읽은 아이에게 부모와 교사가 질문한다. 어떤 질문일까? "읽어라!"에서 시작한 말이 "읽었니?" 또는 "무슨 내용인지 아니?"에서 끝나면 안 된다. 이런 질문을 듣고 아이가 책을 더 읽고 싶은 마음이 들까? 속마음을 털어놓고 싶을까? 새로운 통찰을 얻거나 깊은 생각으로 나아갈까? 아니다. 반대로, 생각하지 않고 읽기만 하는 습관이 생긴다. 질문이 단순하다 못해 뻔해서 대답할 마음을 막아버리기 때문이다.

흔한 질문이 책 읽기를 방해한다

우리는 책 읽은 아이에게 **"어땠니? 책이 괜찮았니? 무얼 느꼈니?"** 묻는다. 아이가 책을 읽으며 무언가를 느끼고, 그걸 말해주길 원한다. 아이가 무얼 배웠는지 알고 싶어 한다. 그러나 아이 대부분이 "재미있어요." 또는 "재미없어요."라고 대답한다. 교사와 부모 모두 이 대답에 만족하지 않는다. 또 묻는다.

"어디가 재미있었어?" "왜 재미없었어?"
전국 어디서나 아이들이 똑같이 대답한다. "그냥~!"
"그냥~!"이 솔직한 반응이다. 책을 읽고 생각과 느낌을 말하는 아이는 소수다. '책을 읽었는데 그냥 재미있더라!'가 아이들 수준이다. 아이에게 실망하거나, 따져 물어도 소용없다. 정말 재미가 있건, 왜 재미가 없는지 대답하기 싫어서건, 아이들은 그냥 재미있다고 대답한다. 책을 읽을 때마다 어른들이 똑같이 묻는다. "재미있냐?"고. 다음에도, 그다음에도 질문이

줄곧 "재미있냐?"이고 대답 역시 똑같다. 재미있느냐는 질문을 들을수록 아이는 점점 재미를 잃는다.

"내용을 알아? 어떤 내용이야?"

이렇게 질문한 사람에게 같은 책을 읽게 하고 똑같이 물으면 "어떤 내용이긴, 재미있는 내용이지!"라고 답할 것 같다. 책 내용을 아는 사람은 어떤 내용이냐고 뭉뚱그려 묻지 않는다. 『아름다운 아이』를 읽은 아이에게 "어거스트가 '피 흘리는 스크림' 옷을 입고 잭의 말을 엿듣잖아. … " 하면서 세부 내용을 묻는다. 그러면 아이가 내용에 알맞게 대답한다. 앞뒤 설명 없이 책 전체에 대해 어떤 내용이냐 물으면 아이들은 무얼 묻는지 몰라서 대답을 못 한다.

어떤 내용이냐는 질문은 아이에게 주제를 간단하게 말하라는 요구다. 적어도 줄거리를 정리해서 말해달라는 요구다. 초등학생은 책을 읽고 주제를 말하기 어렵다. 1~2학년에게 줄거리 요약은 어렵다. 3~4학년 정도면 부분을 요약하는 능력이 생기지만 전체를 아우르지는 못한다. 몇 부분은 잘 요약하지만 몇 부분은 잊는다. 5~6학년은 줄거리를 정리하지만, 질문을 받자마자 금방 답하지는 못한다. 어떤 내용이냐 묻는 건 지나가는 아이 멱살을 잡고 "내가 원하는 걸 맞혀봐!" 하는 것과 같다. 이런 질문은 책 읽을 마음을 빼앗는다.

"책 읽었어? 진짜 읽은 거 맞아?"

하지 말아야 할 질문이다. 어른은 자기 판단을 아이에게 강요하는 성향이 강하다. 자신이 생각한 시간보다 오래 책을 보면 읽는 속도가 느리다고 꾸중한다. 일찍 책을 덮으면 대충 읽었다고 생각한다. 안 읽고 넘어갔다고 생각하기도 한다. 아이가 책을 꼼꼼하게 읽으면 좋아해야 하는데도 늦게 읽는다고 "왜 늦게 읽어?"라고 묻는 사람도 있다. 자기 경험의 한

계에 빠져 아이를 괴롭히고도 무슨 잘못을 하는지 모른다. 아이를 이러지도 저러지도 못하는 구석에 몰아넣고 책을 읽으라고 하면 어쩌란 말인가!

마음이 넓은 사람도 "네가 한 일이 진짜냐? 거짓말하는 거 아니냐?"는 말을 여러 번 들으면 화를 낸다. 아이가 책을 읽고 진짜 읽었느냐는 질문을 되풀이해서 받으면 상황 자체에서 벗어나려 한다. 책 읽고 의심을 받으면 읽고 싶지 않은 마음이 든다. 정말 읽었는지 궁금하다면 책을 읽고 세부 내용을 물어보자. 자기는 읽지 않으면서 아이에게 진짜 읽은 거 맞느냐고 묻는 건 폭력이다.

"어떤 생각이 들어?"

책을 읽고 아이가 '어떤 생각'을 할 거라는 판단은 착각이다. 아이들은 생각하기 위해 책을 읽지 않는다. '그냥' 읽는다. 재미있어서 읽고, 친구가 읽어서 읽고, 눈에 띄어서 읽고, 표지가 마음에 들어서 읽는다. 읽는 것만으로도 훌륭하다. 읽은 뒤에는 다시 생각하지 않는다. 아이는 책을 읽었으면 그걸로 만족한다. 아이가 책을 읽고 어떤 생각을 하는지 알아보려면 따로 자리를 마련해야 한다. 생각을 끄집어내어 펼쳐놓도록 이끌 질문이 필요하다. 교실도 좋고 거실도 좋다. 준비할 시간을 주지 않고 대뜸 어떤 생각이 드느냐 물으면 누구라도 "무슨 생각이요?" 하지 않을까!

다른 학교에 독서 수업을 하러 가서 무얼 느꼈는지 물으면 90퍼센트 이상이 '재미'를 말한다. "재미있다, 재미없다." 말하고 끝이다. '재미를 말하지 않기' 게임을 해야 다른 소감을 말한다. 책 내용을 알아보는 게임을 하면 "책이 더 재미있어요!" 한다. 책에 나온 문장으로 토론하고, 등장인물의 행동에 질문하고 대답하며, 우리에게도 비슷한 일이 일어나는지 찾으면 점점 책이 달라진다. 혼자 읽을 때와 다른 생각에 빠진다. 헤어질 때는 이렇게 쓴다.

책을 처음 읽을 때 글밥도 적고 글씨 크기도 커서 '저학년이나 보는 책을 왜 대화 주제로 선택했을까?' 생각했다. 책을 읽을 때도 무슨 이야기를 책에서 하고 싶은지 잘 이해가 안 됐다. 하지만 이번 시간 선생님과 함께 이야기와 토론하면서 책에서 하고 싶은 말들이 여러 가지인 것을 알며 이해하고 말하니 책의 내용이 이해가 잘 되었다. … 이 책이 내가 어른이 되어서도 기억할 수 있을 만한 책이라는 걸 선생님이 알려주기 위해 우리에게 글을 적으라고 하신 것 같다.

대구에서 5~6학년 열 명과 『망나니 공주처럼』으로 독서 수업을 하고 6학년 아이가 쓴 후기다. 혼자 읽을 때 저학년 책이라 생각했다고 썼던 아이다. 무얼 말하는 책인지, 어떤 내용인지는 토론하면서 알았다고 한다. 내용은 쉽게 읽었지만 무엇을 말하는지는 몰랐다는 뜻이다. 교사도 마찬가지다. 책을 읽어도 책이 담은 가치를 모를 때가 많다. 『책벌레들의 책 없는 방학』 독서 캠프에 참가한 교사가 쓴 후기다.

처음 책을 읽을 때는 초등 여자애들이 좋아하는 별로 가치 없는 소설책인 줄 알았다. … 독서퀴즈, 독서토론을 시작으로 내가 찾지 못한 많은 것을 얻을 수 있었고 생각할 시간을 갖게 되었다. … 조별 모임에서 네 자매의 미래 모습을 그림으로 표현해 봤는데 그들의 미래를 상상하는 것이 즐거웠다.

토론하면서 던진 질문이 책의 가치를 바꿔놓았다. 질문이 정말 중요하다.

'토끼와 거북이' 이야기로 질문하기

개그맨 이영자 씨가 군인들에게 강의하면서 물었다. "토끼와 거북이 이야기에서 거북이는 왜 토끼와 시합을 했을까?" 토끼와 거북이가 시합하면 거북이가 진다. 거북이도 결과를 안다. 달리기 시합은 말이 안 된다. 그런데도 거북이는 토끼와 시합했다. 질 게 뻔한데도 거북이가 토끼와 달리기 시합을 한 까닭이 뭘까?

이영자 씨는 어릴 때 자신이 겪었던 열등감을 말하며 "거북이가 열등감이 없었기 때문에 시합했다."라고 설명했다. 강의를 듣던 군인 몇 사람이 눈물을 글썽였다. 감동했다는 시청자도 많았다. 이영자 씨는 자신이 겪은 일을 생각하며 뻔한 이야기에 질문을 던졌다. "거북이는 질 게 뻔한 시합을 왜 수락했을까?" 이 질문이 토끼와 거북이를 새로운 이야기로 바꾸었고, 열등감에 좌절하는 사람 마음을 움직였다.

토끼와 거북이를 '열심히 노력하자'로 읽으면 고개를 끄덕이는 사람이 적다. 누구나 아는 이야기이다. 같은 이야기를 '열등감'으로 소개하자 많은 사람이 고개를 끄덕였다. 많은 사람이 감동했고, 열등감을 이겨내는 기회로 삼기도 했다. 질문이 중요하다. 어떤 대답을 끌어내는 질문이냐에 따라 참여하는 사람의 태도가 바뀐다.

아래 첫 번째 질문은 초등학생을 위한 질문이다. 두 번째 질문은 중고등학생을 위한 질문이고, 세 번째 질문은 교육 관련자와 학부모가 토론할 질문이다. 네 번째 질문으로는 초등학생부터 어른까지 누구나 토론할 수 있다. 질문을 잘하면 단순하게 보이는 이야기도 '바로 우리 이야기'가 된다.

질문1. 토끼와 거북이 이야기 줄거리를 요약해보자.
- 토끼와 거북이 이야기는 오래도록 최선을 다하자는 교훈을 주는 글로 읽혔다. 여러분은 토끼와 거북이에 대해 어떻게 생각하나?
- 토끼와 거북이 이야기를 바꾸면 어떨까? 여러분은 토끼와 거북이 이야기를 바꾼다면 어떻게 바꿀까?

질문2. 토끼와 거북이는 언덕에 있는 나무까지 육지에서 달리기로 시합한다. 이 시합은 공정한가? (찬반토론)

- 만약 시합이 공정하다면 토끼와 거북이가 강이나 바다에서 시합해도 공정한가? 어떤 종목으로 시합을 하건, 심판이 공정하게 판결하면 공정한가?

- 만약 시합이 공정하지 않다면 조건을 바꿔보자. 어떤 조건으로 시합을 하면 공정해질까? (땅에서 시합하면 토끼에게 유리하므로 강을 건너는 등 거북이에게 유리한 조건을 추가한다.)

- 금수저와 흙수저가 시합하면 공정하지 않다는 주장이 많다. 흙수저가 더 좋은 조건을 갖춘 금수저를 이길 수 없는 현실에 대한 불만이 크다. 부모 덕분에 좋은 조건에서 살아가는 게 잘못인가? 공정하지 않은가?

- 만약 금수저와 흙수저의 경쟁이 공정하다면, 경쟁에서 지는 것은 노력하지 않았기 때문인가?

- 만약 금수저와 흙수저의 경쟁이 공정하지 않다면, 어떻게 해야 공정해질까?

- 복지가 발달한 국가에서는 흙수저를 배려하는 정책을 편다. 어떤 정책이 있을까? (소수 민족 우대정책, 대학 입시 농어촌 전형, 장애인 우대 등)

- 『정의란 무엇인가』에는 셰릴 홉우드가 더 좋은 성적을 받고도 소수 집단 우대정책 때문에 불합격한 사례가 나온다. 미국에서 소수 집단인 흑인과 멕시코계 사람을 합격시키려고 점수가 높은 백인이 불합격을 받았다. 소수 민족 우대정책은 공정한가?

- 2015년 8월 25일, 모디 인도 총리의 고향인 인도 구자라트 주에서 '하층 카스트 우대정책'에 항의하는 시위가 벌어졌다. 파티다르 계층 50만 명이 하층 카스트 우대정책 때문에 역차별받고 있다고 주장했다. 파티다르 계층은 선거 때마다 하층 카스트에 주어지는 우대 쿼터를 자신들에게도 달라고 거세게 요구한다. 인도뿐 아니라 세계 곳곳에서 차별과 역차별이 주요 이슈이다. 이런 현상에 대해 어떻게 생각하는가?

질문3. 학교에서 학생들의 성취 욕구를 높이기 위해 경쟁을 통해 승자를 가리는 경쟁 활동을 많이 한다. 달리기, 축구 시합부터 성적까지 많은 활동이 승자와 패자를 가린다. 이런 경쟁 활동은 공정한가?
- 상대 평가에 의한 경쟁은 학생들의 성취 욕구를 자극하고 북돋워준다. (찬반토론)
- 수능 시험에 대한 의견이 대립하면서 상대 평가와 절대 평가에 대한 목소리가 높아지고 있다. 여러분은 어떻게 생각하는가?

질문4. 여러분이 토끼로 태어났다면 어떻게 살아가겠나? 만약 거북이로 태어났다면 어떻게 살아갈지 말해보자.

질문을 만들려면 평소와 다르게 읽어야 한다

나는 책을 읽으면서 줄을 긋는다. 공감해서, 내용에 관심이 있어서, 좋은 정보여서, 누군가에게 알려주고 싶어서 문장에 줄을 긋는다. 작가의 생각과 표현에 감탄하며 표시한다. 책을 다 읽은 뒤에 표시한 부분을 보며 수업을 준비한다. 빌려온 책에서 줄 그은 부분이 보이면 반갑다. 줄 그은 부분을 읽으면 책 읽은 사람이 무얼 고민하는지, 어디에 관심 있는지 보인다. 자신과 연관된 부분에 줄을 긋기 때문이다.

독서 수업을 하려면 아이들과 나누고 싶은 내용을 준비해야 한다. 아이들을 위한 내용을 준비하려면 평소와 다르게 읽어야 한다. 이때는 내가 아니라 아이들의 관심사, 아이들에게 알려주고 싶은 내용, 아이들 삶과 관련된 부분에 줄을 긋는다. 특히 아이들 삶을 이끌어갈 가치를 담은 문장을 찾는다. 중고등학생과 수업하면 중고등학생에게 맞는 부분을 찾는다. 학부모, 교사와 수업할 때는 또 달라진다.

독서 수업을 하기 위해 평소와 다르게 책 읽는 방법을 소개한다.

첫째, 나누고 싶은 문장에 밑줄을 그으며 읽는다.

책을 읽으면 감탄을 자아내는 문장이 보인다. 토론하고 싶은 문장, 공감하는 문장도 보인다. 『일수의 탄생』에서 일수 엄마는 아들 일수에게 기대가 크다. 일수가 부담스러워하는데도 엄마는 '우리 일수, 일등 일수' 하며 잔뜩 기대한다. '엄마가 지나치게 기대하기 때문에 일수가 힘들어하겠군!' 생각하며 책을 읽는데 일수 아빠가 엄마의 태도를 걱정하는 내용이 나온다.

> "여보, 내가 돌아가신 우리 어머니한테 제일 고마운 게 뭔지 알아?"
>
> "뭔데?"
>
> "나한테 별 기대를 하지 않은 거, 그래서 내가 대단해지지 않아도 죄지은 느낌 없이 살 수 있는 거."
>
> "그 얘기를 지금 왜 하는데?"
>
> "일수한테 너무 기대하지 마. 대단해지지 않았을 때, 엄마에게 죄지은 느낌으로 계속 살게 될지도 몰라." (51쪽)

부모가 정답처럼 받아들이는 자녀교육 방법이 있다. "자녀는 부모의 기대를 먹고 자란다, 자녀는 부모 하기 나름이다." 같은 말이다. 그러나 이런 말은 일부 아이에게만 통한다. 엄마가 일수에게 거는 기대는 일수를 주눅 들게 만들어버렸다. 기대는 좋은 말이지만 어떤 아이에게는 부담으로 느껴진다. 로봇이나 기계는 매뉴얼에 따라 똑같이 움직이지만, 인격은 서로 다르게 받아들인다. 똑같은 말이 어떤 아이에게는 격려와 자극이 되고, 다른 아이에게는 짓누르는 부담이 된다.

이 문장으로 아이들을 대하는 태도에 대해 학부모와 이야기했다. 일수 아빠 덕분에 자녀에게 기대를 드러낼 때의 장단점을 진지하게 나누었다. 자기 생각을 고집하지 않고 차분하게 우리 태도를 돌아보았다. 자녀에게 얼마나 기대하면 좋을지, 기대를 어떻게 표현해야 하는지 이야기했다. 문장 하나가 토론에 깊이를 더해주었다.

일수는 엄마가 시키는 대로 한다. 서른 살이 되도록 엄마 뜻대로 살던 일수가 어느 날 자신에게 질문한다. "넌 누구니?", "네 쓸모는 누가 정하지?" 5학년 때 서예학원 명필 선생님께 들은 질문이 20년 뒤에 일수의 마음을 사로잡는다. 일수가 어릴 때는 명필 선생님이 한 질문이 무슨 뜻인지 몰랐는데 서른이 넘으면서 이 질문이 일수 마음을 뒤흔든다. 진로와 관련해서 이야기할 때 나누면 좋을 질문이다.

"순한 아이입니다. 특기가 생길 수 있도록, 부모님께서 많이 관심을 기울여 주십시오." 생활기록부 특기 사항에 쓰인 문장이다. 이걸 보고 일수 엄마가 묻는다. "이게 우리 아들을 칭찬하는 거야, 흉보는 거야?" 이 문장을 그대로 아이들에게 물었다. 칭찬이라 하는 아이는 말 그대로 일수에게 관심을 가지라는 뜻으로 받아들였다. 흉본다고 대답한 아이는 일수가 그저 그런 아이여서 이렇게 썼다고 한다. 어느 쪽이 맞는지 토론하면 부모가 아이를 어떻게 대했는지 알게 된다.

둘째, 등장인물의 행동에 대해 질문하며 읽는다.

책을 읽으면 등장인물에 몰입한다. 특정 인물에게 공감하고 빠져든다. 『나는 설탕으로 만들어지지 않았다』에서 엄마는 아들 '기적이'를 군인이 부하 다루듯 한다. 설탕을 녹여 모양을 만들 듯 엄마 뜻대로 아들을 조종한다. 안타깝다. 『딸기 우유 공약』에서 시은이는 어린이회장이 되려고 친구를 속이고 조종한다. 어찌나 뻔뻔하고 독한지 시은이를 보면 화가 치민다.

좋은 책일수록 등장인물의 행동을 따져보게 만든다. 책을 읽다가 엄마처럼 답답한 사람을 떠올리고, '기적이'처럼 안타까울 때를 생각한다. 시은이 같은 아이에게 어떻게 하면 좋은지 생각한다. '이 사람은 왜 이렇게 행동할까?' 생각한다. 등장인물의 행동을 살피다 보면 자기 행동과 견주기 마련이어서 스스로를 돌아보게 된다.

- 『꼴뚜기』에서 멀쩡하던 아이도 '꼴뚜기'라고 불리면 이상하게 행동한다. 왜 그럴까?
- 『책벌레들의 책 없는 방학』에서 아이들이 할머니 집에 온다는 소식을 듣고 할머니가 책을 다락에 감춘다. 왜 그랬을까?
- 『망나니 공주처럼』에서 홀쭉이 왕은 왜 나라를 팽개치고 아무것도 하지 않을까?

아이들과 이야기하고 싶은 인물의 행동을 찾아 질문을 만들어보자. 행동이 올바른지 아닌지, 같은 처지에서 우리는 똑같이 행동할지 다르게 행동할지 물어보자. 비슷하게 행동하는 사람이 있는지, 있다면 누구인지, 그 모습을 보면 어떤 생각이 드는지 질문해보자. 그런 행동에 어떻게 반응해야 하는지 물어보자. 이런 질문이 아이들을 자라게 한다.

아이들은 또래 이외의 사람에게 영향을 크게 주지 못한다. 세상을 이해하는 범위도 좁다. 경험이 부족하고 상대의 처지에서 생각한 적도 적다. 친구가 왜 그랬는지 이해하면 웃고 넘어갈 텐데 그러지 못해서 심각한 문제로 만들기도 한다. 그렇다고 아이들이 겪은 이야기를 그대로 말하면 상황을 올바로 바라보지 못한다. 자기주장만 내세우거나 자기를 지키기 위해 움츠리고 속인다.

아이들에게는 안전하게 다가갈 이야기가 필요하다. 책에 나오는 인물은 아이를 판단하지 않는다. 아이가 겪은 일, 아이와 비슷한 인물이 나와도 비난을 걱정할 필요가 없다. 이건 책에 나오는 이야기이고, 작가가 아이를 모르기 때문이다. 책을 읽고 작품의 배경, 인물의 성격과 행동, 인물 사이의 관계를 살피면서 자기 이야기처럼 느껴진다면 안전하게 이야기할 좋은 기회이다. 등장인물의 행동에 질문을 던지고 답을 찾으면서 스스로 관계를 이해하게 도와주어야 한다.

『나의 라임 오렌지나무』에서 제재는 자전거를 타는 세르지뉴를 만난다. 제재가 크리스마스 선물을 받지 못했다고 하자 부자인 세르지뉴가 집에서 음식을 먹고 가라고 한다. 제재는 배가 고팠지만 초대를 거절한다. 과자를 가져가라는 말도 거절한다. 제재가 친구 앞에서 자존심을 내세우는 것처럼 보인다. 세르지뉴가 친구로 초대했는데 거절할 필요가 있을까?

- 부잣집 아들 세르지뉴와 제재 사이에 어떤 일이 일어날까?
- 세르지뉴가 제재에게 한 행동에 대해 어떻게 생각하나?
- 제재는 크리스마스 선물을 받지 못하고 구두를 닦아야 했다. 만약 여러분이 세르지뉴라면 제재에게 어떻게 할까?
- 여러분 주위에 세르지뉴의 손길을 기다리는 제재가 있다면 누구일까? 어떻게 하면 좋을까?

세르지뉴는 잘난 척하거나 제재를 무시하지 않았다. 동정심으로 도와준 것도 아니다. 제재는 선물을 받지 못했고, 자기한테는 선물과 과자가 많으니 주겠다고 했다. 그러나 가난한 친구 마음을 헤아릴 만큼 성숙한 결정은 아니었다. 『내 영혼이 따뜻했던 날들』에서 주인공 '작은나무'가 방울뱀의 위협을 받았다. 그때 할아버지가 대신 물리고 방울뱀을 죽인다. 할아버지는 "이만하면 우리 둘이서 그 망할 놈의 짐승한테 본때를 보여준 셈이지?"라고 말한다. 내가 너를 위해 이런 일을 했다 하지 않고 둘이 같이 본때를 보여주었다고 말했다. 도와주는 행위가 고귀하지만 도움받는 사람의 연약한 마음을 헤아리지 않으면 고귀한 행위가 나쁜 결과를 가져오기도 한다. 이걸 아는 건 귀한 일이다.

질문으로 내용을 이해하고(1-1), 등장인물의 행동이 어떠한지 나누고(1-2), 우리가 비슷한 일을 겪는지(1-3, 1-4) 이야기한다. 등장인물의 행동에 질문하고 대답하며 책을 읽으면 사람을 이해하는 눈이 넓어지며 성숙해진다. 자신을 돌아보며 깨닫기도 한다. 이건 시험 문제를 하나 더 맞히는 것보다 중요한 일이다.

셋째, 다른 내용과 연결되는 부분을 기록한다.

책을 읽으면 책과 관련된 경험이나 사람이 생각난다. 비슷한 주제를 다룬 책이 떠오른다. 어떤 문장은 역사적 사건을 불러온다. 현재 일어나는 사회적 이슈를 끌어오기도 한다. 이런 내용이 생각나면 읽기를 멈춘다. 떠오르는 책, 사건, 사람, 이슈, 속담, 이야기를 책 귀퉁이에 쓴다. 책을 다 읽은 뒤에 써놓은 내용을 다시 보며 수업을 준비한다.

책 읽다가 기록한 내용은 수업 자료이다. 책을 읽으면서 자료를 조사하는 셈이다. 자료를 조사하며 수업하는 대표 사례가 찬반토론이다. 찬반토론에서는 상대를 이기려고 조사하므로 자료의 양과 질이 승패에 크게 영향을 준다. 자료 조사가 반이라고 할 정도이다. 찬반토론에서는 논리를 기준으로, 상대를 이기는 데 도움 되는 자료를 고른다.

독서 수업은 비슷하면서 다르다. 독서 수업은 아이들에게 가치가 있는 자료를 고른다. 논리에 맞는 자료도 좋고, 감동을 주는 자료도 좋다. 재미만 따져도 되고 의미를 찾아도 된다. 딱 지금 나눌 자료도 좋고 오랫동안 기억하고 싶은 걸 찾아도 좋다. 다만 준비한 자료를 모두 수업에 쓰지는 않는다. 준비한 내용 중에서 수업하는 아이들에게 맞는 자료를 골라야 한다. 쓰지 못한 자료는 책에 그대로 남는다. 다음에 그 자료가 꼭 필요한 수업을 만날지도 모른다.

『바꿔!』에서 주인공 마리가 엄마와 쿠키를 굽는다. 마리는 학부모 공개수업에서 자기 꿈을 발표하며 쿠키를 나눠준다. 『쿠키 한 입의 인생 수업』이 생각났다. 쿠키 굽기와 관련된 일로 인생 수업을 하는 그림책이다. 두 책 모두 쿠키로 따뜻한 마음을 전한다. 『바꿔!』로 수업하며 쿠키를 구워도 좋고, 『쿠키 한 입의 인생 수업』을 읽어줘도 좋겠다. 책을 읽다가 떠오르는 이런 아이디어를 책 가장자리에 쓴다.

『허클베리 핀의 모험』에서 노예인 짐이 '솔로몬 왕의 재판'에 대한 생각을 말하는 장면이 있다. 이 책으로 수업한다면 솔로몬 왕의 재판이 수업 자료가 된다. 『어린 왕자』에 나오는 모자처럼 생긴 그림은 코끼리를 삼킨 보아뱀이다. 다른 모양으로 보이는 착시 현상이나 착시 그림이 떠오른다. 확증편향이라는 심리 현상을 다루어도 된다. 모두 수업 자료이다. 책을 읽다가 생각나는 것을 기록해놓으면 토론 자료나 질문을 준비할 때 도움이 된다.

넷째, 인물의 행동이나 결말에 영향을 주는 복선, 비슷한 내용의 글이나 문장, 반대 내용의 글이나 문장을 표시하며 읽는다.

고전을 읽어야 한다고 말한다. 고전은 사람들이 오랫동안 좋아하며 읽은 책, 시대를 뛰어넘어 사람들에게 무언가를 계속 이야기하는 책이다. 특히 인간의 본성과 사회의 근본 문제를 다루어 계속 이야깃거리를 만든다. 이런 책에는 복선이 많다. 앞에 나온 문장에 사건의 열쇠를 감춰놓는다. 뒤에 나온 문장을 읽으면 앞에서 언급한 문장이 떠오른다. 서로 반대인 문장도 생각난다. 고전에 이런 문장이 많은 걸 보면, 위대하다고 불리는 작가들이 문장을 중요하게 여기고 잘 쓴다는 사실이 드러난다.

『파리대왕』은 윌리엄 골딩에게 노벨문학상을 안겨준 작품이다. 외딴 섬에 불시착한 아이들 모습을 통해 인간이 어떤 존재인지 보여준다. '소라'가 나오는 문장이 중요하다. 소라를 들면 발언권이 생긴다. 소라는 권력을 상징한다. 누구나 소라를 들면 발언할 수 있으므로 모든 아이에게 권력을 가질 기회가 주어진다. 그러나 사실은 몇몇 아이만 권력을 쥔다. 여러 사람 앞에서 말을 잘하는 능력이 있는 아이가 소라를 활용하기 때문이다.

『파리대왕』의 앞부분에 나오는 소라와 뒷부분에 나오는 소라는 뜻하는 바가 다르다. 아이들이 소라를 대하는 방식도 달라진다. 소라는 아이들이 권력을 바라보는 마음이 변해가는 과정을 보여준다. 마찬가지로 『멋진 신세계』의 계급,『동물 농장』에서 돼지들이 사용하는 구호의 변화 과정을 이해하면 토론이 깊어진다. 이런 문장을 모아 질문을 준비하면 평소와 다른 대답을 듣게 된다.

초등학생, 중고등학생이 읽는 책에는 이런 문장이 적다. 그래서 복선을 담거나 상징을 표현하는 문장을 만나면 더 반갑다. 이현주 작가가 쓴 『바보 온달』은 색다르다. 검은 바탕에 흰 글씨로 책 앞쪽에 일곱 쪽, 뒤쪽에 두 쪽 분량이 따로 쓰였다. 바보 온달 이야기를 시작하기 전에 들려주는 이야기, 바보 온달이 죽은 뒤에 들려주는 이야기이다.

"어린 영혼이 넓은 하늘을 이리저리 돌아다니고 있었습니다. 어린 영혼은 오른손에는 예쁜 쇠망치를, 그리고 왼손에는 향기 나는 기름걸레를 들고 있었어요."라는 문장으로 시작한다. 이 문장이 바보 온달 이야기를 이끌어간다. 어린 영혼이 누구인지, 바보 온달에게 어떤 일을 하는지 알면 『바보 온달』은 다른 이야기가 된다. 예쁜 쇠망치와 향기 나는 기름걸레가 무엇인지 찾으면 『바보 온달』이 우리 이야기가 된다.

다섯째, 작가에 대해 조사한다.

독서모임에서 『모조 사회』를 토론했다. 책의 결말이 색달랐다. 작가가 글을 쓰기 위해 자료를 엄청나게 조사했을 거라는 생각이 들었다. 수많은 자료로 내용을 치밀하게 구성했다. 함께 한 분도 작가가 어떤 사람인지 궁금해서 찾아봤다고 했다. 도선우 작가는 37세에 『호밀밭의 파수꾼』을 읽고 미친 듯이 문학작품에 빠져들었다. 돈이 되는 곳으로 달려가던 사업가가 책과 문장에 빠져 오직 문학으로 승부를 보겠다며 소설을 썼다. 문학으로 끝장을 보겠다는 마음이 느껴졌다.

윌리엄 골딩은 제2차 세계대전에 해군으로 참전했다. 왜 서로를 죽이는지 모른 채 죽어가는 병사들을 보고 『파리대왕』을 썼다. 『파리대왕』에는 전쟁을 겪은 사람의 생각이 드러난다. 권정생 선생님은 평생 아팠다. 아품을 견디며 작고, 외롭고, 쓸쓸하게 살아가는 것들을 주인공으로 삼아 글을 썼다. 고정욱 작가는 장애를 갖고 사는 분이라 장애를 다룬 내용을 많이 썼다. 작가를 알면 왜 그런 책을 썼는지 이해하기 쉽다.

『일수의 탄생』에서 일수는 7월 6일에 태어날 수도 있었다. 일수 엄마가 행운의 숫자인 7이 두 번 겹치는 날에 아이를 낳으려고 힘을 살살 줬기 때문에 7월 7일에 태어났다. 유은실 작가의 생일이 7월 6일이다. 어릴 때 아빠가 작가에게 "네가 하루 뒤에 태어났으면 칠칠이라고 이름을 지으려 했다."라고 장난을 쳤다고 한다. 그래서 일수의 생일을 7월 7일로 정했다고 한다. 작가를 알면 책의 세부 내용부터 주제까지 자세하게 아는 데 도움이 된다.

요즘 저자와의 만남이 많다. 학교에서 저자를 초청하기 쉬워졌다. 어떤 작품을 왜 썼는지 들으면 작품을 다른 면에서 이해한다. 내가 알던 이야기가 다르게 보이기도 한다. 저자가 뿌린 씨앗이 자라 열매가 맺혀 책이 되었기에, 저자를 알면 씨앗이 어떻게 자라 지금의 책이 되었는지 이해한다. 책이 쓰인 배경을 알면 책이 더 재미있어진다. 그럼 책을 왜 썼는지, 무얼 말하고 싶은지, 우리가 무엇을 생각해야 하는지 깨닫는다.

질문하며 읽기 위한 세 가지 방법

평소와 다르게 읽는 다섯 가지 방법이 잘 안 된다면 어떻게 할까? 책을 읽어도 질문이 생각나지 않는다면? 수업을 생각하며 읽었지만 읽기에 급급해 질문이 생각나지 않는다면? 반대로 책 내용에 푹 빠져 질문을 만들 생각도 못 했다면? 다른 방법도 있다. 책을 읽은 뒤에 '추론하는 질문', '판단하는 질문', '감상하는 질문'을 만드는 방법이다. 『바꿔!』로 만든 질문을 소개한다.

추론하는 질문은 "왜 그랬을까?" 하고 묻는다. 추론 질문은 내용을 분석하여 이해하게 도와주기 때문에 저자의 의도를 파악하는 데 도움을 준다. 행동과 사건의 근거를 찾고, 책 내용에 대한 까닭, 사건의 배경이나 인물의 마음을 추측하는 내용을 질문으로 만든다.

- 아빠와 오빠, 두 남자는 무능하고 존재감 없는 모습으로 나온다. 심지어 아빠는 이름도 나오지 않는다. 왜 이럴까?
- 할머니는 왜 엄마에게 쌀쌀맞을까?
- 마리와 엄마가 몸이 바뀐 사실을 여울이가 화영이에게 말한다. 여울이가 화영이를 왕따시키겠다고 했기 때문이라고 마리에게 고백하는데 사실일까? 화영이가 지어낸 말일까?
- 엄마가 만든 쿠키에 "진심으로 네가 행복하길 바라며"라는 글을 왜 넣었을까?
- 마리와 엄마가 몸이 바뀌었는데도 아빠와 오빠는 알아채지 못한다. 왜 알아채지 못할까?

판단하는 질문은 옳고 그름을 판단하는 질문이다. 맞는지 틀린지, 책에 나오는 내용이 실제로 일어나는지 판단한다. 등장인물의 행동에 대해 어떻게 생각하는지 묻는다. 판단 질문은 근거를 찾아 대답하도록 안내한다. 판단 질문은 찬반토론 논제로 쓰기도 한다.

- 마리가 빵집에서 잠깐 엄마 일을 도와주자 어린아이에게 일을 시켰다며 사장님이 엄마를 비난한다. 엄마가 비난받는 게 합당할까?
- 6학년인 오빠가 엄마 말을 너무 안 듣는다. 현실성이 떨어지는 것 아닌가? 실제로 아들이 엄마에게 이렇게 할까?
- 아빠와 오빠의 태도에 대해 어떻게 생각하는가?
- 현실에서 엄마가 아빠를 두고 딸과 같은 방에서 지내겠다고 하면 어떨까? 이래도 될까?

- 누군가와 일주일 동안 몸을 바꿀 수 있다면 바꾸는 게 좋을까?
- 일주일 동안 몸을 바꾸고 싶은 사람이 있다면 소개해보자.
- 실제로 일어날 가능성이 전혀 없는 『바꿔!』 같은 이야기를 읽을 필요가 있을까?

감상하는 질문은 개인의 생각과 느낌을 묻는다. 학교에서 독서 활동으로 자주 하는 내용이다. 내용을 제대로 이해한 뒤에 하면 좋은 결과가 나온다. 추론하고 분석한 뒤에 감상 질문을 하면 새롭고 깊이 있는 대답을 들을 수 있다. 그러나 읽고 곧바로 감상 질문을 하면 늘 비슷하게 대답한다. 아래 질문 내용을 '창의적인 질문'이라고 권장하기도 하는데, 창의성은 밑바탕에 지식이 있을 때 나온다. 내용을 이해한 뒤라야 창의적인 대답을 한다.

- 책을 읽고 어떤 느낌, 생각이 들었나?
- 만약 마리와 화영이의 몸이 바뀐다면 어떤 일이 일어날까?
- 여러분이 마리(엄마)라면 화영이를 만나겠나?
  또한 화영이 엄마에게 직장을 관두겠다고 말할 수 있을까?
- 가장 기억에 남는 부분은 어디이며 왜 그곳일까?
- 이야기를 고치고 싶다면 어느 부분을 어떻게 고치고 싶나?
- 누군가와 몸이 바뀐다면, 누구를 선택할까? 이유를 들어 말해보자.
- 책을 소개하고 싶은 사람을 찾아보고 왜 그 사람인지 말해보자.

추론하는 질문, 판단하는 질문, 감상하는 질문을 만든 뒤에 아이들이 대답하기 쉬운 질문부터 어려운 질문으로 순서를 정해서 수업한다.

질문하며 읽기 예시

『바꿔!』로 독서 수업을 준비하며 책을 읽었다. 책을 읽다가 수업에 쓸 만한 내용이 나오면 여백에 질문이나 관련 내용을 적었다. 책을 다 읽은 뒤에 여백에 쓴 아이디어를 수업에 어떻게 활용할지 계획을 세운다. 수업에 사용하지 않는 아이디어도 있지만, 대부분은 아이디어에 몇 가지 내용을 더해 수업한다.

메모1. 본문은 흰 바탕에 검은색 글씨로 쓰였다. 24~25쪽, 172~173쪽은 진한 보라색 바탕에 흰 글씨를 썼다. 두 부분을 본문과 다르게 쓴 까닭이 있을까?

메모2. 작가가 대화를 실감 나게 쓴다. (모둠 만들기에 이용해야겠다.)

1모둠-엄마가 빵집 사장님에게 화내며 하는 말

2모둠-아빠와 마리의 대화

3모둠-마리와 화영이 모둠의 대화

4모둠-마리 할머니가 마리 엄마에게 하는 말

5모둠-빵집 사장님과 마리의 대화

6모둠-엄마와 마루(오빠)의 대화

메모3. 대화 중에서 몇 개를 골라 듣기 싫은 말 순위를 정할까?

- 네 나이 애들이 다 그렇지 뭐.

- 알아서 빠질 것이지 주제도 모르고

- 당장 학원 가, 혼나기 전에.

- 몇 번을 걸어도 전화를 받지 않는다. (전화 씹기)

메모4. 마리가 화영이 모둠에 가려 하자 화영이 무리가 내뱉는 말을 들으면 어떤 느낌이 드는지 물어볼까?

"너 와도 맡을 거 없는데."

"갑자기 눈치 없게 구네."

"알아서 빠질 것이지 주제도 모르고."

메모5. 삽화가 실감 난다.

- '스캔해서 말 주머니 만들기', '포스트잇 붙이기'를 해볼까?

^{메모6.} 66쪽 / 오빠랑 아빠한테 하고 싶은 말 했더니 속이 시원하다는 – 문장이 나온다. (오빠)랑 (아빠) 대신에 누구를 넣을지 물어볼까?

^{메모7.} 86쪽 / '엄마가 내 학교생활을 다 알게 되다니!'

- 엄마가 학교생활을 알면 좋은지 찬반토론?

^{메모8.} 102쪽 / 마리가 여울이에게 비밀을 털어놓고 사실대로 말한 게 과연 잘한 건지 생각한다.

- 사실대로 말한 게 잘한 건지 찬반토론?

^{메모9.} 엄마는 소심하고 마리는 적극적이다.

- 어떤 성격이 좋은지 물어볼까?

^{메모10.} 엄마의 몸을 한 마리가 아빠에게 '마리가 원하는 것' 세 가지를 말한다. 무엇일까?

- 여러분이 원하는 것 세 가지를 말해보자.
- 마리는 아빠에게 미안하다는 말을 듣고 싶다. 여러분은 누구에게 미안하다는 말을 듣고 싶은지 말해보자.
- 아빠(또는 엄마)에게 듣고 싶은 말을 써보자.

^{메모11.} 공개수업하는 날 마리와 엄마가 행복 쿠키를 구워간다.

- 그림책 『쿠키 한 입의 인생 수업』 관련 활동을 해볼까?
- 우리 반 아이들에게 행복 쿠키를 구워준다면 어떤 말을 쓰고 싶은지 물어볼까?

4 ——— 내용을
얼마나 아는지
확인해요

독서 수업은 "수업 시간이에요. 책을 꺼내세요." 하는 말로 시작하지 않는다. 독서 수업을 하려면 반드시 내용을 알아야 한다. 내용을 알면 친구 의견이 무슨 뜻인지 알고, 왜 그런 말을 하는지 이해한다. 주장을 들으며 '이 내용으로 저렇게 생각하는구나!' 하며 배운다. 보통 토론은 많이 아는 사람, 논리에 맞게 말하는 사람이 이긴다. 벼락치기로 공부해서 얻어지는 능력이 아니다. 학급에서 누가 이기는지 어느 정도 정해져 있다. 독서 토론은 다르다. 책 내용을 근거로 들지 않으면 소용없다. 내용을 이해하고 분석해서 새롭게 해석하고 적용해야 한다. 늘 잘하는 아이가 아닌, 새로운 아이가 잘할 가능성이 높다.

내용을 얼마나 아는지 확인하기 위해 학습지나 시험 문제를 주면 아이들이 싫어한다. 평가는 수업에 대한 기대를 빼앗아간다. "제대로 읽었어? 무슨 내용인지 알아?" 하면 읽던 책도 덮어버린다. 내용 이해 활동에 시간과 힘을 들일수록 독서 수업이 '지문'을 이해하는 수업처럼 돼버린다. 내용 이해에 시간을 쏟으면 재미가 없고 토론할 시간도 부족해진다. 재미있게 내용을 알아보는 방법이 있을까?

쉽고 재미있게 내용을 이해하려면 놀이처럼 해야 한다. 아이들은 초성퀴즈, 낱말 눈치게임, 핑퐁게임, 암호진술 놀이, 우리끼리 독서퀴즈, 두뇌싸움이라는 재미있는 놀이*를 한다고 생각한다. 책에 나온 낱말을 찾고, 등장인물을 말하고, 책 내용으로 직접 문제를 만들어 퀴즈대회를 하고, 친구들과 의논해서 알맞은 대답을 찾는다. 재미있게 내용을 알아봐서 좋고, 내용을 알수록 더 재미있다. 그래서 이런 놀이를 하면 다음번에는 책을 꼼꼼하게 읽고 온다.

내용 파악 놀이를 하면 할수록 책 내용을 점점 이해하게 된다. 재미있게 놀면서 내용까지 알게 되어 아이들이 무척 좋아한다. 2시간 수업할 때는 30분, 3시간에는 1시간, 5시간이면 2시간 정도 내용을 알아본다. 이때 진행자는 아이들을 살피면서 수준을 파악한다. 내용을 잘 아는지 모르는지, 아이들이 책을 어떻게 이해하는지, 토론할 수준이 되는지 살핀다. 아이들이 책 내용을 잘 알면 놀이 시간을 줄이고 내용을 잘 모르면 놀이 시간을 늘인다.

책 내용 알아보기 놀이를 하면 아이들이 책에 빠져든다. 놀이로 소감을 말하고, 낱말을 찾아내고, 주인공이 한 일을 해보고, 책에 나오는 음식을 만들면서 책 이야기를 하면 아이들이 책 내용에 푹 잠긴다. 그러면 마음이 말랑말랑해지면서 마음의 방어막이 약해진다. 책 속 세상에 뛰어들어 현실 세상을 살짝 잊는다. 마음에 담아두고 감춰둔 말, 평소라면 하지 않을 말도 한다.

나는 독서 수업에서 두뇌싸움과 독서토론 활동을 가장 좋아한다. 내용 알아보기 놀이를 하는 까닭이 두뇌싸움과 토론 때문이다. 두뇌싸움은 모둠 토의 활동이다. 아이들이 책에 빠져들어 마음이 말랑말랑해졌다고 판단하면 두뇌싸움에서 아이들 마음을 건드리는 문제를 낸다. 내용 파악 활

● 『책벌레 선생님의 행복한 책놀이』에 자세히 소개했다.

동을 하다가 곧바로 두뇌싸움으로 건너뛰기도 한다.

질문1. 『망나니 공주처럼』에서 홀쭉이 왕은 왜 통치를 포기했을까?
답 - 왕비가 죽은 슬픔을 견디지 못해서
질문1-1. 홀쭉이 왕은 왕비가 죽어서 너무너무 슬펐다. 여러분은 무엇 때문에 슬펐는지 의논해서 세 가지 써보자.

질문1은 내용 질문이다. 내용을 알아보는 놀이에 빠져들면 아이들이 질문1-1에 '아빠와 엄마가 이혼해서 슬펐다.'라고 대답한다. 주위 사람을 의식하지 않고 마음에 숨겨둔 슬픔을 말하며 운다. 다른 학교에서 독서 수업을 했을 때 아이가 감춰둔 비밀을 말했다. 학교 선생님들도 처음 들었다며 놀랐다. 선생님이 아이 마음을 살피려고 노력했는데 왜 자신에게는 얘기하지 않았는지 모르겠다고 말했다.

나는 "말하기 어려운 내용이잖아요. 누군가에게 말해야 슬픔의 무게가 줄어들지만 꺼내기 어렵지요. 홀쭉이 왕, 털보 왕 이야기에 빠져들면 엄마와 아빠가 싸운 일이 책과 관련된 내용처럼 느껴지나 봐요. 이야기가 아이의 슬픔을 말할 통로가 되어주는 셈이지요."라고 대답했다. 이런 활동을 하려면 책 내용을 알아야 한다. 내용을 제대로 모르면 대답하지 못한다. 자신감이 줄고 독서 수업이 재미없어진다. 그러면 자신의 슬픔도 말하기 싫어진다.

독서 수업을 하면 아이들이 긴장한다. 다른 학교 선생님이 오면 더 긴장한다. 장난치지 말라는 등의 사전 교육을 받기도 하고, 수업 시간에 선생님이 눈치를 주기도 한다. 그래서 내용 알아보기 활동을 아주 즐겁게 한다. 아이들이 독서 활동하면서 환영받고, 기쁨을 누리고, 다른 분위기를 느끼게 해주려 한다. 그러면 아이들이 속마음을 드러낸다.

독서 수업을 시작하는데 아이들이 책 내용을 모른다면 아무것도 하지 말고 책을 다시 읽는 게 낫다. 내용 알아보는 놀이만 하다가 수업을 끝내도 된다. 그럼 독서 활동이 재미있다며 아이들이 다음 수업을 기대한다. 책내용을 모르는데 수업하면 뭔가 해야겠다는 마음이 앞서 수업 시간이 지루해진다. 선생님도 힘들고 아이들도 책을 싫어하게 된다. 책 내용 확인은 물건을 사기 전에 가격을 알아보는 것과 같다. 꼭 확인해야 한다.

아이들이 내용을 잘 안다고 생각되면 살살 꼬드겨 마음을 털어놓게 한다. 이때 아이들이 마음을 여는 분위기를 만들어야 한다. 아이들이 자연스럽게 이야기하며 안전하다고 느끼는 공간을 만들어야 한다. 이를 위해서는 잘 들어야 한다. 말로 듣고 표정으로 보고 계속 마음을 살피며 기회를 기다려야 한다. 아이들이 하는 말을 듣고 아이들 감정을 알아채야 한다. 표정이나 몸짓을 보면서 아이들이 긴장했는지 편안한지 알아야 한다. 안전하다고 느끼면 아이들이 마음을 연다. 그러면 잊지 못할 수업이 시작된다.

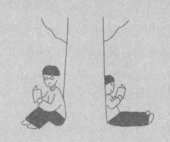

2부
따뜻한
공간을 만드는
독서 수업

독서토론 연수에서 질문을 만든다.
모두 끙끙대며 토론 질문을 만들고는 깜짝 놀란다.
질문이 좋거나 이상해서가 아니다.
서로의 질문이 다르기 때문이다.
'똑같은 책에서 어찌 이런 질문을 생각했을까?'
토론은 '다름'이 얼마나 귀한지 알려준다.
'다름'에서 배우려면 이곳이 따뜻해야 한다.
따뜻한 자리를 만드는 게 바로 교사가 할 일이다.

책을 많이 읽으면 공부에 도움이 된다고 한다. 사람들은 책을 좋은 대학 보내주는 도구로 여긴다. 책을 마치 문제 풀이 도와주는 학원 수업처럼 대한다. 독서의 장점을 나열하며 자녀에게 책을 읽으라 한다. 독서 수업에서도 확실한 결과를 기대한다. 그러나 책을 공부와 관련시키면 아이들이 책을 싫어한다. 정해진 답을 찾아내야 한다면 아이들은 독서 수업을 싫어한다.

나는 독서 수업을 좋아한다. 아이들도 독서 수업을 좋아했다. 그래도 수업할 때는 긴장이 된다. 수학 수업은 불안하지 않다. 아이가 이해하지 못하면 힘들긴 해도 마음이 불안해지지는 않는다. 가르칠 내용이 정해져 있고, 가르치는 방법을 알기 때문이다. 독서 수업은 다르다. 정답 찾기 시간이 아니다. 독서 수업은 잘 계획해도 예기치 않은 방향으로 흘러간다.

이게 좋다. 나는 독서 수업이 계획을 벗어나 아이들 생각으로 빛나길 바란다. 독서 수업이 정답 찾기로 ○X 표시가 된 붉은색이 아니라 서로 다른 생각과 마음이 흘러나와 무지개색으로 물들기를 원한다. 준비하는 사람이 힘들더라도 아이들이 말하고, 듣고, 공감하고, 상상하고, 마음을 어루만지고, 겪지 않은 경험을 이해하는 수업을 원한다. 독서 수업이 우리를 예상하지 못한 곳으로 데려가길 원한다. 정답 찾기로는 다다르지 못하는 멀리까지 가고 싶다.

아이들은 아이들만의 세상에서 산다. 어른 기준으로 단정해서 답을 내리기 어렵다. 아이 마음이 단순해 보이지만 미로처럼 복잡하다. 아이들에겐 우리가 모르는 세계가 있다. 우리와 다른 마음으로 살아가며, 마음을 드러내는 방법도 다르다. 독서 수업에서는 평소에 보지 못한 새로운 모습을 기대한다. 정답을 찾는 수업으로는 맺지 못하는 열매, 제한하지 않는 정신의 열매를 기대한다.

칼릴 지브란은 『예언자』에서 아이를 이렇게 표현했다.

> 당신의 아이들은 당신의 아이들이 아닙니다.
> 그들은 당신에게서 태어났지만, 당신에게서 오지 않았어요.
> 비록 당신과 함께 있지만, 당신에게 속하지 않아요.
> 당신은 아이들에게 사랑을 주겠지만 생각을 주진 마세요.
> 그들은 자기만의 생각을 가졌기 때문입니다.
> 당신은 아이들에게 육신을 위한 집은 주어도,
> 영혼을 위한 집은 주지 못해요.
> 그들의 영혼은 내일의 집에 살며,
> 당신이 꿈에도 찾지 못하기 때문입니다.
> 당신이 아이들처럼 되려고 노력하는 건 좋지만
> 아이를 당신처럼 만들려 하지 마세요.●

책을 사랑하고 아이들 생각을 사랑하는 마음으로 수업했다. 아이들이 마음으로 하는 말을 들어주면 내일의 집을 튼튼하게 세울 거라 믿었다. 그래서일까? 책 내용을 발판 삼아 아이들이 마음을 털어놓았다. 아이들은 누구에게도 말하지 않고 감춰둔 이야기를 들려주었다. 제발 들어달라고 외

● 『예언자』, 칼릴 지브란, 영문 번역된 시를 저자가 번역.

치는 것 같았다. 독서 수업은 정답 찾기로는 다다르지 못하는, 마음 깊은 곳에서 우러나는 소리를 듣게 해주었다.

독서 수업이라 하면 교사와 아이 모두 부담을 갖는다. 책을 읽고 무언가 하는 게 쉽진 않다. 아이들도 독서 수업을 어려워한다. 그래서 수업을 시작하면 쉽고 재미나게, 살살 꼬드긴다. 아주 쉬운 정답 찾기 문제로 시작해서 점점 정답이 없는, 마음을 표현하는 활동으로 나아간다. 수업이 재미있으면 마음이 가벼워지고, 마음이 편안하면 자연스럽게 친구와 가족, 자기 자신에 대해 감춰둔 마음을 드러낸다. 그러면 아이들이 또 독서 수업을 하자고 한다.

다른 학교에서 독서 수업 강의를 해달라 하면 독서 수업을 보여주겠다고 했다. 선생님들이 2~3시간 강의를 들어도 바로 적용하기 어렵다. 같은 시간에 그 학교 아이들과 수업하면 아이들이 즐거워했고, 선생님들도 더 잘 배웠다. 그래서 다른 학교에서도 강의 대신 독서 수업을 했다. 이 중 다섯 가지 사례를 골랐다. 각기 다른 사례가 서로 다른 상황에서 적용하기에 도움이 되리라 생각한다.

첫 번째는 『수상한 아이가 전학 왔다!』로 영월에 가서 처음 만나는 아이들과 수업했다. 낯선 사람에게 아이들이 마음을 열어주었다.

두 번째는 전교생 육십여 명인 작은 학교 3~4학년과 '한 학기 한 권 읽기'로 한 수업이다. 『무적 수첩』으로 친구 관계에 대해 생각했다.

세 번째는 대안학교 5~6학년 서른네 명과 『책벌레들의 비밀 후원 작전』으로 독서 캠프를 하다가, 열 명과 90분 동안 토론한 내용이다. 함께 고민을 나누었다.

네 번째는 시골 학교 아이 열네 명과 도시 학교 아이 열네 명이 1박 2일 동안 『바꿔!』로 독서 캠프 했던 내용이다.

마지막은 『망나니 공주처럼』으로 교사들과 연수한 뒤, 바닷가 학교 3~6학년 열일곱 명과 수업한 내용이다.

1———— 혼자 맞서기
힘겨운 상처,
슬픔

『수상한 아이가 전학 왔다!』, 제니 롭슨, 뜨인돌어린이

가. 수업 안내

- 언제 : 여름방학 중 오후 150분씩 이틀 동안 300분
- 어디 : 강원도 영월군 청령포초등학교 교실
- 누구 : 3~6학년 열여섯 명 (처음 만난 아이들)

나. 수업한 까닭

청령포초등학교 선생님이 강의를 듣고 독서 수업을 해달라고 했다. 3~6학년 열여섯 명으로, 아이들이 책을 잘 읽지 않는다고 했다. 모르는 분의 부탁이었지만 단종이 유배당한 곳에 있는 작은 학교 아이들을 만나고 싶었다. 작은 학교에서는 교사 예닐곱 명이 전체 업무를 다 하므로 선생님이 '독서 업무' 외에도 할 일이 많다. 수업을 해주고 싶었다. 하루에 3시간씩 이틀 동안 수업했다.

다.『수상한 아이가 전학 왔다!』를 고른 까닭

책을 좋아하면 3학년도 6학년 수준의 책을 읽는다. 책을 좋아하지 않는 아이는 6학년이라도 저학년 책으로 수업해야 한다. 쉽고 재미있는 책으로 재미를 붙여주어야 한다.『수상한 아이가 전학 왔다!』는 백이십 쪽 분량에 재미있다. 글씨도 크다. 수상한 아이의 비밀을 찾아내려는 간단한 이야기라 읽기 쉽다. 마음을 울리는 내용도 있어서 좋다.

청령포초등학교는 한 학년이 한 반이다. 같은 아이들과 6년 동안 함께 지낸다. 아이들이 서로를 잘 안다. 형과 동생, 언니와 오빠도 잘 안다. 마음이 맞아도, 맞지 않아도, 날마다 봐야 한다. 똑같은 장소에서 늘 똑같은 사람과 지내면 '쟤는 이렇고, 얘는 저렇다'는 고정관념이 생긴다. 청령포초등학교에 얼굴을 가린 아이가 전학 온다면 어떨까? 변화를 일으키는 활력소가 될까? 아니면 자기들끼리 똘똘 뭉쳐서 전학생을 힘들게 할까?

4학년 토미가 방한모로 얼굴 전체를 가리고 전학 온다. 눈만 빼꼼 보이는 모자를 뒤집어쓴 모습도 수상한데, 이번이 일곱 번째 학교이다. 어떤 비밀 때문에 얼굴을 가리고 다닐까? 왜 여섯 번이나 전학했을까? 친구들이 토미의 비밀을 추측한다. 얼굴을 보려고 여러모로 시도한다. 토미의 얼굴을 보게 될까? 토미가 먼저 마음을 열고 얼굴을 보여줄까? 궁금해진다.

라. 모둠 만들기

1)『수상한 아이가 전학 왔다!』에 나온 문장을 사용하여 열여섯 명을 세 명씩 4개 모둠, 네 명 1개 모둠으로 만들었다.

2) 모둠 이름을 정했다. 보통 책 내용으로 이름을 정하지만, 이번에는 책을 읽은 아이 수가 적어 자유롭게 이름을 정했다.

* 모둠 이름 : 무지개, 고양이, 우리나라, 피카소, 스마일

마. 책 내용을 이해하는 활동

나는 표지 보고 책 제목 알아맞히기, 책 제목 보고 표지 만들기, 낱말 연상 활동, 여러 종류의 학습지, 그리거나 만들기를 활용한 활동을 하지 않는다. 잘 알려진 활동은 다른 선생님과 할 기회가 있으므로 나는 다른 걸 보여주려 한다. 주로 내용을 알아보는 놀이 활동, 생각을 나누는 토의와 토론 활동, 글쓰기 활동을 한다.

청령포 아이들 절반만 책을 읽었다. 내용 이해 놀이를 하면 책을 읽지 않은 아이도 『수상한 아이가 전학 왔다!』를 친근하게 느낄 것이다. 그럼 읽고 싶은 마음이 생기고, 일단 읽기 시작하면 끝까지 읽을 것이다. 그래서 첫날은 책을 읽지 않은 아이들을 위해 내용 이해 놀이 활동을 천천히, 흥겨운 분위기에서 했다. 초성퀴즈, 펑퐁게임, 초성낱말 빙고놀이, 우리끼리 독서퀴즈를 했다. 칠판에 모둠 이름을 써놓고, 점수를 누적해서 기록하는 경쟁 활동을 했다.

1) 초성퀴즈 »10분
책에 나온 낱말의 초성을 제시하면 아이들이 의논해서 모둠 칠판에 적었다. 중요한 낱말과 문장을 문제로 준비했다. ①, ②, ③은 각 1점이다. ④, ⑤는 정확하게 쓰면 2점, 비슷하게 쓰면 1점을 주었다. 책을 안 읽은 아이가 많아서 책을 보고 찾으라 했다.

① ㅂㅎㅁ   방한모
② ㅅㄹㅎ   심리학
③ ㅊㅎㅅㅈ   초현실적
④ ㅇㄴㅎㅁ ㅇㄱ ㅁㅇㅈ ㅈㅁ ㄱㅁㅎ ㅇㅇㅇ
    왜냐하면 이건 말이지 정말 기묘한 일이야

⑤ ㅌㅁ ㄷ ㅇㅅ ㅈㅎㅅㅇ ㅇㄴㅇ ㅌㅁ ㅇㄹ ㅈ ㅎㄴㅇ

토미는 더 이상 전학생이 아니야. 토미는 우리 중 하나야.

2) 핑퐁게임 »20분

참가자를 두 편으로 나누었다. (1~3모둠 한편, 4~5모둠 한편) 진행자가 주제를 제시하면, 아이들이 낱말을 돌아가며 말한다. 먼저 '등장인물 핑퐁게임'을 했다. 1~3모둠 중에 한 아이가 '토미'를 말하면 4~5모둠 중에 한 아이가 다른 등장인물을 말한다. 번갈아 말하되, 끝까지 등장인물을 말하는 편이 이긴다. 세 가지 규칙이 있다. 하나, 이미 말한 낱말을 다시 말하면 안 된다. 둘, 10초 이내에 낱말을 말해야 한다. 셋, 한 사람이 연속으로 말하면 안 된다.

'등장인물 핑퐁게임'에서 아이들이 응포(꼬마 생쥐), 산디, 존엑클, 팔라체 아저씨, 두갈, 두미사니, 체리스, 토미, 맥아담, 벤터(드래곤 여사), 라술 교장(모시), 트웨트, 모디스(소독약)를 찾았다. 이어서 2~4모둠, 5모둠과 1모둠으로 편을 나눠 '소감 말하기 핑퐁게임'을 했다. 책 읽은 소감 또는 읽지 않은 소감을 말했다. 이어서 1·2·4 모둠이 한편이 되고, 3·5 모둠이 한편이 되어 '책 내용을 한 낱말로 말하기 핑퐁게임'을 했다.● 경쟁이 과열되지 않게 하려고 계속 편을 바꾸었다.

3) 초성낱말 빙고놀이 »30분

초성으로 알아내기와 빙고를 응용한 놀이다. 정답지를 미리 만들어야 한다. 열여섯 칸 빙고를 만들고 책에 나온 낱말을 각 칸에 하나씩 쓴다. 각 낱말에 점수를 쓰고 초성만 쓴 문제지를 준비한다. 점수는 무작위로 주어도 되고 중요하다고 생각하는 낱말에 높은 점수를 주어도 된다. 두 번째

● 자세한 설명은 『책벌레 선생님의 행복한 책놀이』, 87~93쪽 참고.

줄 세 번째 칸은 보너스 칸이다. 둘 중 하나를 골라 동그라미를 한다. 교사가 정해놓은 낱말을 고르면 100점을 받는다.

20분쯤 책을 보며 낱말을 찾고 나서 정답을 발표했다. 한 줄을 모두 맞히면 보너스 100점을 받는다. 총 점수가 100점대면 모둠 점수 1점, 200점대면 2점, 300점대면 3점을 주었다. 대부분 1~2점을 받았다.

<문제지>

ㄷ (20점)	ㄷ (30점)	ㄹ (30점)	ㅁ (30점)
ㅂ (40점)	ㅂ (30점)	ㅇ (100점) 응포, 오바켕	ㅂ (20점)
ㅂ (30점)	ㅅ (40점)	ㅅ (30점)	ㅅ (40점)
ㅇ (30점)	ㅇ (30점)	ㅈ (20점)	ㅊ (20점)

<정답지>

ㄷ (20점) 두더지	ㄷ (30점) 두통거리	ㄹ (30점) 람보르기니	ㅁ (30점) 맙소사
ㅂ (40점) 발전소	ㅂ (30점) 방한모	ㅇ (100점) 응포	ㅂ (20점) 백과사전
ㅂ (30점) 분가루	ㅅ (40점) 사생활	ㅅ (30점) 소독약	ㅅ (40점) 심리학
ㅇ (30점) 왜냐하면	ㅇ (30점) 익명	ㅈ (20점) 전학생	ㅊ (20점) 초현실

4) 우리끼리 독서퀴즈 »80분

보통 독서퀴즈는 교사가 문제를 내고 아이들이 정답을 찾는다. 우리끼리 독서퀴즈는 아이들이 낸 문제를 다른 아이들이 맞힌다. 문제를 내려면 책 내용을 알아야 한다. 직접 문제를 내면서 책 내용을 이리저리 살피면 내용에 관심이 커진다. 자기가 낸 문제를 친구들이 맞히기 때문에 재미있다. 아이들이 우리끼리 독서퀴즈를 참 좋아했다.

① 모둠 친구들과 의논해서 쉬운 문제, 어려운 문제를 하나씩 만든다. 책을 보고 문제를 만든다.

② 한 모둠씩 돌아가며 문제를 낸다. 1모둠 → 2모둠 → 3모둠 …… 순서로 쉬운 문제를 낸 뒤에 반대 순서로 어려운 문제를 낸다. 한 모둠이 문제를 내면 다른 모둠은 조원들과 의논해서 답을 찾는다.

③ 다른 모둠이 낸 문제를 맞히면 한 문제에 1점씩 얻는다. 자기들이 낸 문제를 몇 개 모둠이 맞히는가에 따라 보너스 점수를 받는다. 쉬운 문제를 냈을 때, 자기 모둠을 제외한 4개 모둠 중에 3개 모둠이 맞히면 3점, 2개 모둠이 맞히면 2점, 1개 모둠이 맞히면 1점을 문제 낸 모둠에게 준다. 3개 모둠이 맞히면 '쉬운 문제' 수준에 가장 맞게 냈다는 뜻이다. 4개 모둠이 모두 맞히면 너무 쉽게 내서 보너스가 없고 4개 모둠이 다 틀리면 어렵게 냈기 때문에 보너스를 받지 못한다. 어려운 문제는 반대로 점수를 준다. 1개 모둠이 맞히면 보너스 3점, 2개 모둠 2점, 3개 모둠 1점을 준다. 1개 모둠만 맞힐 정도로 어렵게 내면 문제를 잘 만들었다는 뜻이므로 보너스 점수가 더 높다.●

초성낱말 빙고놀이를 하려면 책에 나오는 낱말을 찾아야 한다. 낱말을 찾아 책을 뒤적이면서 책을 읽지 않은 아이도 책에 관심이 커진다. 이어서 '우리끼리 독서퀴즈'를 했다. 모둠별로 쉬운 문제와 어려운 문제를 하나씩 만들었다. 읽지 않은 아이도 내용을 안다는 듯이 함께 의논했다. 문제 만들 때는 책을 보았고, 퀴즈대회 할 때는 책을 보지 않았다. 문제 맞힐 때는 아이들이 '책 읽고 올걸!' 하며 아쉬워했다. 이렇게 세 시간이 훌

● 자세한 설명은 『책벌레 선생님의 행복한 책놀이』, 102~106쪽 참고.

쩍 지나갔다. 헤어지면서 "내일은 토론할 거야. 책 읽어올 거지?" 하니 밝은 표정으로 대답했다.

바. 모둠 토의 활동

첫째 날 수업하면서 한 아이가 눈에 띄었다. 4학년인데 책을 읽지 않았다. 활동에도 참여하지 않는다. 자기만 빼놓는다고 투덜거리는데 시켜줘도 안 하고 떠든다. 다가가면 삼촌 이야기를 한다. 삼촌이 람보르기니를 타고 다니는데 몇억짜리라고 한다. 뻔한 거짓말로 보이지만 처음 만난 아이를 함부로 판단하면 안 되기에 '그렇구나!' 해줬다. 그랬더니 나한테 들러붙는다. 활동에 참여하지 않고 계속 이야기한다. 선생님이 아이를 진정시키며 '어쩔 수 없는 아이'라는 신호를 보낸다.

둘째 날에 '상처'를 주제로 수업했다. 토미는 얼굴을 방한모로 가리고 지낸다. 여섯 번이나 전학을 다녔다. 밥 먹을 때도 얼굴을 가린다. 상처가 있는 아이 같다. 4학년 아이도 마찬가지다. 아이는 '관심'을 끌려 했다. 평소 아이에게 관심을 주는 사람이 없을 것 같다. 늘 그렇게 행동하니 친구들도 무시하며 밀어냈을 것이다. 상처받아서 그렇게 행동하는데 다시 무시를 당하니 또 상처받았을 테고, 사람들이 싫어하는 행동을 해서라도 관심을 받으려 한다. 그럴수록 악순환이다.

아이를 생각하며 질문을 만들었다. 다음 날, 아이가 책을 다 읽었다며 자랑한다. 칭찬해주고 '두뇌싸움' 활동을 했다. 모둠 토의 활동을 '두뇌싸움'이라 부른다. 쉬운 질문으로 시작해서 생각을 나누고 마음을 표현하는 질문으로 이어진다. 교사가 질문하면 모둠 친구와 의논해서 발표한다. 책을 보면 안 되고, 정해진 시간이 끝나기 전에 화이트보드에 의견을 정리해서 썼다.

질문1. 토미가 방한모를 쓰고 다니자 친구들이 까닭을 추측한다. 추측한 내용을 적어보자.

- 뺨에 커다랗고 빨간 점이 있을 것이다, 화상을 입었다, 사고로 흉터가 났다 등. 『수상한 아이가 전학 왔다!』 50쪽에 친구들이 낸 여러 가지 의견 있음.

질문2. 토미의 방한모를 벗기기 위해 친구들이 한 일을 적어보자.

- 심리학 전략, 토미네 집 찾아가서 몰래 보기, 친구들이 돌아가며 계속 묻기, 친구들이 생각하는 까닭을 쪽지에 써서 토미에게 보여주기, 강제로 방한모 벗기기(5학년), 모두 방한모를 쓰고 나타나기.

질문3. 토미가 얼굴을 보여주기 싫어 방한모를 뒤집어쓰고 다닌다. 여러분이라면 토미에게 어느 정도까지 해도 괜찮을까?

① "이전에는 어디에 살았니? 어떤 학교에 다녔니? 너희 아빠는 광산에서 일하시니, 아님 발전소에서 일하시니? 너 왜 머리에 그런 걸 쓰고 있니?" 묻는다. (15~16쪽의 대화 내용)

② 얼굴을 보여줄 수 있는지 묻는다.

(얼굴을 보려고 시도하면서도 친구들이 한 번도 묻지 않았던 질문)

③ 얼굴을 보려고 시도한다. 단, 강제로 벗기지는 않는다.

(36~39쪽에서 시도한 내용)

④ 강제로 방한모를 벗기고 얼굴을 본다. (61~63쪽 내용)

질문3-1. 모둠 의견을 정해 주장하는 글을 써보자. '주장 – 왜냐하면 – 예를 들어 – 다시 말해' 형식에 맞춰 주장 한 문장을 쓰고, 까닭 한 문장, 예시 한 문장을 쓰자. 단, 정리(다시 말해)는 앞에 쓴 내용과 다른 내용으로 정리할 내용이 있을 때만 쓴다.

책 내용을 아는지 확인하기 위해 1, 2번 질문을 했다. 아이들이 대답을 잘했다. 3번 질문으로 토미에게 어느 정도까지 해도 되는지 개인 의견을 물었다. ③을 고른 아이가 없었다. 모두 ①과 ②를 선택했다. 문제를 만들면서 아이들이 ②와 ③을 고를 거라 예상했는데 의외였다. ①과 ②를 골랐으니 친구를 조심스럽게 대해야 한다는 의견이다. 아이들 행동을 보면 ③까지 할 것 같은데 대답은 ②까지였다. '인권 감수성이 뛰어난 아이들인가?' 하는 생각이 들면서 준비한 4번 질문 대신 3-2), 3-3)으로 질문을 이어가야겠다고 생각했다. 아이들이 '주장-왜냐하면-예를 들어-다시 말해'를 쓰는 동안 얼른 질문을 만들었다.

3번 질문에 대해 모둠별로 쓴 내용을 발표했다. 친구들이 토미에게 왜 방한모를 쓰는지, 얼굴을 보여줄 수 있는지 묻는 건 괜찮다고 한다. 친구에게 그런 질문을 해도 괜찮다고 생각한다. 토미가 방한모 쓰는 까닭을 말하지 않거나 얼굴을 보여주기 싫다고 대답하면 "말하기 싫구나!" 하며 의견을 받아들이면 된다고 한다. "먹을래?" 했는데 "싫어!" 하는 경우와 비슷한 셈이다. 아이들 의견을 듣고 반대로 물었다.

"만약 토미가 대답하지 않으면 어떡하지? 친구들이 물었는데 아무 말도 하지 않는다면 어떻게 할 거야?"

아이들이 대답하지 않기에 설명을 덧붙여 물었다.

"토미가 질문에 대답한다면 괜찮은 거잖아. 방한모 쓰는 까닭을 알려주고, 얼굴을 보여주겠다고 하면 질문이 신경 쓰이지 않는 거지. 질문에 상처를 받는다면 대답하지 않을 텐데, 대답했으니 괜찮다고 봐야겠지. 만약 방한모를 왜 쓰고 다니는지 말하기 싫다, 얼굴을 보여주기 싫다고 대답하면 어떨까? 왜 그런 걸 쓰고 다니냐는 질문에 기분 나쁠 수는 있지만 상처받았다고 생각할 정도는 아니겠지. 싫다는 말은 거부하는 표현이므로 토미가 자기 생각을 표현한 거라고 보면 되잖아. 그렇지만 아무 말도 하지 않으면 어떡할까? 질문하는 것만으로도 상처를 받아서 아무 말도 하지 않는 거라면?"

정말 그렇겠다는 표정과 몸짓으로 토미를 걱정한다. '정말 토미가 대답하지 않는다면 하지 말아야 할 질문을 한 건가?' 생각한다. 한 아이가 "상처를 받았는데도 겉으로 드러나지 않으면 어떡하죠?" 묻는다. 다른 아이도 "어떡하죠?" 하며 같은 말을 한다. 아이들 말을 들으며 다른 질문이 생각났다.

질문3-2. 상처받은 아이가 어떤 특징을 보이는지 써보자.

'상처받은 아이의 특징'이 초등 3~6학년 토의 주제로 알맞기 때문인지, 아이들이 책 내용에 빠져들었기 때문인지, 이어지는 질문에 자극을 받아서인지 모르겠지만, 아이들이 진지하게 상처받은 아이의 특징을 찾아 발표했다. 발표를 다 듣고 발표 내용을 두 가지로 정리해주었다.

- 소극적인 표현 : 조용히 혼자 지낸다. 시무룩한 표정을 짓거나 슬픈 표정을 한다. 화장 실이나 자기 방에 가서 운다. 참는다.
- 적극적인 표현 : 매운 음식을 먹는다. 욕한다. 다른 곳에 화풀이한다. 뒷담화를 한다. 대놓고 말한다.

아이들이 상처받을 때의 행동을 잘 알아서 놀랐다. 어린아이라고 생각했는데 어른과 똑같이 상처를 이해한다. 친구들 발표를 듣는 것만으로도 마음이 시원한지 '와!' 하며 좋아한다. 자기가 해본 방법을 말할 때는 목소리가 커진다. 공감의 힘이랄까, 비슷한 경험을 말하기만 해도 아이들 마음이 조금씩 괜찮아지는 것 같다. 그래서 아이들에게 상처받으면 꼭 표현하라고 말했다. 매운 떡볶이를 먹거나 인형에게 욕을 해서라도 풀어버리라고 했다. 조용히 혼자 끌어안으면 점점 더 커지니까 조금씩이라도 스트레스를 풀라고 말했다.

질문3-3. 이 책에서 가장 상처받은 인물은 누구일까?

토미는 얼굴을 가리고 다닌다. 빌리와 응포는 말을 하지 않는다. 상처 받은 모습이다. 아이들이 상처받은 인물로 토미, 빌리, 응포를 선택할 줄 알았다. 그런데 체리스와 벤터 선생님도 상처받았다고 말해서 깜짝 놀랐다. 공부 잘하는 아이, 선생님이 다른 아이들 때문에 상처받는다는 걸 어떻게 알았을까? 아이들 의견을 정리하면 이렇다.

- 빌리 드 비어(우주미아) : 친구들에게 아무 말도 하지 않다가 모두 방한모를 쓰고 얼굴을 가렸을 때 전교생 앞에서 발표한다. 사람들이 얼굴을 보지 않을 때만 사람들 앞에 나섰으니 상처받은 아이다.
- 토미 : 방한모를 쓰고 얼굴을 감춘다. 전학을 여섯 번이나 다니며 얼굴을 가렸으니 상처받았다.
- 체리스 : 공부를 잘하고 아는 게 많지만 친구가 없다. 잘난 척하지만 외롭고 힘들었을 것이다.
- 벤터 선생님 : 아이들이 선생님 말을 듣지 않는다. 아이들이 무시한다고 생각하기 때문에 상처받았을 것이다.
- 응포(꼬마 생쥐) : 말을 하지 않는다.

공부 잘하고 친구들을 이끄는 아이(체리스)가 외롭고 힘들었을 거라 생각하다니… 더구나 선생님이 아이들 때문에 상처받는다고 생각하다니 놀랍다. 진짜로 선생님이 아이들 때문에 상처받느냐고 물었더니 그렇다고 한다. 청령포초등학교에도 상처받은 선생님이 있느냐 했더니 있다고 한다. 선생님이 상처받는 줄 알면서 상처 주면 어떤 사람이냐고 물었다. 아이들 반응은, "하하하~!"

전날은 아이들이 책을 읽지 않아서 걱정했다. 내용 파악 활동을 하면서 정말 책을 안 읽었다고 느꼈다. 오늘도 쉽지는 않았다. 그러나 '상처받은 모습'에 대해 아이들이 의견을 잘 말해서 좋았다. 람보르기니를 외치는 아이를 위해 이렇게 말했다. "만약 어떤 아이 행동이 지나치다면, 조용하거나 떠들거나 때로는 하지 말아야 할 행동을 계속한다면 잘 살펴봐라. 상처받아서 그런 건 아닌지, 아프니까 보살펴달라고 그러는 건 아닌지 말이야!" 이 말에 담당 선생님이 움찔하고 고개를 끄덕이며 아이를 바라봤다. '아, 그렇구나!' 하는 것 같았다.

　시간이 다 돼서 4번 질문은 청령포초등학교 선생님과 이야기해보라고 알려줬다. 댓글을 함부로 쓰는 행동을 돌아보려고 만든 질문이다.

　토미네 반 친구들이 모두 방한모를 쓰고 온 날, 지나가는 5학년들에게 '패배자' '멍청이' '바보'라고 말했다. 얼굴을 가렸기 때문에 안전하다고 생각하며 익명으로 사는 게 멋지다고 말한다. 정말 익명으로 사는 게 멋진지 토론해보자.

　질문4. 익명으로 사는 건 멋지다. (찬성, 반대)

　얼마 뒤에 삼척 소달초등학교에서 독서 캠프를 해달라고 했다. 1~6학년이 함께 수업해야 하므로 내가 잘 아는 내용, 아이들이 재미있게 읽을 책이어야 한다. 그래서 『수상한 아이가 전학 왔다!』를 다시 골랐다.

사. 수업 안내

- 언제 : 청령포초등학교 수업 5개월 뒤 겨울방학 하루 6시간
- 어디 : 강원도 삼척시 소달초등학교 도서관
- 누구 : 1~6학년 전교생 열 명 중 아홉 명
- 기타 : 4년 동안 근무한 학교여서 3~6학년 아이를 잘 안다. 작은 마을에 있는 학교여서 1~2학년도 이미 아는 아이들이다.

아. 수업 내용

아홉 명이 참여했다. 세 명씩 세 모둠을 만들었다. 1~3학년을 위해 간단한 책놀이를 하고 초성퀴즈, 펑퐁게임, 찢어내기 빙고, 낱말 눈치게임, 초성 빙고놀이로 내용을 알아보았다. 1~2학년이 어려워할 것 같아서 우리끼리 독서퀴즈는 하지 않았다. 토의 질문도 1~2학년을 위해 간단하게 바꾸었다. 두뇌싸움 내용만 소개한다.

질문1. 토미가 방한모를 쓰고 다니자 친구들이 까닭을 추측한다. 추측한 내용을 적어보자. (청령포 아이들과 비슷하게 대답했다.)

질문2. 너희들은 어떤 일이 일어나면 얼굴을 가리고 다닐 것 같아?

- 부끄러운 일 (네 명) : 세 명은 일상에서 겪는 간단한 내용이었고 한 명은 말할 수 없는 비밀이라고 대답했다.
- 외모 (두 명) : 여드름이 많이 나거나 피부가 이상해지면 감춘다.
- 없어요 (두 명) : 얼굴을 가릴 일이 없다.
- 국어 성적 (한 명) : 국어가 어렵다.

질문3. 상처받을 때 어떤 행동을 할까?

자살(두 명), 운동하기, 춤추기, 베개 때리기, 운다, 소리 지른다, 짜증 낸다, 대든다. 음식 많이 먹기, 혼자 있기(마음 감추기), 인형에게 말하기, 하소연하기, 친구 만나기, 인형 때리기, 이불 밑에 들어가기, 종이 찢기, 물건 던지기, 게임하기.

질문4. 위에서 발표한 내용 중에 자신이 직접 해본 것은?

자살 생각(두 명), 혼자 있기, 인형에게 말하기, 울기, 소리 지르기, 인형이나 베개 때리기, 하소연하기, 짜증 내기.

3번 질문에서 자살이라는 대답이 나왔다. '영상매체에서 누군가 자살한 소식을 들었나?' 싶었다. 그런데 4번 질문에서 두 아이가 자살을 실제로 생각했다고 한다. 소달초에서 4년 근무하면서 아이들과 친해졌다. 부모와 가족도 다 알 정도인데 자살을 생각했다고 해서 깜짝 놀랐다. 두 아이 모두 자기가 잘못했는데 언니, 오빠가 혼나서 자살을 생각했다고 대답했다. 심각한 수준이 아니어서 다행이었다.

독서 수업하기 사흘 전에 학교 앞 교회 목사님이 방과 후에 아이들과 독서 활동을 하고 싶다며 가르쳐달라고 했다. 마침 학교에서 독서 수업을 하니까 보러 오라고 했다. 목사님이 수업을 참관하다가 자살 이야기를 들었다. 두 아이 중 한 명이 목사님 딸이다. '자살'을 말할 때 목사님 표정이 기억난다.

질문5. 상처받을 때 마음을 직접 표현하는 것과 간접 표현하는 것 중에 어떻게 하는 게 좋을까?

– 여덟 명이 직접 표현하는 게 좋다고 하고, 한 명은 감추겠다고 한다. 당사자에게 곧바로 표현하는 것만 아니면 직접 표현해서 풀어버리라고 말해줬다.

질문6. 실제로 친구들이 방한모를 벗기기 위해 시도한 내용을 알아보자.

– 청령포 아이들과 비슷하게 대답했다.

질문6-1. 토미 친구들이 어떻게 해서 토미가 방한모를 벗었을까?

토미네 학교는 금요일마다 전교생이 한자리에 모여 자유 발표를 한다. 토미 친구들 모두 방한모와 가면을 쓰고 자유 발표에 참여했다. 얼굴을 가리고 모두 익명이 되어 자유를 누렸다. 방한모 뒤에 얼굴을 감추자 조용하던 아이가 말을 한다. 그리고 친구들이 토미처럼 방한모를 쓰자 토미가 방한모를 벗는다.

"토미에겐 좋은 친구가 있었어. 친구들이 상처를 어루만져준 셈이지. 너희들은 힘들 때 말할 사람이 있어?"라고 물었다. 아이들 대부분 엄마라고 한다. "힘들면 꼭 엄마한테 말해. 선생님, 목사님, 할머니, 친구 누구라도 좋아. 혼자 힘들어하지 말고 꼭 말해라!" 했다.

소달초등학교 아이들은 상처가 많았다. 첫해에 전교생이 일곱 명이었는데 한 가족(오빠와 동생) 빼고 엄마가 없었다. 다섯 아이 모두 부모가 이혼하고 엄마가 다른 곳으로 가버렸다. 아이를 돌보는 할아버지가 엄마 이야기만은 하지 말아 달라고 부탁했다. 할아버지 부탁을 들어주지 못했다. 아이들과 일부러 엄마 이야기를 했다. 엄마 이야기를 글로 쓰고 엄마 이야기하다 울었다. 그렇게 상처를 풀었고 아이들 표정이 조금씩 밝아졌다.

다른 학교로 옮기고 3년 동안은 소달초등학교에 계속 독서 수업을 하러 갔다. 그때마다 아이들이 달려와 안기며 '선생님 언제 다시 오느냐고' 물었다. 아이는 아픈 상처를 만져준 사람을 기억하고 사랑한다. 소달 아이들에게는 『수상한 아이가 전학 왔다!』가 『수상한 선생님이 왔다』로 느껴질지 모르겠다.

독서 수업 마치고 돌아왔는데 목사님이 전화했다. 책 한 권으로 어떻게 이런 이야기를 나누냐며 놀라워하셨다. 그리고 아이가 울먹이며 상처 이야기하는 장면을 말씀하셨다. 책과 질문이 주는 힘이라고 대답해드렸다. 질문을 잘 만들어 아이들 마음으로 조금씩 들어가야 한다고 대답했다. 몇 가지 질문을 더 하셨고 대답을 해드렸다.

얼마 뒤에 기업체 후원으로 시골에 작은 도서관을 만드는 사업에 소달교회를 연결해드렸다. 교회 한쪽에 책장과 진열대를 만들고 책도 기증해주었다. 도서관을 구경하러 가면서 그림책으로 활동한 내용을 소개한 책을 드렸다. 이렇게 저렇게 해보시라고 권해드렸다.

소달초등학교에서도 '익명으로 사는 게 멋지다'를 주제로 찬반토론을 하지 못했다. 상처를 이야기하다 시간이 다 지나갔다. 그래도 좋다. 익명에 대해서는 누구나 토론할 수 있지만 상처는 내가 다루어야 한다고 생각했다. 익명에 대한 질문 외에도 질문을 하나 더 준비했는데 묻지 못했다.

질문7. 금요일 자유 발표 시간에 발표한 내용은 무엇일까?

- 응포 : 즐거운 생활이라는 택시 이야기

- 도나 카일 : 방한모의 역사에 대해

- 두미사니 : 토미의 방한모

질문7-1. 응포는 왜 말했을까? (왜냐하면, 다시 말해, 예를 들어)

질문7-2. 익명의 상황에서 사람들이 용감해지는 사례를 찾아보자.

질문7-3. 아무도 모르게 감춰서 말할 수 있다면 어떤 내용을 말하고 싶은가?

2 ─── 내 옆의 나, 내 친구

`무적 수첩』, 김미애, 꿈초

가. 수업 안내

- 언제 : 겨울방학 앞두고 이틀 동안 9시간
- 어디 : 강원도 삼척시 미로초등학교 도서관
- 누구 : 3학년 열한 명(지난해 우리 반), 4학년 아홉 명(올해 우리 반)

나. 수업한 까닭

미로초등학교는 한 학년이 한 반뿐이다. 열 명 내외 아이들이 내내 같이 지낸다. 취미, 특기, 생각뿐 아니라 집까지 잘 알기 때문에 익숙하다 못해 식상하다. 말하는 아이, 듣는 아이, 쓰는 아이가 정해져 있다. 우리 반은 평소에 글을 자주 쓰기 때문에 서로의 마음을 더 잘 안다. 아이들에게 새로운 생각을 만나게 해주고 싶었다. 그래서 다른 학년 아이들과 함께 수업했다.

지난해 내가 가르친 아이들이 3학년이 되었다. 나는 4학년 담임으로 아홉 명을 가르친다. 마침 3학년 담임교사가 독서 수업을 배우고 싶어 해서 '한 학기 한 권 읽기 수업'을 함께 했다. 1학기에는 12시간 동안 내가 수업하고 3학년 담임교사가 수업을 지켜봤다.[*]2학기에는 3학년 담임교사가 4시간(모둠 만들기, 책 내용 이해하기 활동, 우리끼리 독서퀴즈) 수업하고, 이어서 내가 5시간(토론 활동, 글쓰기) 수업했다.

다.『무적 수첩』을 고른 까닭

작은 학교에서는 별명이 생기면 오랫동안 그 별명으로 불린다. 한 번 보인 단점은 계속 단점으로 남기도 한다. 동생 학년, 형과 누나 학년 사이에서도 같은 일이 일어난다. 특히 3, 4학년은 장난이 심해 놀리다가 다툰다.『무적 수첩』은 친구를 놀리고, 약점을 이용해서 친구를 부려 먹는 내용이라 친구 관계를 이야기하기 좋다. 백 쪽 분량이라 읽기도 편하다. 두 학년이 함께 수업해야 하므로 쉬운 책을 골랐다.

라. 모둠 만들기

1학기 때는『수상한 아이가 전학 왔다!』에 나온 문장을 나눠주고 3~4학년이 섞여서 모둠을 만들었다. 2학기에는 같은 학년끼리 모둠을 만들고 싶다고 했다. 아이들이 의논해서 3학년 열한 명을 4개 모둠으로, 4학년 아홉 명을 3개 모둠으로, 전체 7개 모둠을 만들었다. 3학년 선생님이 모둠 이름 만들기 책놀이 활동을 했다.

마. 책 내용을 이해하는 활동

미로초 아이들은 책을 좋아하고 책 내용도 잘 이해한다.『무적 수첩』이

---

[*] 1학기 수업 내용은『책벌레 선생님의 행복한 책놀이』, 117~126쪽 참고.

짧고 쉬워서 내용을 꼼꼼하게 확인하지 않았다. 3학년 선생님이 독서 수업을 처음 하기 때문에 가볍게 몇 가지 놀이를 했다. 여러 종류의 아이스크림을 상품으로 준비했다. 일등부터 원하는 아이스크림을 골라 먹고 남는 것을 꼴찌가 먹기로 했다.

3학년 선생님이 핑퐁게임으로 수업을 시작했다. 핑퐁게임은 일곱 모둠을 두 편으로 나눠 등장인물을 계속 말하는 놀이다. 이기는 편에 1점을 주었다. 등장인물 찾기 핑퐁게임, 책에 나오는 낱말 핑퐁게임, 책 읽은 소감 핑퐁게임, 책 내용을 한 낱말로 말하기 핑퐁게임을 했다. 이어서 초성빙고, 우리끼리 독서퀴즈, 주인공인 문수와 나무에 대한 정보 최대한 많이 찾기, 문수와 나무의 차이점과 공통점 찾기 활동을 했다.

<초성빙고 놀이 문제지>

ㄱ (20점)	ㄱ (30점)	ㄱ (30점)	ㄹ (30점)
ㅂ (40점)	ㅂ (30점)	ㅅ (100점) 선물, 수첩	ㅃ (20점)
ㅅ (30점)	ㅇ (40점)	ㅇ (30점)	ㅇ (40점)
ㅉ (30점)	ㅋ (30점)	ㅊ (20점)	ㅎ (20점)

<정답지>

ㄱ (20점) 과자	ㄱ (30점) 게임기	ㄱ (30점) 금지	ㄹ (30점) 로봇
ㅂ (40점) 별명	ㅂ (30점) 방귀	ㅅ (100점) 선물	ㅃ (20점) 뽕나무
ㅅ (30점) 식판	ㅇ (40점) 용기	ㅇ (30점) 오줌	ㅇ (40점) 운동장
ㅉ (30점) 쪽지	ㅋ (30점) 콩쥐	ㅊ (20점) 청소	ㅎ (20점) 황금 카드

우리끼리 퀴즈를 하고 나서 3학년 선생님이 문수와 나무에 대한 정보를 찾아보라고 했다. 다른 학교에서 수업했을 때는 핑퐁게임으로 문수와 나무에 대한 정보를 알아보았다. 아이들이 발표한 내용을 정리해서 공통점과 차이점을 알아보았다.

- 문수와 나무의 공통점 : 무적 수첩을 갖는다, 친구들을 마음대로 이용한다, 보통 아이였는데 무적 수첩을 가지면 달라진다, 둘 다 약점이 있다, 무적 수첩 때문에 어려움을 겪는다, 등.
- 문수와 나무의 차이점 : 나무가 수첩을 만들고, 문수는 수첩을 주웠다. 나무는 수첩에 새로운 내용을 추가했고, 문수는 새로운 내용을 쓰지 않았다. 문수에겐 단짝이 있었다. 나무는 친구를 이용하는 자기 모습을 돌아보지 못했지만 문수는 돌아봤다. 문수는 나무를 반면교사로 삼을 수 있었다. 문수는 천천히 나빠졌고, 나무는 문수보다 빨리 나빠졌을 것이다.

바. 모둠 토의 활동

내용을 알아보는 놀이를 하면서 아이들이 즐거워했다. 책을 찾고 의논하면서 책 내용도 많이 알았다. 이튿날 내가 토의 활동을 진행하고 글쓰기로 수업을 마무리했다. 시작하기 전에 몸풀이로 초성퀴즈를 했다. 어제 얻은 점수에 이어서 점수를 계속 누적했다. 초성퀴즈를 하나 맞힐 때마다 1점을 주었다.

1) 초성퀴즈

하) ㅎㄱ ㅋㄷ (황금 카드)

중) ㄴㅁㄹ ㅁㄹㅊㄹ (나무를 물리쳐라)

상) ㅈㄴ ㄱㅈ ㅇㅇ ㄱㅈ (장난 금지 웃음 금지)

2) 두뇌싸움

^{질문1} 나무가 친구들 약점을 적은 수첩을 '무적 수첩'이라 부른다. 처음엔 나무가, 나중엔 문수가 무적 수첩의 주인이 되어 친구들을 마음대로 다룬다. 나무와 문수가 친구들에게 무엇을 시켰을까?

- 나무의 황금 카드를 빼앗았다.
- 준이에게 빵과 과자, 장난감을 가져오게 했다.
- 태영이가 좋아하는 반찬과 자기가 싫어하는 반찬을 바꾸었다.
- 민주가 청소를 대신 했다.
- 용한이는 주기 싫은 게임기를 억지로 빌려주었다.
- 성준이 축구공을 억지로 빌렸다.

^{질문2} 나무와 친구들에게 시킨 것 중에서 가장 힘들다고 생각하는 활동 세 가지를 1등, 2등, 3등 순서대로 적어보자.

- 1모둠 : 급식 빼앗아 먹기, 장난감 가져가기, 황금 카드 가져가기.
- 2모둠 : 별명 밀고 괴롭히기, 친구 물건 막 빼앗기, 부모님 말씀 안 듣기.
- 3모둠 : 탕수육 빼앗기, 게임기 빼앗기, 음식 빼앗기.
- 4모둠 : 창피 주며 자기 마음대로 하기, 황금 카드 빼앗기, 억지로 눈치 보며 착한 일 하게 만들기.
- 5모둠 : 나무는 친구들 약점을 잡아 물건을 빼앗았다. 문수는 나무에게만 복수해도 되는데 피해를 주지 않은 친구들까지 힘들게 했다. 용이와 봉수는 나무와 같이 다니며 친구를 괴롭히고 놀렸다.
- 6모둠 : 무적 수첩으로 왕 놀이를 한 것(아이들이 싫어하는 걸 시키고 빼앗았다), 친구들의 약점으로 친구 놀리기(친구 마음을 이해하지 못하고 마음을 상하게 하였다), 문수가 나무에게 소변을 튀긴 것(소변을 튀기는 건 예의가 아니다).

• 구모둠 : 태영이 급식을 빼앗아 먹고 싫어하는 음식을 먹인 일, 황금 카드 빼앗기, 청소를 시킨 것.

나무와 문수가 친구들에게 무엇을 시켰는지 찾는 질문1에는 모든 모둠이 비슷하게 답했다. 질문2는 의견을 묻는 내용이라 대답이 다르다. 1~4모둠과 7모둠은 간단하게 대답했다. 5모둠과 6모둠은 왜 힘든지 이유를 설명했다. 소변을 튀기는 건 예의가 아니라는 대답이 재미있었다.

한 모둠씩 발표할 때마다 전체 아이들에게 물었다. "1모둠 친구들이 ①급식 빼앗아 먹기 ②장난감 가져가기 ③황금 카드 가져가기 세 가지를 말했지! 여러분이 재판장이라면 세 가지 중에서 어떤 일에 가장 큰 벌을 줄지 정해보자." 손을 들어 의견을 표시하게 했다.

1모둠에서 발표한 ①등(급식 빼앗아 먹기)과 아이들이 손을 들어 표시한 ①등이 같을 경우 "국민들 생각을 아는 재판장이 좋은 재판장이다. 여러분이 1모둠과 같은 생각을 가졌으니 모두 훌륭하다. 1모둠은 재판장과 같은 결정을 했으므로 훌륭하다."라고 칭찬했다.

모둠에서 정한 순서와 아이들이 손을 들어 정한 순서가 다를 경우 왜 그렇게 생각하는지 까닭을 들었다. 돌아가며 발표하는 동안 아이들 모두 무엇이 나쁜 행동인지 생각하고, 친구들이 어떤 행동을 싫어하는지 들었다. 이 활동은 의견이 같아도 괜찮고, 달라도 괜찮다. 의견이 같으면 같아서 좋고, 의견이 다르면 왜 다른지 들어서 좋았다. 교사가 "친구 물건 빼앗지 말고, 별명 부르며 괴롭히지 말고……" 하며 가르치지 않고도, 아이들이 스스로 생각해서 좋았다.

5모둠 발표 내용이 마음에 들었다. 나무는 무적 수첩으로 친구들을 괴롭혔다. 문수는 나무 때문에 괴로워했는데도, 나무의 수첩이 손에 들어오자 문수와 똑같이 친구들을 괴롭혔다. 용이와 봉수는 나무 곁에 붙어 다니며 친구를 괴롭히고 놀렸다. 처음 시작한 아이, 나중에 따라 한 아이, 힘센 아이 편이 된 모두 친구를 괴롭힌다. 누가 괴롭히건 친구에게 괴롭힘을 당하면 힘들다는 사실을 일관되게 말해서 좋았다.

5모둠 발표 내용에 덧붙여 질문했다. "시작한 나무, 따라 한 문수, 따라다닌 용이와 봉수 중에 누가 더 나쁠까?" 나무보다 문수가 나쁘다는 아이들이 많았다. 그러자 5모둠 아이들이 나무가 친구를 괴롭히기 시작했으므로 나무가 더 나쁘다고 반박했다. 이에 아이들은 자기가 당하면서 괴로웠는데 똑같이 친구를 괴롭혔기 때문에 문수가 더 나쁘다고 말했다. 둘 다 좋은 의견이다. 누가 이겼는지 따질 필요가 없다. 그래서 "비록 5모둠이 국민들 생각과 다르게 판단했지만 이건 정말 좋은 의견이다. 국민에게 좋은 생각을 제시해서 국민을 이끌어가는 지도자라고 인정한다." 하며 칭찬해주었다.

『무적 수첩』은 쉬운 책, 저자의 의도가 드러나는 책, 여백이 없는 책이다. 아이들의 다양한 생각을 이끌어내기엔 단순한 내용이다. 후배 교사와 함께 하지 않았다면 수업하지 않았을 책이다. 생각할 기회를 주려고 아이들에게 우연히 재판장 역할을 맡겼는데 결과가 좋았다. "친구 물건 빼앗는 건 나쁘지요! 하지 말아요!"가 아니라 무엇이 더 나쁜지 찾으면서 친구 물건 빼앗는 건 나쁘다는 마음을 갖게 되었다. 아이들 대답을 들으면서 즐거웠다.

질문3. 여러분이 재판장이라면 무적 수첩으로 친구를 괴롭히는 나무와 문수에게 어떤 판결을 내릴까?

- 1모둠 : 괴롭히는 친구의 약점을 잡아 괴롭히지 못하게 한다.
- 2모둠 : 부모와 상담한다.
- 3모둠 : 다른 학교로 전학 보낸다.
- 4모둠 : 예쁜 별명을 지어준다.
- 5모둠 : 좋은 별명을 정해준다.

- 6모둠 : 선생님께 알린다.
- ㄱ모둠 : 관심 갖지 않고 놔둔다. 무시한다.

친구들과 의논한 뒤에 모둠 대표가 앞으로 나와 발표했다. 한 모둠씩 발표할 때마다 아이들에게 괜찮은 방법인지 물어보았다. 아이들이 "좋은 방법이다." "그렇게 하면 안 된다." 하며 이야기를 주고받았다. 자유롭게 이야기하고 싶어 찬반토론을 피했다. 모둠 발표와 아이들 의견을 다 들은 뒤에 '지혜로운 판결 세 가지'를 골랐다. 아이들이 좋아하는 순서대로 정리하면 이렇다. (스무 명이 세 가지씩 골랐다.)

- 부모와 상담한다. (열네 명)
- 좋은 별명을 정해준다. (열두 명)
- 예쁜 별명을 지어준다. (열한 명)
- 선생님께 알린다. 관심 갖지 않고 놔둔다. 무시한다. (각 일곱 명)
- 다른 학교로 전학 보낸다. (네 명)
- 괴롭히는 친구의 약점을 잡아 괴롭히지 못하게 한다. (세 명)

아이들은 징벌보다 상담, 관심, 격려가 좋다고 했다. 괴롭히는 친구를 전학 보내거나, 당한 만큼 똑같이 괴롭히는 게 효과가 없다는 것도 안다. 발표를 마치자 아이들이 "문수나 나무처럼 친구를 괴롭히는 아이가 있으면 부모와 상담하기, 예쁜 별명 지어주기, 좋은 별명 지어주기 해주세요!" 라고 말했다. 그러겠다고 했다.

나는 나무와 문수가 나쁜 행동을 했으니 벌을 받아야 한다고 생각했다. 그러나 아이들은 벌이 아니라 회복을 말한다. 지난해 독서 수업할 때 비슷하게 질문했는데 그때도 아이들은 "아이니까 실수할 수 있어요. 이해해줘야 해요. 그러지 말라고 다시 말하면 되잖아요!" 하고 말했다. 어른들이 "내가 몇 번이나 말했어!"라고 감정을 내세울 때 아이들은 "다시 말해줄게. 다음에는 실수하지 마라!"라고 했다. 질문을 마치며 아이들과 마주 보고 웃었다. 아이들 사이를 다니며 하이파이브하고, 허리를 숙여 눈을 맞추었다.

질문4. 만약 내가 무적 수첩을 갖는다면 누구에게 무엇을 시킬까?

이 질문은 화풀이용으로 준비했다. "얘들아, 진짜 화나게 하는 사람 있지? 생각만 해도 짜증이 폭발할 것 같은 사람 있잖아. 똑같이 약점 잡아서 혼내주고 싶은 사람 말이야. 바로 앞 질문에서 약점 잡아 괴롭히는 건 좋지 않다고 했잖아. 그러니까 직접 괴롭히지 말고 글로 써서 기분을 푸는 거야. 그 사람에게 내 마음대로 뭔가를 시킬 수 있다면 무얼 시킬래? 마음대로 써서 화를 풀자."라고 했다. 아이들이 열심히 글을 썼다. 글을 보여주는 아이에게 "그랬구나. 이놈이 아주 나쁘네. 네 글을 보니 알겠다." 해주고 "이제 속이 시원해?" 했더니 시원하다며 좋아했다. 그럼 됐다.

우리 집에 가서 동생이 내 말을 잘 듣게 할 것이다. 동생이 내 말을 너무 안 들어서 그렇다. 그래도 내 동생인데 너무 심하게 하진 않고 좀 약하게 할 것이다. 하지만 누나는 아니다. 왜냐하면 우리 누나도 약점을 잡아서 나를 괴롭히기 때문이다. 나는 누나의 큰 약점을 잡아서 나를 못 괴롭히게 할 것이다. 진짜 나한테 무적 수첩이 생겨서 이 작전이 통하면 좋겠다. (3학년, 허인우)

○○이가 말귀를 잘 알아듣게 하고 ☆☆이가 괴롭히지 않게 할 것이다. ○○이는 내가 똥손이라고 하면 싸는 똥을 생각하고, 금손이라고 하면 순금을 생각한다. ☆☆이는 유치원 때부터 괴롭히고 특히 작년에 아마 백 번도 넘게 스트레스를 받았다. 유치원 때부터 받은 스트레스부터 지금까지 합치면 엄청난 스트레스를 유발한다. 제

발 이러지 않으면 좋겠다. (3학년, 김동우)

질문5. 나무와 문수처럼 친구를 괴롭히는 아이들을 고치려면 어떻게 해야 할까? 긍정적으로 대해야 할까, 부정적으로 대해야 할까? 모둠에서 의논하고 '주장-왜냐하면-예를 들어' 형식으로 발표해보자.

'주장-왜냐하면-예를 들어' 형식은 초등학교 아이들에게 주장하는 글을 가르치기에 좋은 방법이다. 주장을 정하고, 까닭을 들어 근거를 밝히고, 근거를 뒷받침하는 예시를 내세운다. 미로초 아이들은 나와 이 활동을 여러 번 했기 때문에 방법을 설명하지 않아도 글을 썼다.

- 긍정 : 5개 팀 (4학년 3개 팀, 3학년 2개 팀)
- 긍정적으로 대해야 한다. 부정적으로 대하면 심리적 압박감 때문에 스트레스를 받는다. 잘못은 고칠 수 있지만, 스트레스를 받아서 오히려 고치지 못할 수도 있다. 긍정적으로 대하면 시간이 걸리겠지만 열 번 찍어 안 넘어가는 나무 없다. 예를 들어 아빠가 아끼는 화분을 깼는데 처음부터 부정적으로 대하면 마음이 약해서 스트레스를 더 받게 된다. 그래서 긍정적으로 대하는 것이 좋은 방법이라고 생각한다.
- 긍정적으로 하는 게 좋다. 만약에 계속 혼내면 아이들이 부모가 자신을 사랑하지 않는다고 생각해서 더 그럴 수 있다. 예를 들어 어떤 아이가 친구들을 괴롭히다가 부모가 계속 혼내면 자기만 미워하고 사랑하지 않는다고 생각한다. 그래서 혼내지 않고 차분하게 말로 하면 안 좋은 일을 막을 수 있을 것 같다.

- 부정 : 2개 팀 (3학년)
부정적으로 대하는 게 좋다. 긍정적으로 하다 보면 혼내지 않으니까 계속해도 되나보다 하면서 계속하기 때문이다. 예를 들어 선생님이 "괜찮아, 다음부터 그러지 말거라." 말하거나 혼내지 않고 친절하게 타이르면 잘못을 뉘우치지 못하고 계속 그런 짓을 하게 되므로 긍정적으로 대하기보다 부정적으로 대하는 게 좋다.

긍정과 부정 의견을 들은 뒤에 자유토론을 했다. 각 모둠에서 강력하게 주장할 사람을 뽑았다. 그 사람이 좋아하는 나라 대표(또는 교육부 장관)라 생각하라고 했다. 아이를 긍정적으로 대해야 할지 부정적으로 대해야 할지에 대한 자기 나라 방식이 옳다고 주장하게 했다. 1모둠 아이가 영국 대표가 되어 긍정적인 방식을 주장하고, 4모둠 아이가 스위스 대표가 되어 부정적 방식을 주장하는 식이다. 아이들이 정말 그 나라 대표가 된 듯 열심히 주장했다.

1학기 때는 찬반 의견을 들은 뒤에 두 편으로 나눠 교차 질의 방식으로 협력 토론대회를 했다. 교장선생님과 다른 선생님이 토론 과정을 지켜보고 아이들 수준이 높다고 칭찬해주셨다. 자녀를 긍정적으로 대할지, 부정적으로 대할지 토론하는 내용은 대회까지 할 필요는 없다고 생각했다. 그래서 한 국가의 대표로 발표하는 활동만 하고 마쳤다.

마지막으로 후기를 썼다. 수업이 끝난 뒤에 후배 교사가 후기를 보내주었다. 써달라고 부탁하지도 않았는데 후기를 보내줘서 참 고마웠다.

선생님 2년 동안 진심으로 감사했어요!! 올 한 해 쫓아다니면서 몇 년 만에 책도 꺼내 읽어보고 연수도 들으면서 많이 배웠습니다. 무엇보다 저희 반 아이들 특성을 다 아시는 선생님께서 저희 아이들도 함께 데리고 수업하신 1, 2학기 수업 장면 속에서 아이들을 대하는 법, 발문하는 법, 수업을 장악해서 이끌어가시는 법 등 참 많은 걸 보고 느꼈어요. 저를 깊이 생각하게 만드는 시간이었어요. 어제 해보니, 보는 거랑은 참 많이 다르더라구요. 아마 선배 교사의 수업을, 그것도 전국적으로 유명하신 분의 수업을 이렇게 가까운 거리에서 볼 기회는 저한테 밖에 없을 거예요. 기회를 제공해 주시는 분도 선생님뿐이실 거구요. 연수하시는 분들의 수업 장면이 늘 궁금했는데 직접 보니 훨씬 더 큰 도움도 되었어요.

매년 조금씩 변해가는 아이들, 수업 준비, 아이들 통제와 간격 사이에서 매년 풀려버리는 아이, 선생님이라는 역할 안에 요즘 참 고민이 많은데 학교를 떠나고 나서, 가까운 거리에서 벗어나면 선생님께 속 시원히 한번 편하게 털어놓고 싶네요. 이 짧은 쪽지로 감사한 마음을 다 전할 수는 없겠지만 진심으로 감사했습니다!^^ 그리고 저는 보지 못했지만 젊은 시절의 선생님 모습 그리고 지금 모습 그대로 퇴직 때까지 지내시길 감히 기원합니다. 꼭 다시 한번 같은 학교에서 근무하고 싶네요. 항상 건강하세요!

(미로초등학교, 이상운 선생님)

준비한 질문 중에서 몇 가지를 나누지 못했다. 토의 과정이 따뜻하고 좋았기 때문에 하지 않은 질문(6, 7)도 있고, 시간이 부족해서 하지 못한 질문(8, 9, 10)도 있다. 질문6, 질문7로 토의했다면 두 친구 때문에 힘들다고 썼던 동우에게 위로가 되었을지도 모르겠다.

질문6. 나무와 문수가 무적 수첩을 가졌을 때 친구들을 자기 마음대로 이용했다. 둘에게 벌을 준다면 어떻게 하는 게 좋을까? 의견을 골라 주장-왜냐하면-예를 들어 순서로 발표해보자. (나무가 마음을 돌이킨 행동은 고려하지 않는다. 나무와 문수가 잘못한 행동에 대해서만 판단한다.)
① 나무와 문수에게 똑같은 벌을 준다.
② 나무가 문수보다 벌을 더 받아야 한다.
③ 문수가 나무보다 벌을 더 받아야 한다.
④ 나무와 문수 모두 벌을 받지 않아도 된다.

질문7. 문수가 무적 수첩을 사용할 때의 마음이 드러난 부분을 책에서 찾아보자.

준이가 빵을 들고 안절부절못하더니 문수 손에 빵을 던지듯 놓고 후닥닥 자리로 돌아갔어요. 문수는 제 손에 있는 빵을 물끄러미 보았어요. 기분이 이상했어요. 나무를 골려줄 때 통쾌한 마음이 들었던 것과 조금 달랐어요. 게임에서 이긴 느낌하고도 조금 달랐답니다. 문수는 고개를 갸웃거렸어요. 하지만 선우가 호들갑을 떠는 바람에 곧 잊어버렸어요. (73쪽)

질문7-1. 여러분이 질문7에서 찾은 것처럼 문수는 마음이 흔들리고 있다. 여러분이라면 아래 문수의 질문에 어떻게 대답할지 말해보자.

집에 돌아온 문수는 덩그러니 방에 앉아 그동안 아이들에게 받은 물건을 보았어요. 카드, 로봇, 과자…… 문수는 과자 봉지를 뜯어 과자를 깨물었어요. 혼자 먹으니까 달콤하지도 맛있지도 않았어요. 혼자 하는 카드놀이도 재미없었지요.
'뭐가 잘못된 걸까? 어디서부터 잘못된 거지? 어떻게 하지?' (95쪽)

질문8. 나는 무적 수첩을 가진 친구일까, 무적 수첩 때문에 힘들어하는 친구일까? 무적 수첩과 상관없는 친구일까? 근거를 들어 말해보자.

질문9. 무적 수첩에 적은 내용을 칭찬으로 바꾸면 어떨까? 칭찬 수첩을 만들면 어떤 일이 생길까?

질문10. 아래에서 한 가지를 골라 '주장 – 왜냐하면 – 예를 들어 – 다시 말해' 형식에 맞춰 발표해보자.
① 무적 수첩을 만들자. ② 칭찬 수첩을 만들자.
③ 무적 수첩, 칭찬 수첩 둘 다 만들지 말자.
④ 무적 수첩, 칭찬 수첩 둘 다 만들자.

독서 수업하고 방학을 했다. 1, 2학기 모두 마지막 추억을 남기기 위해 방학을 앞두고 수업했는데 끝난 뒤에 아쉬웠다. 학기 초에 수업했다면 아이들과 칭찬 수첩을 만들고 한 학기 내내 관련 활동을 했을 테고, 아이들이 더 좋아했을 것이라 생각됐다. 그래서 이듬해에는 1학기 시작하자마자 '한 학기 한 권 읽기' 수업을 했다.

마지막으로 '무적 수첩 순서 정하기' 활동을 소개한다. 동해시 남호초등학교 아이들과 수업했던 활동이다.

질문. 무적 수첩에 친구들의 어떤 약점이 적혔는지 찾고, 무엇이 가장 부끄러운지 순서를 정해보자.

이름	수첩에 적힌 내용	부끄러운 순서	까닭
방나무	달래 옷 입은 난쟁이 거지 공주 문수.		
김민주	돼지털, 허리에 커다란 돼지 점이 있다. 점에 털도 두 개 남.		
오태영	땅거지, 바닥에 떨어진 것을 주워 먹음. 과자 한 번, 빵 두 번.		
박 용	똥싸개, 바지에 똥을 쌈.		
김봉수	엄마 청소부, 아빠 백수, 만날 술 먹고 소리를 지른다.		
박지민	축구공, 자꾸 차이니까, 중기랑 동완이한테 고백했다 차임.		
박문수	뽕나무가 되기 전에 공격, 방귀 반사, 뽕나무 반사, 방귀 나무 반사.		
용한	내용이 드러나진 않았지만 문수가 게임기를 얻기 위해 사용함.		
이 준	번데기 눈썹		

1. 나무가 무적수첩을 가지고 앉아 놀이를 한 것
(아이들에게 실능력시키고 빼앗겼기 때문이다)
2. 물수 나무가 친구들의 약점으로 친구를 놀렸다
(친구들이 마음을 이해하지 못하고 친구들에 마음상하게
하나 여기때문이다)
3. 로수나무에게 소변을 뒤집길
('응의 소변처리연굴털 것는 건 예의가 아니기 때문이)

1등 나무가 급식시간에 먹기 싫은 음식 태영이에게 주고
좋아하는 음식은 태영이 반찬에서 가져왔다.
(태영에게 하는 말을 보면 가기 나물을 태영이도 싫어하는건
같은데 일부러 별명 때문에 먹기 싫은 음식을 먹게 하서이다)
2등 나무가 황금카드를 묶었는 데 빼앗겼다
(황금카드는 돈을 주고 몇 십장을 사서 나눈 것이어서 비쌌건인데
그걸 빼앗아서 아요)
3. 무가 청소반 였때 나무가 대신 청소를 한건
(음이 없을 사건초가 아니라 나무가 별명에 답 아이들에게
특집 거나봐 무서워서 한것이여 때문이다)

3 ——— 외나무다리에서 만난 상대, 가족

『책벌레들의 비밀 후원 작전』, 힐러리 매케이, 시공주니어

가. 수업 안내

- 언제 : 겨울방학 중 이틀 동안 5시간씩 10시간
- 어디 : 경기도 구리시 두레학교 (대안학교)
- 누구 : 5~6학년 서른네 명 (처음 만난 아이들)

나. 수업한 까닭

대안학교에서 1박 2일 독서 캠프를 해달라고 했다. 선생님들이 수업에 참관해 배우고 싶다고 했다. 첫날 5시간 동안 책놀이, 내용을 알아보는 활동, 모둠 토의 활동을 했다. 아이들이 집으로 돌아간 뒤에 교사들과 토론 질문을 만드는 연수를 했다. 찬반토론은 해봤는데 이야기를 나누는 토론은 해보지 않았다고 해서 이야기 독서토론 발문 방법을 설명했다. 다음날 서른네 명을 네 모둠으로 나누고 그중 한 모둠 아홉 명(남 네 명, 여 다섯 명)

과 토론 수업을 했다.

다.『책벌레들의 비밀 후원 작전』을 고른 까닭

『책벌레들의 비밀 후원 작전』으로 수업하고 싶었다. 그러나 분량이 많아서 실제로 수업할 기회가 전혀 없었다. 마침 두레학교 아이들이 책을 좋아한다고 해서 '이때다!' 하며 선택했다.

책은 네 자매가 아프리카에 사는 아이를 후원하기 위해 부모 몰래 돈을 모으는 내용이다. 처음에는 어렵잖게 후원금을 마련했지만 갈수록 돈을 마련하기 힘들어진다. 그래서 돈을 벌기 위해 이상한 짓을 한다. 책을 읽다 보면 '이번에도 꼭 후원금을 마련해야 하는데…' 하는 마음을 갖는다. 함께 한다는 뜻의 '두레학교'에 이웃을 돕는 내용이 어울린다고 생각해서 『책벌레들의 비밀 후원 작전』을 읽어달라고 했다.

라. 자기소개와 소감 말하기 »10분

아홉 아이와 둥글게 둘러앉았다. 90분 동안 이야기를 주고받으며 토론할 생각이다. 아이들이 일정한 형식을 따르지 않는 토론을 처음 한다. 자칫 수다 떠는 분위기가 될까 봐 토론의 핵심을 먼저 말했다. 토론에서는 듣는 태도가 가장 중요하다고 안내했다. 다른 사람이 어떻게 책을 읽었는지 잘 들어야 한다고 강조했다.

'돌아가며 말하기'로 자기소개를 했다. 먼저 내가 "파란색을 좋아하는 권일한입니다."라고 말했다. 아이들이 돌아가면서 "금색을 좋아하는 누구입니다. … "라고 따라 했다. 내 차례가 왔을 때 "내게 마음대로 할 자유를 준다면 책을 실컷 읽을 거예요."라고 내용을 바꿔 말했다. 아이들은 "빈둥댈 거예요. 게임하고 놀 거예요. 잘 거예요. 피아노 칠 거예요. 공부할 거요. 친구와 이야기할 거예요."라고 대답했다. 놀고 싶어 하는 아이, 공부하고 싶어 하는 아이를 기억해두었다.

세 번째로 "지금까지 읽은 책 중에 『내 영혼이 따뜻했던 날들』이 가장 좋았어요."라고 책을 소개했다. 아이들도 『우동 한 그릇』, 『찰리와 초콜릿 공장』, 『로알드 달의 발칙하고 유쾌한 학교』 등을 말했다. 아이들이 다양한 책을 좋아한다. 기대가 되었다.

『책벌레들의 비밀 후원 작전』을 읽은 느낌을 색깔로 말해보라 했다. '특별한 이유는 없지만 초록이 떠올랐다, 발랄해서 주황이 어울린다, 유쾌해서 하늘색이 생각난다, 등장인물마다 특징이 달라서 무지개가 좋겠다, 아이들이 톡톡 튀어서 핑크색이 어울린다.'고 대답했다. 이제 책 이야기를 해보자.

등장인물 중에 마음에 드는 사람을 말해보자고 했다. 지금까지는 순서대로 돌아가며 말했지만 여기부터는 자유롭게 말했다. 루스가 가장 먼저 후원하기 시작했고 동생들도 후원하도록 루스가 설득했기 때문에 루스를 좋아한다, 레이첼은 온갖 사고를 쳐서 재미있다, 나오미는 밝아서 좋고 피비는 귀엽다고 한다. 피터처럼 귀여운 동생이 있으면 좋겠다는 아이도 여럿이다.

두레학교는 독서 캠프가 끝나면 곧바로 방학한다. 그래서 "마음에 드는 등장인물과 방학 동안 함께 지낸다면 무얼 하고 싶을까?" 물었다. 피터와 실컷 놀고 싶다고 대답한다. 루스와 후원금을 모아보고 싶다고 한다. 레이첼과 샌드위치를 만들고, 그림도 그려보고 싶어 한다. 아이들에게 책벌레들의 자유로운 방학, 책벌레들의 학원 없는 방학을 만끽하라고 했더니 좋아했다.

마. 이야기 독서토론 수업 »80분

책을 읽으며 이야기하고 싶은 주제를 여섯 가지 골라 미리 질문을 준비했다. 실제 수업에서는 두 가지 주제만 토론했다.

토론 주제 1. 이웃 도와주기 (후원)

누군가를 돕는 방법은 여러 가지다. 돈과 물건을 줘도 좋고, 마음을 이해하고 공감해도 도움이 된다. 초등학생들은 눈에 보이는 도움을 크게 생각한다. 조섹에게 후원금을 보내거나 이웃집 피터를 돌보면 도와준다고 생각한다. 토비 할아버지와 엠마 할머니는 네 자매가 정원을 만들어준 것보다 친구가 되어준 걸 더 좋아했다. 할아버지와 할머니를 외롭지 않게 해주었다는 걸 아이들이 알까? 네 가지 질문을 준비했다.

> 질문1. 네 자매가 도와준 대상을 모두 찾고, 그 대상에게 어떤 도움이 필요했는지 설명해보자.
> 질문2. 토비 할아버지가 말했다. "너희들이 아는 것보다 너희들은 우리한테 훨씬 많은 일을 해주고 있단다. 아, 어쨌든 언젠가 제대로 계산하자꾸나."(302쪽) 아이들이 할아버지, 할머니를 위해 무얼 해주었을까?
> 질문3. 여러분이 누군가를 도와준 경험을 말해보자.
> 질문4. 도와주고 싶은 대상을 정하고 왜 도와주고 싶은지 말해보자.

네 자매가 누구를 어떻게 도와주었을까?

네 자매는 케냐에 사는 조섹에게 다달이 후원금을 보냈다. 아기 피터를 돌봐주었다. 할아버지와 할머니의 정원을 가꾸었다. …… 책에 나오는 사실을 말한다. "잘 찾았네. 이번에는 눈에 보이는 행동이 아니라 마음으로 도와준 걸 찾아보자." 하니 무슨 말인지 모른다. 두 번째 질문으로 다시 물었다.

토비 할아버지가 말했다. "너희들이 아는 것보다 너희들은 우리한테 훨씬 많은 일을 해주고 있단다. 아, 어쨌든 언젠가 제대로 계산하자꾸나."(302쪽) 아이들이 정원 가꾸기 외에 무얼 더 해주었을까?

그제야 외로움을 달래주고 친구가 돼줬다고 한다. 곁에 있으면서 이야기 상대가 되어주었다고 대답한다. 특히 피비가 싫어하는 사람 이름을 동물원에 넣는 걸 알려줘서 엠마 할머니가 오랫동안 가슴에 담아둔 분노를 풀어버리게 도와주었다. 책에는 아이들이 '더 이상 늙었다는 느낌이 들지 않게 해줬다.'는 내용도 나온다. 이런 마음을 갖게 도와주는 건 귀한 일이다.

돕는다는 건 참 좋은 일이다. 누군가를 도와준 경험을 말해보자.

아프리카 아이를 후원하면서 아이가 사는 나라에 대해 알게 되었다고 한다. 친구의 수학 공부를 도와준 아이는 한 번 더 공부하고 정리해서 자신에게도 도움이 되었다고 한다. 슬퍼하는 친구를 위로해준 아이도 있다. 누나가 먹기 싫어하는 반찬 먹어주었다고 말하는 아이에게 "그게 도와준 걸까 아닐까?" 했더니 모두 웃었다.

이제 준비한 마지막 질문이 남았는데, 문득 누군가를 도와준 적이 있다면 도와주지 못한 사람도 있을 거라는 생각이 들었다.

도와주고 싶었지만 도와주지 못한 경험을 말해보자.

친구가 선생님께 혼날 때 친구 잘못이 아니라는 걸 알면서도 말하지 못했다고 한다. 아이들이 싸워서 말리려고 했지만 우물쭈물하다가 싸우는 아이 부모가 나타나서 말리지 못했다는 아이도 있다. 이어서 아이들이 말한 내용도 상대방이 도와달라고 외치진 않은 경우다. 만약 도와달라고 외치는 사람을 만나면 어떻게 할지 궁금해졌다.

지하철이나 터미널에서 도와달라고 말하는 사람을 도와줘야 할까?

일곱 명이 도와주어야 한다고 대답했다. "안 도와주면 마음이 불편해요. 다 도와주기엔 사람이 너무 많지만 그래도 도와주고 싶어요." 한다. "원래 도와주어야 한다." "그분들이 살기 어려우니까 도와주어야 한다."고 말한다. 반대 의견(두 명)도 있었다. 자기도 돈이 없고, 그분들이 노력하지 않아 그렇게 된 것이므로 돕지 않아도 된다고 한다. 또한 실제로는 가난하지 않은데 사기 치는 사람이 있다고 한다.

의견을 정리하며 물었다. "찬성 측에서는 상대가 어려우면 도와야 한다고 했지. 반대 측에서는 상대가 스스로 노력하지 않고, 충분히 살아갈 정도로 돈을 가진 사람이 있기 때문에 돕지 않아도 된다고 했어. 서로의 생각을 들어보니 어때? 생각이 바뀐 사람?" 사람들이 계속 도와주면 노력을 안 하게 되고, 또한 도와야 할 사람이 너무 많기 때문에 도와주지 않아도 된다는 아이가 많아졌다.

다시 물었다. "도와주어야 할 사람이 많으면 도와주지 말아야 하나?" 그건 아니지만 받은 돈으로 나쁜 걸 할 수도 있다고 대답한다. 처음부터 반대 의견을 냈던 두 명 중 한 명이 논쟁을 좋아한다. 찬성했던 친구들이 반대 의견으로 옮겨오자 찬성으로 의견을 바꾸겠다고 한다. "손 내미는 사람들은 주로 노인이 많다. 노인들은 일자리를 찾기 어렵다. 자신이 노력할 곳을 찾기 어려우므로 도와달라고 할 수밖에 없다. 그리고 굳이 자존심 무너뜨리고 사기 치지는 않을 것이다." 하며 반박한다.

"만약 누군가 속임수를 써서 도와달라고 하면 알아챌 수 있을까?" 아이들 대부분 아픈 척하는 사람은 티가 나기 때문에 진짜 아픈 사람과 차이가 난다고 대답한다. 또 물었다. "너희들은 열둘, 열세 살이잖아. 속이는 사람을 알아챌 거라 하는데 어른들이 너희들보다 더 잘 가려낼까?" 그렇다고 한다. "그럼 사기를 당하는 사람이 드물어야 하는데 그렇지 않잖아! 어떻게 된 걸까?" 대답이 없다. '속임수나 거짓말'을 주제로 토론하는 게 아니라서 '사기'에 대해서는 더 묻지 않았다. 아이들 생각을 살짝 흔들어 주는 것만으로 충분하다고 생각했다. '도움'에 대한 아이들 생각을 들으며 계속 질문이 떠올랐다. 준비한 질문을 벗어나 흐름을 따라갔다.

두 아이가 후원을 받잖아! 조섹을 도와야 할까? 마리를 돕는 게 나을까?

조섹과 마리는 도움을 받는 아프리카 아이다. 조섹은 후원자에게 정성 들여 편지를 쓴다. 마리는 후원자에게 관심을 보이지 않는다. 편지도 쓰지 않는다. 그런데 후원해준 할머니가 학교에 찾아오자 가장 먼저 달려간다.

마리도 불쌍하긴 하지만 모두 조섹을 도와주어야 한다고 말한다. 주인 공이 도와주는 아이이기 때문이라는 대답부터 조섹이 편지를 정성 들여 쓰고 후원자를 좋아하기 때문에, 조섹을 도와주면 더 성공할 것 같다는 의견까지 다양하다. 그러자 요즘 같은 세상에는 자기만 생각하는 마리가 더 성공할 수 있다고 반박한다. 정말 그럴지도 모르겠다. 착하고 성실한 조섹보다 눈치 빠른 마리가 더 성공할지도 모를 일이다.

마리는 편지도 제대로 쓰지 않고 관심 없는 척하다가 왕할머니가 찾아 가자 가장 먼저 할머니를 부르며 뛰쳐나간다. 왜 그랬을까?

아이들은 마리가 왜 그랬는지 모르겠다고 한다. 왕할머니가 마리를 후원했다는 단순한 이유 때문만은 아니다. "평소에 감정을 그대로 표현하는 사람이 있지만 안 그런 사람도 있어. 마리가 마음을 잘 표현하지 않았지만 할머니가 나타나니까 뛰쳐나갔지. 할머니를 보고 표현하고 싶은 마음이 생겼을 수도 있지! 너희는 힘들 때 마음을 표현할 대상이 있어?" 하니 엄마, 아빠에게 말한다고 대답했다. 아이들은 마리의 심리를 모른다. 마리의 마음을 알아내는 질문으로 토론할 수도 있지만 지금은 '도움'을 따라가고 싶었다. 그래서 찬반토론과 관련된 질문으로 돌아갔다.

사람이 많이 다니는 곳에서 도와달라고 소리치는 사람은, 단정할 수는 없지만 적극 표현하는 사람이지. 그렇다면 표현하지 못하는 사람도 있을 거야. 그런 분들은 어떻게 도와주어야 할까?

국가에서 도와주어야 한다, 도움이 필요한 사람이 국가에 신청하면 된다고 대답했다. 이건 정부에서 복지혜택을 얼마나 해주어야 하는가에 대한 논의다. 다음에 계속 토론하면 좋을 주제이다. 이번에는 이쯤에서 멈추었다.

이제 최종 결정을 내려보자. 처음에는 일곱 명이 도와주어야 한다, 두명이 도와주지 말아야 한다고 했다. 최종적으로는 도와주어야 한다고 말한 아이 셋이 도와주지 말아야 한다 쪽으로 의견을 바꿨다. 가난한 이웃을 도와주는 일은 나라에서 할 일이고, 정말 도움이 필요한 사람은 우리에게 보이지 않을 것 같기 때문이라 한다.

이웃을 도와주어야 하느냐에 대한 토론을 마치며 내 의견을 덧붙였다. "나는 도와주어야 한다고 생각해. 그 사람들에게 얼마나 도움이 필요한지 생각하기 때문이 아니야. 내가 사기꾼을 도와줄 수도 있어. 그러나 이러저러한 이유로 도와주지 말아야겠다고 생각하면 사람을 평가하기 시작해. 사실 우리는 누구를 도와줄지 제대로 판단하지 못해. 도와준 사람을 보면 허탈할 때가 있어. 안 도와주는 게 나을 때도 있지. 그렇지만 그 사람을 위해서가 아니라 나 자신을 위해서라도 도와주는 게 낫다고 생각해!"

어른들과 토론했다면 도와줄 대상을 잘 분별해야 한다고 말했을 것이다. 그러나 아이들에게 사람을 판단하라고 말할 수 없었다.

토론 주제 2. 피비의 동물원 (고민을 어떻게 해결할까?)

피비는 여덟 살이며 본능에 따라 행동한다. 마음에 들지 않는 사람이 생기면 자기가 만든 동물원 쇠창살 안에 그 사람 이름을 쓴 종이를 집어넣는다. 언니들 이름도 넣고 가끔은 아빠, 엄마 이름도 넣는다.

루스와 나오미가 엠마 할머니 집에서 정원을 가꿀 때 피비가 따라갔다. 피비가 싫어하는 사람 이름을 쇠창살 안에 넣는 모습을 보고 엠마 할머니가 동물원 모형을 빌린다. 그날 할머니는 지금까지 살면서 마음 한구석에 담아둔 이름을 모조리 쇠창살 안에 가둬버렸다. 여덟 살 아이가 싫어하는 사람을 대하는 단순한 방식이 오랫동안 미움을 마음에 담아둔 할머니의 고민을 단번에 해결했다. 아이들이 불만을 어떻게 해결하는지 이야기하려고 질문을 준비했다.

질문1. 야생에서 동물을 본 경험을 말해보자.

질문2. 피비의 동물원을 어떻게 생각하는지 말해보자.

질문3. 피비가 동물원에 있던 사람을 다 꺼내주고 마지막에 엠마 할머니 이름을 쓴 종이를 잔뜩 넣는다. 왜 그랬을까?

질문4. 피비의 동물원처럼 자신의 동물원을 만든다면 누구 이름을 써넣을까? 대상과 이유를 말해보자.

질문5. 누군가에 대해 불만이 생기면 어떻게 해결하는지 말해보자.

엠마 할머니가 돌아가셨다는 소식을 듣고 피비는 그동안 동물원에 넣어둔 이름을 모두 꺼내고 엠마 할머니 이름을 넣었다. 할머니가 아무 말도 하지 않고 떠나버린 게 피비에겐 크나큰 배신이었다. 자기를 힘들게 했던 그 누구보다 할머니가 미워졌다. 피비는 죽음을 이렇게 받아들였다. 사랑하지 않는다면 떠나버려도 슬프지 않다. 피비는 할머니가 아무 말도 없이 떠난 게 너무 슬퍼서 할머니 이름을 쇠창살 안에 넣었다.

피비가 할머니 이름을 쇠창살 안에 넣는 장면이 참 좋았다. 할머니에 대한 사랑을 솔직하게 나타내서 좋았고, 여덟 살 아이만의 표현이 마음에 들었다. 이름을 가둔다고 피비가 느낀 슬픔과 배신감이 사라지진 않는다. 쇠창살 안에 이름을 넣어서 어떤 사람에 대한 짜증과 분노, 상처와 슬픔이 사라진다면 얼마나 좋을까! 지금 아이들은 슬픔과 상처를 어떻게 해결할까? 쉽게 말하지 않을 것 같아서 아주 쉽게 시작했다.

야생에서 동물을 본 적 있니?

쉬운 질문으로 다시 시작했다. 할머니 집에서 고라니를 봤다. 시골에서 멧돼지를 봤다. 양, 황새, 오리, 메추리, 참새를 봤다고 하더니 참새와 개구리를 먹어봤다는 얘기까지 한다. 내가 근무한 학교에 뱀이 나온 이야기를 해준 뒤에 물었다.

책에 동물원이 나온다. 어떤 내용일까?

피비의 동물원과 엠마 할머니의 동물원이라고 대답한다.

동물원에 싫어하는 사람 이름을 넣는 것에 대해 어떻게 생각해?

나쁘다는 편과 재미있다는 편으로 나뉘었다. 나쁘다는 편에서는 다른 사람 이름은 괜찮지만 가족 이름을 넣는 건 아닌 것 같다고 대답한다. 예의가 없는 행동이라고 한다. 그러자 괜찮다는 편에서 여덟 살은 그럴 수 있다고 대답한다. "여러분 나이(열둘, 열세 살)에 이렇게 하면 어떨까?" 하니 모두 안 된다고 반대한다. 이번에도 준비한 질문이 아니라 아이들 대답을 따라갔다. 이야기의 흐름에 맞는 질문을 새롭게 만들어냈다.

아무도 모르게 혼자 이렇게 하면 어떨까?

공교롭게도 여자아이들은 모두 괜찮다고 대답했다. 다른 사람에게 상처나 피해를 주지 않기 때문이라 한다. 혼자 마음을 다스리고 풀어버리는 건 좋다고 한다. 여학생들은 친구 관계에서 보이지 않는 갈등을 만나는 일이 많기 때문에 괜찮다고 말한 것 같다. 남자아이들은 차라리 그냥 말하는 게 낫다고 대답했다.

피비가 다른 사람 다 꺼내주고 엠마 할머니 이름만 동물원에 넣은 까닭은 무엇일까?

남자아이 하나가 동물원을 할머니 무덤 삼아 넣었다고 대답하자 아이들이 웃었다. 할머니와 둘만 같이 있고 싶어서라는 대답도 하고, 친구라 생각했는데 혼자 떠났기 때문이라고도 한다. 여덟 살 아이 눈에 할머니의 죽음은 아무 말도 하지 않고 떠나버린 배신처럼 보인다. 배신감을 이런 식으로 풀어버려도 괜찮을 것 같다.

여덟 살이기 때문에 이해해야 할까? 여덟 살이므로 가르쳐야 할까?

여덟 살은 어려서 죽음을 모르기 때문에 이해하고 놔두어야 한다고 대답한다. 그런 식으로라도 슬퍼하게 놔두어야 한다는 의견이다. 그러자 남자 아이들이 이구동성으로 "정확하게 알려주는 게 낫다. 사람은 죽는 거라고 알려주어야 한다."고 맞선다. 5학년 남자아이는 "죽음을 알아야 해요. 현실이에요. 저는 일곱 살에 죽음에 대해 고민했어요."라고 소리를 높였다. 가끔 죽음을 일찍 생각했다는 아이를 만난다.

여덟 살에 좋아하는 할머니가 돌아가셨어. 어떻게 할까?

몇 명은 동물원에 이름을 넣는다고 달라지지 않는다며, 솔직하게 알려줘야 한다고 말한다. 다른 아이들은 마음이 슬퍼서 속상한 마음을 표현한 거라 이해한다. 정말 친구라 생각했는데 떠나면 이렇게 할 것 같다고 한다. 한 아이는 자기도 힘들고 슬픈 일을 겪었는데 이렇게 하면 풀린다고 말한다. 결론을 내릴 문제가 아니어서 다 들어주었다.

피비처럼 누군가의 이름을 동물원에 넣는다면 누굴 넣고 싶어? 엠마 할머니 같은 경우이건, 정말 짜증 나는 대상이건 모두 괜찮다고 하면 누구를 넣을까?

자기를 괴롭히는 사람 이름을 넣으면 시원하겠다고 한다. 오빠가 고등학생이 되면서 멀리 떠났는데 피비 같은 마음으로 오빠 이름을 써넣겠다고 한다. 몇 아이는 누나, 동생을 도대체 이해하지 못하겠다고 한다. 누나가 자기 컴퓨터에 바이러스를 왕창 심었다고 하고, 피비 같은 1학년 동생이 힘들게 한다고 대답한다. 오빠가 중2병에 걸렸다고 말하는 아이도 있고 친구가 마음을 건드려 짜증 나게 한다고 대답한다. 자기 마음을 긁고 무시하기 때문에 동물원에 이름을 넣고 싶다고 한다.

그럴 때 어떻게 하는 게 좋을까?

① 대놓고 말한다. (일곱 명)

- 유재석이 앞에서 못하는 말을 뒤에서 하지 말라 했다.

- 자기 혼자 말하면 변화가 없다. 그래서 대놓고 말해야 한다.

- 뒷담화는 나중에 더 큰 일이 생긴다. 대놓고 말하는 게 낫다.

- 대놓고 말하면 오해가 생기지 않는다.

- 뒷담화보다 대놓고 말하는 게 더 쉽고 빨리 풀린다.

② 뒷담화를 한다. (0명) 모든 아이가 뒷담화가 가장 나쁘다고 한다.

③ 혼자 동물원을 만든다. (비밀 일기장 포함 두 명)

③번 의견을 낸 아이가 동물원을 만들면 마음이 풀린다고 하자 ①번을 주장한 아이가 그러면 상대의 태도가 바뀌지 않는다고 대답한다. 다시 ③번 의견을 낸 아이가 "대놓고 말해도 바뀌지 않는다. 오히려 상대가 짜증 내서 스트레스가 쌓인다."고 반박한다. 그러자 다시 ①번 아이가 "미워하는 마음을 갖는 것보다 말하는 게 낫다."고 한다. 이렇게 토론이 이어져서 내가 물었다.

대놓고 말할 때에도 이걸 갖추면 상대가 더 잘 듣는다. 이게 뭘까?

용기, 자신감이 필요하다고 한다. 그러나 용기를 낸다고 상대가 잘 듣는 건 아니다. 오해를 받지 않으려면 예의가 필요하다. 무턱대고 말하면 안 된다고 하자 고개를 끄덕인다.

만약 예의를 갖춰 말해도 안 바뀌는 상대라면 어떻게 할까?

기도하겠다고 대답한다.

다른 사람과의 관계에서 불만이 생기면 실제로 어떻게 해결할까?

①~③번 외에 다른 방법이 있는지 물었다. 싸우거나 대놓고 말한다(한 명), 동물원을 만들거나 일기장에 화풀이를 한다는(한 명) 의견이 있지만 다른 일을 하면서 잊는다(일곱 명)는 의견이 가장 많았다. 게임하면 빨리 잊는다. 처음에는 무시하고 다음엔 대놓고 싸우고 이것도 안 되면 검

도 상대에게 화를 푼다는 아이도 있다. 실제로 검도하다가 팔을 부러뜨린 적도 있다고 한다. 친구들과 놀면 자연스럽게 잊어버린다는 아이도 있다.

게임이나 검도로 화를 푸는 건 피비가 동물원에 이름을 넣은 것과 다를 바 없다. 아이들에게 글을 잘 쓰는 방법을 알려줬다. "우리가 나눈 이야기로 '스트레스 푸는 법'이라는 글을 쓰면 어떨까? 괜찮겠지? 스트레스 푸는 방법은 독서감상문으로 정말 좋아. 피비의 동물원에 우리 이야기를 함께 쓰는 거야. 본받아야겠다고 하지 말고 피비의 동물원을 자기 이야기로 바꿔 쓰면 글을 정말 잘 쓰는 거야."라고 말해줬다.

스트레스를 주는 사람이 누구인지 말해보자.

대부분 가족을 말한다. 여동생이 대들고 까불고 물건을 함부로 가져간다고 이야기한다. 그러자 여동생 없는 애들이 그래도 괜찮다고 한다. 대신 오빠가 더 심하다고 한다. 오빠는 얕보고 때린다고 한다. 오빠 방에는 못 들어오게 하면서 오빠는 자기 방에 막 들어온다고 한다. 그러자 여동생 있는 애들이 오빠의 행동은 괜찮다며 여동생이 더 힘들게 한다고 말한다.

그래서 서로에게 실상을 말해보자고 했다. 서로 동생, 누나, 오빠, 형이 얼마나 자기를 괴롭히는지 말한다. 한 남자아이가 "누나가 있으면 인생이 만만치 않아."라고 대답하면서 정리가 됐다. 자신에게 있는 가족(오빠, 동생, 누나)은 스트레스를 주어서 싫고, 지금 없는 사람(누나, 동생, 오빠)은 자기에게 잘해줄 거라 기대한다.

만유인력의 법칙으로 관계의 어려움을 설명했다. 만유인력의 법칙을 쉽게 말하면, 두 물체의 관계는 물체 사이의 거리에 반비례하고 두 물체의 질량에 비례한다. 태양이 달보다 크지만 달이 바닷물의 움직임에 더 큰 영향을 준다. 달이 태양보다 지구에 가까이 있기 때문이다. 멀리 있는 태양이 아무리 커도 가까이 있는 달의 인력이 더 크다. 가족 때문에 힘든 까닭은 가족이 가장 가까운 존재이기 때문이다.

만유인력의 법칙을 더 설명했다. 술 취한 아저씨가 지나가다가 욕하면

'미친 거 아냐?' 하면 그만이지만 동생이 욕하면 "아니, 동생이 어떻게 나한테 그럴 수 있어?"라고 말한다. 마찬가지로 "친구가 어떻게 그럴 수 있어?"라고 말하는 건 가까운 관계이기 때문이다. 좋아하는 가수나 연예인이라도 같은 집에서 산다면 얼마 지나지 않아 "어떻게 그럴 수 있어?" 하게 된다. 가까이 다가가면 서로 상처를 주기 마련이다.

피비가 엠마 할머니 이름을 동물원 우리에 넣은 이유는?

가깝기 때문이라고 대답한다. 맞다. 피비는 할머니와 친해졌다. 구십 살 할머니가 여덟 살 아이와 친구가 되었는데 갑자기 할머니가 사라졌다면 이름을 동물원 우리에 넣을 수밖에 없다. 동물원에 이름을 넣고, 다른 일을 하며 스트레스를 푸는 건 자기를 보호하는 방법 중 하나이다. 가까운 사람에게 상처를 받았다면 이렇게라도 풀어야 한다.

'누군가를 도와주어야 하는가' '상처를 어떻게 다루는가'라는 두 주제로 90분 동안 이야기했다. 잠깐 수업하러 와서 만났기 때문에 다시 만나지 못하고 헤어진다. 그래서 각 주제에 대한 이야기를 끝낼 때마다 내 생각을 말해주었다. 아이들 마음에는 내가 말한 내용이 친구들 의견보다 더 크게 남았을 것이다. 토론에서 교사가 개입하면 안 된다는 의견도 많지만 이런 경우에는 '어른'이 개입하는 게 낫다고 생각한다.

아홉 명이 말한 소감이다. 아이들이 책 내용을 깊이 이해하게 되었고 자신을 돌아보게 되었다고 말했다. '책과 나'를 알아가는 것이 토론하는 가장 큰 이유이다.

- 주인공들의 마음을 하나하나씩 알아가서 좋았다. 주인공들이 하고 싶은 말이나 주인공의 입장이 되어봐서 좋았다.
- 피비의 마음을 자세하게 알아서 제 마음을 솔직하게 말할 수 있어서 좋았다.
- 책을 읽을 때 피비가 왜 그랬는지 이해가 안 되었는데 토론하면서 이해하게 되었다.

- 피비가 싫어하는 사람 이름을 동물원에 넣었을 때 나쁘다고 생각했는데 토론하면서 그게 관심을 표현하는 방법이라는 걸 알았다.
- 책의 내용을 다시 생각하는 시간이 되었다.
- 이해하지 못했던 내용, 잘 몰랐던 내용을 이해하게 되었다. 마음에 품었던 것을 이해하게 돼서 좋다.
- 이해 안 가는 부분, 얘들 왜 이러나 하는 생각이 든 부분을 이해하게 되었다.
- 토론하면서 이렇게 하면 안 된다고 반대했는데 입장을 바꿔놓고 생각하니 이럴 수도 있겠구나 하게 되었다.
- 깊게 생각할 수 있었다. 자신을 돌아볼 수 있어서 좋다.

4 ——— 일이 벌어지는 곳,
학교 너머
(우리 학교 + 도시 학교)

『바꿔!』, 박상기, 비룡소

가. 수업 안내

- 언제 : 여름방학 중 이틀 동안 12시간
- 어디 : 강원도 삼척시 미로초등학교 도서관
- 누구 : 미로초 3~6학년 열네 명, 수원시 중앙기독초 4~6학년 열네 명

나. 수업한 까닭

2015년부터 여름방학마다 수원 중앙기독초 아이들이 강원도 삼척에 와서 독서 캠프를 했다. 우리는 학생이 적어 3~6학년 희망자가 모두 참석했다. 중앙기독초에는 신청자가 많아 제비뽑기로 참가자를 정했다. 우리 학교 아이들은 여러 번 캠프에 참석했고, 수원 아이들은 해마다 참가자가 바뀌었다. 도시 아이들은 시골에 와서 추억을 쌓아 좋고, 늘 같은 사람만 보던 시골 아이들은 새로운 친구를 만나서 좋아했다.

지난해에 참여한 수원 아이들이 시골에서 살고 싶다고 했다. 자기네 동네가 시골처럼 바뀌면 좋겠다고 했다. 시골 아이들이 뭐가 좋냐고 묻자 시골의 변하지 않는 모습이 좋다고 대답했다. 시골 아이들은 도시 아이들이 그렇게 생각하는 게 신기하다고 했다. 우리 아이들은 시골이 변하기를 바라기 때문이다. 저녁 먹고 개울 건너오다가 나눈 대화가 서로를 이해하는 데 도움이 되었으니 독서 수업은 얼마나 더할까! 그래서 해마다 독서 캠프를 했다.

다. 『바꿔!』를 고른 까닭

처음 만난 시골 아이와 도시 아이가 생각을 나누어야 한다. 친해져야 하고 토론도 해야 하지만 걱정되지 않았다. 오히려 기대가 컸다. 아이들이 이야기를 나눌 책만 있다면, 스물여덟 명이 28개 학교에서 각자 왔다고 해도 괜찮다. 대상 도서로 『바꿔!』를 골랐다.

『바꿔!』에서 엄마와 딸 마리는 성격이 정반대이다. 엄마는 착하고 약하다. 큰소리 내지 않고 문제를 해결하기 원해서 웬만하면 참는다. 궂은일까지 도맡아 힘겹게 일한다. 5학년인 딸 마리는 활달하고 적극적이다. 어려운 상황에서도 할 말을 한다. 그런데 왕따 위기에 처했다. 씩씩하게 버티지만 힘들다. 어느 날, 몸이 1주일 동안 바뀐다. 엄마가 마리가 되고, 마리가 엄마가 된다.

딸은 엄마가 무슨 생각을 하며 사는지 모른다. 관심이 없다. 엄마는 딸에게 관심이 있지만, 딸이 학교에서 어떤 일을 겪는지 모른다. 성격이 정반대여서 서로를 이해하기 힘들다. 몸이 바뀌면 엄마와 딸이 서로 이해할까? 정반대 성격의 역할을 제대로 해낼까? 도시 아이와 시골 아이는 비슷한 고민을 할까? 『바꿔!』를 읽고 도시와 시골 아이들이 서로에게서 새로운 생각을 만나면 좋겠다고 생각했다.

라. 모둠 만들기 »13:20~13:40

『바꿔!』이야기 일곱 부분에서 문장을 4개씩 골랐다. 아래 내용을 인쇄해서 똑같은 크기(가로 21센티-A4 가로 길이, 세로 2센티 정도)로 잘랐다. 밑줄 없는 두 문장은 수원 아이에게, 밑줄 그은 두 문장은 미로 아이에게 나눠 주었다. 아이들이 문장을 확인하고, 연결되는 문장을 찾아 모둠을 만들었다. 수원 두 명, 미로 두 명이 같은 모둠이 되었다. 전체 7개 모둠이다.

1모둠 (화영이 모둠과 마리의 대화)

① "너 와도 맡을 거 없는데."

② "아무거나 좋으니까 시켜 줘."

③ "그럼 너도 제빵사에 대해 사전 조사해 와."

④ "다섯 시에 부르봉 제과점에서 모이기로 했어. 절대 늦으면 안 돼."

2모둠 (시어머니가 엄마를 꾸짖는 말)

① "몸에 좋지도 않은 거 자꾸 먹이지 마라. 밀가루가 얼마나 안 좋은데."

② "너는 뭘 했기에 아범이 술을 진탕 마시게 놔뒀니."

③ "집에 좋은 게 있어야 아범이 붙어 있지."

④ "얼른 냉장고에 넣어. 애들한테 상한 거 먹이려고?"

3모둠 (제과점 사장님과 엄마-마리의 대화)

① "이거 두 개만 가져가서 먹을게요."

② "무슨 소리예요?"

③ "이거 두 개만 가져간다고요."

④ "왜 이래요. 지금까지 다 사 갔잖아요. 손님한테 팔 걸 내가 왜 줘요?"

4모둠 (마리 오빠와 마리의 대화)

① "학원은?"　　② "안 감."

③ "왜?"　　④ "내 맘."

5모둠 (아빠와 엄마-마리의 대화)

① "여보는… 마루, 마리랑 얘기 자주 해?"

② "매일 얼굴 보고 사는데 당연하죠."

③ "애들이 요즘 나만 보면 방으로 들어가 버려."

④ "마루는 그래도 남자애라서 가끔 인사라도 나누는데, … 마리가 요즘 날 피하는 것 같기도 하고."

6모둠 (엄마로 바뀐 마리가 빵집 사장님에게 화내는 말)

① "오늘 일로 불렀으면 그 얘기만 하지, 왜 예전까지 들먹여요?"

② "날 뽑은 게 은혜라도 베푼 줄 아나 본데, 웃기지 마세요. 우리 집 하나도 안 어려워요."

③ "내가 때려치우고 말지! 이런 빵집에서 누가 일해!"

④ "한 번만 더 마리 입에서 학교 가기 싫다는 말 나오기만 해 봐. 내가 가만 안 둬!"

7모둠 (꼴불견 손님 모습)

① 계산은 전부 따로 하면서 할인 카드도 다른 거로 낸다.

② 그런 와중에 자기들끼리 큰 소리로 떠든다.

③ 케첩 묻은 집게로 크림빵을 집고, 기름 묻은 집게로 카스텔라를 집는다.

④ 아이가 손으로 빵을 막 만지고 눌러도 말리지 않는다.

마. 책놀이 »14:40~16:20

아이들이 서로 낯설어해서 모둠을 만드는 데 시간이 오래 걸렸다. 자기가 가진 문장에 연결되는 문장을 찾으려면 상대를 만나 어떤 문장을 가졌는지 물어야 한다. 쭈뼛거리면서 모둠을 만든 뒤에도 어색해했다. 빨리 친해지게 하려고 책놀이●를 했다. 책을 찾고, 책으로 퀴즈를 만들고, 머리를 맞대고 답을 찾다가 금세 친해졌다.

● 『책벌레 선생님의 행복한 책놀이』 참고.

마지막 책놀이로 『바꿔!』를 쓴 박상기 작가가 좋아하는 책 찾기 활동을 했다. 각자 박상기 작가가 좋아할 듯한 책을 찾고, 모둠에서 한 권을 대표로 정했다. 모둠에서 정한 책 일곱 권을 칠판 앞에 놓고 박상기 작가와 영상통화를 했다. 책 표지와 제목을 보고, 박상기 작가가 읽고 싶은 책을 골라주었다. 핸드폰 액정의 작은 화면이지만 아이들이 작가를 만났다며 환호했다. 작가님이 아이들에게 책을 쓴 까닭과 독서 캠프를 응원하는 말을 해주셨다.

바. 책 내용 알아보기 » 16:20~17:30, 19~20시

초성퀴즈, 평풍게임, 낱말 눈치게임, 찢어내기 빙고, 초성 빙고놀이를 하고 저녁을 먹었다. 7시부터 '우리끼리 독서퀴즈'로 책 내용을 더 알아보았다. 내용을 알아보는 활동은 수원 아이들이 잘했다. 독서 캠프에 뽑힌 게 좋아서 책을 몇 번이나 읽었다고 했다.

1) 초성퀴즈

- ㅇㅈㅇㄱ	이중인격
- ㅎㅂ ㅋㅋ	행복 쿠키
- ㄴㄱ ㅇㅎㅎ ㅈㄹ	네가 이해해 주라.
- ㅇㅈ ㅂㄲ ㅂㅅㅎㅅㅇ	입장 바꿔 복수하세요.
- ㅇㅇㄹㄷ ㅅㅇㅈㄱ ㅈㄴㄹ	앞으로도 사이좋게 지내렴.

2) 초성 빙고놀이

<문제지>

ㄱ (20점)	ㄲ (30점)	ㄴ (30점)	ㄸ (30점)
ㅁ (40점)	ㅂ (30점)	(100점) 제빵사, 파리시에	ㅂ (20점)
ㅂ (30점)	ㅂ (40점)	ㅅ (30점)	ㅇ (40점)
ㅇ (30점)	ㅈ (30점)	ㅈ (20점)	ㅊ (20점)

<정답지>

ㄱ (20점) 공개수업	ㄲ (30점) 꿈	ㄴ (30점) 냉장고	ㄸ (30점) 따돌림
ㅁ (40점) 면담	ㅂ (30점) 배신감	ㅈ (100점) 제빵사	ㅂ (20점) 벗나무
ㅂ (30점) 복수	ㅂ (40점) 비밀	ㅅ (30점) 식빵	ㅇ (40점) 아랫배
ㅇ (30점) 안경	ㅈ (30점) 장아찌	ㅈ (20점) 계과점	ㅊ (20점) 친구

3) 우리끼리 독서퀴즈

남자아이들이 저녁 먹고 운동장에서 축구 경기하며 더 친해졌다. 여자아이들은 개울 건너며 이야기하다가 친해졌다. 우리끼리 독서퀴즈 할 때는 어색함을 찾을 수 없을 정도로 친해졌다. 모둠에서 쉬운 문제와 어려운 문제를 하나씩 만들어 '우리끼리 독서퀴즈'를 했다. 문제를 낼 때마다 보너스를 몇 점 받는지 계산하며 즐거워했다. 쉬운 문제로 퀴즈대회를 하고 이어서 어려운 문제를 냈다.

쉬운 문제 중 5모둠, 어려운 문제 중 3모둠은 좋은 질문을 했기 때문에 보너스 1점을 주었다.

- 아이들이 만든 쉬운 문제

(1모둠) 화영이 무리와 마리가 만나기로 한 제과점 이름은? (부르봉 제과점)

(2모둠) 마리 엄마와 화영이 엄마는 어떤 관계인가요? (사장과 직원)

(3모둠) 마리는 몇 살일까요? (열두 살)

(4모둠) 마리는 몇 학년인가요? (5학년)

(5모둠) 사장님이 '알바생 두 명이 너무 많은가?'라고 말한 이유는 무엇일까요? (돈을 아끼려고, 한 명을 해고하려고)

(6모둠) 화영이 무리가 마리를 놀리며 한 말은 무엇일까요? (돼지 한 마리 추가요!)

(구모둠) 엄마가 걸핏하면 하는 말은 무엇인가요? (정확하게)

- 아이들이 만든 어려운 문제

(1모둠) 혜경 언니 머리카락의 특징은? (길고 찰랑거린다.)

(2모둠)『바꿔!』책의 마지막 날은 몇 월 며칠인가요? (4월 30일)

(3모둠) 마리가 바꿔 앱을 보고 엄마한테 전화하는 걸 꺼렸습니다. 이유는 무엇일까요? (어른과 몸이 바뀌는 게 내키지 않아서)

(4모둠) 월요일 퇴근길에 운동장 옆을 지나면서 아이들이 공놀이하는 모습을 본 엄마가 된 마리는, 어른 같은 말을 했습니다. 무슨 말을 했을까요? (좋을 때다.)

(5모둠) 목요일에 마리가 빵집을 도망치듯 빠져나온 시각은? (1시 40분)

(6모둠) 마리와 엄마가 바뀐 첫날, 베이커리에 피어있던 꽃 이름은? (라일락)

(구모둠) 마지막에 마리 엄마가 해준 음식은? (부대찌개)

사. 두뇌싸움(토의 및 토론) »20~21시, 이튿날 9시~10:30

토론 참여자 수에 따라 준비하는 질문이 다르다. 열 명 이내이면 이야기를 나누는 토론이 좋다. 동그랗게 앉아 의견을 주고받으며 한두 가지 주제를 깊이 이야기한다. 서로 마음이 통하면 비밀을 털어놓기도 한다. 열에서 스무 명은 찬반토론과 이야기 토론을 함께 한다. 아이들이 집중하면 이야기 토론을 하고, 산만하면 찬반토론으로 긴장하게 만든다.

이번에는 참가자가 스물여덟 명인데다가 두 학교 아이들이 모였다. 한두 주제를 정하고 세부 질문을 이어서 하기 어렵다. 그래서 논리에 맞게 추론하는 질문으로 시작했다. 책에 나오는 내용이 사실인지 아닌지 추론하는 질문은 지난해 연합 캠프에서 처음 했다. 『꼴뚜기』에 나오는 단편 「오! 특별수업」 내용이 진짜인지 가짜인지를 물었는데 아이들이 정말 좋아했다.

지난해 질문 : 1반 아이들이 미끄럼틀에서 새끼 고양이를 아래로 떨어뜨렸다는 소문은 진짜일까?

- **진짜다**

진짜라고 생각합니다. (1반을 제외하고) 2, 3반이 화가 났다는 건 책에 잘 표현되어 있습니다. 그리고 닭 사건에 나오는 1반 반장의 성격이 불같은데도 불구하고 소문이 났을 때와 특별수업을 할 때 가만히 고분고분했다는 것이 이상합니다. 그러므로 새끼 고양이 사건은 진짜라고 생각합니다.

- **진짜가 아니다**

새끼 고양이 사건의 범인은 1반이 아니다. 왜냐하면 첫째, 그 사건에 대한 정확한 단서가 없다. 그리고 5-1 사회 교과서를 그때 두고 간 지도 확실하지 않다. 또 2반이 1반과 3반이 싸울 때를 노려서 1반이 범인이라고 갑자기 소문을 퍼뜨렸을 수도 있다. 또한 특별수업을 시키고 싶어서 교장선생님이 일부러 일을 꾸며낸 것일 수도 있다. 그리고 범인이 1반이라면 소문이 가짜라고 계속 부인할 것이다. 그런데 책에는 1반이 부인하는 장면이 하나도 나오지 않는다. 즉 1반이 했다는 증거도 없고, 2반이 1반과 3반 사이가 나쁠 때 3반을 같은 편으로 만들려고 거짓 소문을 퍼뜨린 것 같기도 하다. 교장선생님도 고의로 했을 가능성이 있어서 1반이 범인이 아니라고 생각한다.

1반 반장은 억울한 걸 참지 못한다. 고양이를 떨어뜨리지 않았는데 거짓 소문이 난 거라면 1반 반장이 가만있지 않을 거라는 의견이 설득력 있다. 반대편 의견도 설득력 있다. 확실한 증거가 없으니 교장선생님이 거짓말했을지도 모른다는 의견도 설득력 있다. 양쪽 모두 논리에 맞게 의견을 제시했다. 결국 작가에게 물어보자고 했다.

아이들이 이 질문을 정말 좋아했다. 친구들 의견을 들으며 정말 그럴 수도 있겠다며 고개를 끄덕였다. 특히 특별수업을 시키려고 교장선생님이 지어낸 이야기라는 말에는 한바탕 웃음이 터졌다. 이때를 기억하며 올해에도 추론하는 질문으로 두뇌싸움을 시작했다.

추론 질문은 재미있어서 아이들이 집중한다. 사실 두 학교가 함께 하는 자리에서는 마음을 털어놓기 어려워 보인다. 그러나 앞서 캠프에 참여한 아이들이 소문을 내며 기대치를 올려놓아서 아이들 마음이 열려있다. 추론 질문에 이어 가족과 관련된 내용을 묻고 마음을 살피는 질문을 했다.

질문1. "그동안 화영이가 여울이를 괴롭혔대. 나에 대해 알고 있는 비밀을 털어놓으라고 말이야. 그러지 않으면 나 대신 여울이를 왕따시키겠다고 했대. 그래 놓고 화영이는 여울이가 날 배신한 것처럼 떠벌리고 다녔다는 거지." (184쪽) 여울이가 한 말은 사실일까? 여울이가 지어낸 걸까? '주장-왜냐하면-예를 들어' 순서로 발표해보자.

마리가 유일한 친구 여울이에게 엄마와 몸이 바뀐 사실을 말하자 여울이가 화영이에게 비밀을 알려주었다. 여울이가 (마리와 몸이 바뀐) 엄마에게 미안하다고 말하며, 화영이가 왕따시키겠다고 해서 비밀을 말했다고 고백했다. 마리는 엄마에게 들은 말이 사실인지 판단해야 한다. 여울이 표정과 말하는 분위기를 직접 보지 못해서 판단하기 어렵다. 책 내용만으로는 여울이가 사실을 말하는지 거짓말하는지 모른다. 어떤 쪽을 선택하든 논리를 갖춰 설득해야 한다.

여울이가 고백한 내용이 사실인지 의논하고 모둠 의견을 정해서 발표했다. 4개 모둠은 여울이 말이 사실이라 했고, 2개 모둠은 여울이가 지어낸 이야기라 했다. 한 모둠에서는 두 명씩 의견이 나뉘어서 두 가지 의견을 다 발표했다.

- **여울이 말은 진짜다**

① 사실이다. 왜냐하면 여울이가 미리 집까지 와서 사과했고, 문자랑 전화도 안 받을만큼 미안하고 부끄러웠을 것 같다. 예를 들어 여울이와 마리의 사이가 나빠졌다 해도, 마리 엄마로 바뀐 마리가 여울이에게 행복 쿠키를 건네줄 때 여울이는 사과할 마음이 생겼을 것이다. 화영이는 마리를 괴롭히기 위해서 거짓말도 하고 여러 가지 행동도 했다. 그래서 충분히 여울이까지 건드릴 수 있다.

② 여울이가 마리한테 한 말은 사실이다. 왜냐하면 화영이는 반에서 세고 인기가 많은 아이이기 때문에 힘이 없는 여울이가 자신이 왕따가 되는 것이 두려워 어쩔 수 없이 말했다고 생각한다. 예를 들어 반에 인기가 많고 권력이 있는 친구가 있는데 이 친구가 '무언가를 말하지 않으면 왕따를 시키겠다.'고 하면 아무리 친한 친구의 비밀이라도 두렵고 무서워서 말할 수밖에 없다고 생각한다.

- **여울이 말은 진짜가 아니다**

① 사실이 아니다. 왜냐하면 처음부터 마리와 여울이는 사람들이 없는 곳에서만 단짝이었다. 학교처럼 사람들이 많은 곳에서는 여울이가 화영이 눈치를 보았던 것 같다. 여울이도 화영이 무리에 끼고 싶어서 마리를 팔았는데, 화영이가 일을 키운 것을 이유로 화영이에게 뒤집어씌운 것 같다. 예를 들어 ○○이도 오빠와 싸웠는데, 같이 시작해놓고서 엄마에게 들키니까 오빠가 먼저 했다고 오빠에게 덮어씌웠다는 경험이 있다고 했다.

② 사실이 아니라고 생각합니다. 왜냐하면 '바꿔' 앱을 사용한 후 그 과정에서 여울이

와의 관계가 멀어졌기 때문입니다. 또한 여울이가 마리와 화해하려고 그 말을 지어 냈을 수도 있기 때문이고, 여울이가 마리를 의심하는 내용이 책에 많이 나오기 때문 입니다. 여울이는 마리와 대화할 때 다른 애들 눈치를 보는 것과, 직접 만나서 대화 를 하지 않고 톡으로 대화를 더 많이 했기 때문입니다.

여울이가 마리에게 한 고백이 진짜인지 가짜인지는 중요하지 않다. 그 래도 아이들은 진짜인지 가짜인지 알고 싶어 했다. 지난해에 새끼 고양이 사건이 진짜인지 가짜인지 토론했을 때는 작가에게 물어보지 못했다. 이 번에는 박상기 작가에게 메일로 물어보았다. "여울이의 고백은 사실이라 고 생각하며 썼어요. 물론 제 입장일 뿐이지요. 독자가 자신의 경험을 결 합하여 달리 해석하는 것은 굉장히 고무적인 일이라 봅니다. 아마도 선생 님께서 능동적 독서를 가르치신 결과가 아닐까요."라는 답장을 받았다.

질문2. 아빠가 출장 가면서 아내(사실은 마리)와 이야기한다. 이때 엄마(마리) 는 '마리가 바라는 것 세 가지'를 아빠에게 말한다. 무엇일까? (술 안 마시는 거, 가족 여행, 아빠에게 미안하다는 말을 듣는 것.)
질문2-1. 여러분이 누구에게 무언가를 바라는 게 있다면 대상과 바라는 내용 을 말해보자.
질문2-2. 마리의 세 번째 바람은 미안하다는 말을 듣는 것이었다. 여러분은 아 빠와 엄마에게 어떤 말을 듣고 싶나?
질문2-3. 가족 중에 한 사람을 정하고, 그 사람에게 바라는 것을 생각해보자. 나는 (   )에게 (   )을 바랍니다. '왜냐하면 ~이다' 형식으로 말해보자.

동생에게 바라는 내용이 많았다. 동생이 자기 마음대로 행동하고 엄마 에게 고자질해서 싫다고 한다. "그렇지! 동생이 진짜 철없어!" 하며 맞장 구쳤다. 공감해준 뒤에 "동생이 있으면 좋겠다고 생각하는 사람?"을 물었다. 오빠가 둘인 아이, 누나가 둘인 아이가 한탄하며 대답한다. 오빠, 누나가 심부름시키고 부려 먹는다고 성토한다. 자기도 동생 하나 둬서 시키고 싶다고, 같이 놀고 싶다고 한다. 역시 공감해줬다.

한쪽에선 동생 때문에 힘들다고 한다. 다른 아이들은 오빠와 누나 때문에 힘들다고 한다. 아이들이 형제자매 때문에 불편하다고 호소한다. 몇 아이는 부모님의 지나친 기대, 공부 스트레스 때문에 힘들다고 한다. 형제자매 때문에 힘들다고 할 때는 시골과 도시 아이들이 차이가 없었는데 공부 스트레스는 도시 아이들이 더 크게 느꼈다.

동생이라 힘들다는 의견과 동생 때문에 힘들다는 의견이 맞선다. 자기들이 얼마나 힘든지 털어놓으라고 했다. 서로 자기 처지가 더 힘들다고 호소한다. 형이 없는 아이는 형을 원하고, 형이 있는 아이는 형이 사라지기 원한다. 동생에 대해서도 마찬가지다. 남의 떡이 커 보이는 모양이다. 아이들이 하소연하는 모습을 한참 듣다가 "에이, 바꿔, 바꿔!" 하니 "맞아요, 바꿔요." 한다.

책에서는 엄마와 마리가 바뀌지만 실제로는 불가능하다. 부모도, 형제도, 혼자뿐인 현실도 바뀌지 않는다. 그래도 친구들과 같이 바꾸자고 소리 지르면 마음이 시원해진다. 동생 때문에 힘들어하는 사람이 자기뿐만이 아니라는 걸 안다. 또한 동생이 있으면 좋겠다는 아이도 만난다. 이런 이야기를 나누는 과정이 가치 있다고 생각한다.

도시 아이들이 가족 스트레스에 이어 공부 스트레스를 말한다. "책벌레 선생님 자녀는 학원에 안 가고 문제집을 풀지 않는데도 공부를 잘한대요. 선생님처럼 하면 스트레스를 안 받고 공부도 잘한대요. 비법이 뭐냐 하면, 책을 많이 읽고 가족과 추억을 쌓는 거래요."라고 부모님께 알려드리라고 했다. "아이들 힘들게 하지 않아도 공부 잘할 수 있어요. 책 읽으며 추억을 쌓아주세요."라는 말을 꼭 전하라고 했다. 아이들이 그대로 말하겠다고 했다.

가족에게 바라는 내용으로는 엄마가 원하는 장난감 사주면 좋겠다, 아빠가 일찍 집에 들어오면 좋겠다, 아빠가 담배를 피지 않으면 좋겠다, 여행 가면 좋겠다고 말했다. 가족에게 바라는 건 도시나 시골 아이들이 비슷했다.

질문3. 다음 중에서 어떤 말이 가장 싫어?
① "이따 오면 말해. 오빠 늦잠 잘 거 같으니까 네가 깨워!"
② "별문제 아닌가 보네. 하긴, 네 나이 애들이 다 그렇지 뭐."
③ "여기 돼지 '한 마리' 추가요. 킥킥. 이상하니까 얼른 풀어."
④ "아줌마는 왜 겨우 그거 한 번 가지고 그래요!"

『바꿔!』 책을 읽다가 아이들이 싫어할 만한 문장이 눈에 들어왔다. 오빠 깨우는 일까지 해야 하는 동생, 자신이 중요하게 여기는 일을 별것 아닌 것처럼 말하는 부모, 상처받는 줄 모르고 놀리는 친구, 겨우 한 번이라며 중요한 일을 별것 아닌 것처럼 다루는 사람 모두 싫다. 아이들이 가장 듣기 싫은 말을 고르면서 "이거 정말 싫어."라고 표현하길 바랐다.
장난이 심한 친구들이 ③번처럼 말하며 놀려서 싫다고 한다. 힘들어서 부모에게 말했는데, 문제를 가볍게 보고 '뭘 그런 걸 가지고 그래?' 하는 게 싫다고 호소한다. "겨우 그거 한 번 가지고 그래!"도 싫어한다. 문장 하나하나에 짜증냈던 상황을 꺼낸다. 이럴 때는 처음 만난 사이도 금방 통하나 보다. 특히 이구동성으로 "애들이 다 그렇지 뭐!" 하는 말을 들으면 무시당하는 느낌이라 한다. 아이들 호소를 한참 들어줬다.

질문4. 꿈 발표할 때 마리가 여울이, 화영이 중 어느 모둠에 가야 할까?

학부모 공개수업으로 꿈 발표를 준비한다. 꿈이 같은 아이들이 모여 함께 준비하는 수업이다. 마리는 제빵사에 관심이 많다. 그런데 제빵사 모둠은 화영이 무리가 차지했다. 친한 친구 여울이가 자기네 모둠으로 오라고 하지만 마리는 소방관에 전혀 관심이 없다. 이런 상황에서 아이들은 친구를 따라간다. 특히 자기를 괴롭히는 아이와 같은 모둠이라면 더 싫어한다. 그런데 두 모둠이 화영이에게 가야 한다고 말해서 신선했다.

- **여울이네 모둠이 낫다. (5개 모둠)**

① 저희 조는 여울이 모둠으로 가야 한다고 생각합니다. 직업이 마음에 들진 않지만 친구들과 함께 또 새로운 경험을 해보는 것도 나쁘지 않다고 생각하기 때문입니다. 예를 들어 화영이네 모둠으로 들어가면 화영이네 무리에 끼지 못해 어떠한 경험도 쌓지 못할 수도 있습니다. 아무 경험도 못 할 바에는 다른 꿈도 좀 더 알아보고, 또 마리네 엄마가 빵집 일을 하시니까 엄마께 물어보거나 아니면 주말에 같이 가봐서 제빵사 직업을 체험해보는 것이 더 나은 방법이라 생각합니다. 또 여울이 모둠은 친구들이 친절하고 잘 챙겨주니 더 행복한 경험도 쌓을 수 있기 때문입니다.

② 여울이네 모둠에 가야 한다. 꿈보다 우정이 더 중요하다고 생각한다. 아무리 꿈을 이루고 돈을 많이 벌어도 꿈을 이루기 위해 친구들과 경쟁하면서 꿈을 이루어도, 친구가 없고 같이 소통할 사람이 없으면 외롭다. 아무리 돈을 많이 벌어도 겉으로는 행복해 보이겠지만 실제로는 행복하지 않을 것이다. 또 제빵사 모둠에는 마리를 괴롭히고 싫어하는 친구들이 있기 때문에 굳이 위험한 선택을 하지 않고 여울이네 모둠에 들어가는 것이 더 중요하다고 생각한다.

③ 저희는 여울이네 모둠으로 갈 것입니다. 왜냐하면 제빵사인 엄마한테 배우면 되고 여울이네 모둠으로 가도 꿈은 이룰 수 있기 때문이고 여울이와의 우정을 지킬 수 있기 때문입니다. 예를 들어 초등학생은 꿈이 자주 바뀌기 때문에 꼭 그 모둠에 들어갈 필요는 없다고 생각합니다.

• 화영이네 모둠이 낫다. (2개 모둠)

① 화영이로 인해 꿈을 버리는 건 아니라고 생각합니다. 여울이네 모둠으로 간다는 건 생쥐가 고양이로 인해 치즈를 버리는 셈입니다. 마리의 엄마가 베이커리에서 일하시니 꿈을 더 쉽게 이룰 수 있을 것입니다. 왜냐하면 그 모둠 활동이 하는 활동 안에 굳이 따돌리는 친구인 화영이 쪽으로 가는 게 더 나을 것이다. 그리고 자기 꿈에 그다지 문제가 생길 것 같지 않기 때문이다. 예를 들어 사과와 수박이 있다. 나는 수박을 좋아하지만 수박은 비싸고 별로 안 좋아하는 사과는 공짜다. 그럼 무조건 사과를 먹을 것이다.

② 저는 화영이의 모둠으로 가겠습니다. 왜냐면 친구는 언제든지 사귈 수 있습니다. 저는 꿈을 선택할 것입니다. 해보지도 않고 포기한다는 것은 어리석다고 생각합니다. 예를 들어 여울이 모둠에 들어가면 제가 맘에 안 드는 직업에 들어가 제가 조금 불편해진다고 생각합니다.

화영이네 모둠이 낫다는 첫 번째 의견은 이해하기 어렵다. 생쥐와 고양이, 사과와 수박을 예로 들었는데, 비유가 오히려 논리를 흐리게 만들었다. 또한 '왜냐하면'에 이어지는 내용도 비문이다. 화영이를 설명하는 '굳이 따돌리는 친구와'를 삭제하고, '왜냐하면 제빵사 활동을 하는 화영이 쪽으로 가는 게 더 나을 것이다.'라고 써야 한다. 화영이 쪽으로 가는 게 더 낫다고 생각하는 까닭을 설명하면 더 좋겠다.

지난해 연합 캠프에서 『꼴뚜기』처럼 왕따가 된 적이 있는지 물었다. 우리 학교 4학년 아이가 학원에서 왕따를 당했다고 고백했다. 합기도 학원 탈의실에서 과자를 먹으면 안 되는데 언니들이 과자 먹는 걸 보고 원장님께 알렸더니 언니들이 괴롭혔다고 한다. 그때부터 어떤 상황이 되면 자꾸 울게 된다고 한다. 이 말을 하면서도 울었다. 아이의 고백을 듣고 친구가 "○○이 이름에 칼자국을 낸 게 아직도 있어요!" 하며 거든다.

우는 아이는 우리 반이었다. 지금은 어떤지 물었는데 괜찮아졌다고 대답했다. 그래도 그때의 상처가 남아서 우는 모습을 보니 안타까웠다. 『바꿔!』에서도 화영이가 마리를 괴롭힌다. 화영이가 주는 스트레스 때문에 상처를 받는다면 어떻게 해야 하는지 물었다. 아이들이 여러 가지 스트레스 해결 방법을 말한다. 좋은 방법이라고 대답하며, 혼자 끙끙대지 말고 지금 말한 방법으로 해결하라고 말해줬다.

학교에서 가까운 곳에 깨끗한 물이 흐르는 계곡이 있다. 아이들과 이 곳에 가기로 약속했다. 마리와 화영이에 대해 더 토론하고 싶었지만, 개울에 가기로 약속한 시간이 되었다. 토론도 좋고, 개울에서 노는 것도 좋다. 아이들과 약속했기 때문에 아쉬움을 남기고 토론을 마쳐야 했다. 그래서 물고기의 압력 조절장치 이야기를 해주었다.

바다에서는 깊이 내려갈수록 압력이 세다. 압력을 견디려면 특별한 장치를 해야 한다. 간단하게 말하면 두꺼운 철갑을 둘러야 한다. 그런데 물고기는 철갑을 두르지 않고도 깊은 곳으로 내려간다. 압력을 스스로 조절하기 때문이다. 친구 사이에서 갈등이 생기면 압력이 커진다. 견디기 힘들 때도 있다. 물고기처럼 압력을 조절하는 능력이 있다면 스트레스받지 않고도 해결한다. 외부의 압력을 견디기 위해 철판을 대는 것보다 마음에서 조절하는 능력을 갖는 게 더 좋다고 해주었다.

아. 후기 쓰기 »14~15시

개울에서 놀다가 점심 먹고 학교로 돌아왔다. 토론도, 물놀이도 아쉬워했다. 후기를 쓰고 헤어져야 한다. 시간 순서대로 줄줄이 나열하지 말고 가장 마음에 들었던 활동이나 순간 하나만 골라 쓰라고 했다. 독서감상문이나 독서논술문(주장-왜냐하면-예를 들어 형식으로 발표한 내용으로)을 써도 된다고 했다.

중앙기독초 아이가 후기에 "미로초등학교에 왔다. 책에 대한 퀴즈나 토론 등 혼자서는 해볼 수 없는 새로운 경험을 했다. 그중에서 나는 토론이 가장 좋았다. 토론을 하면 뭔가 내 마음속에 쌓여있던 화를 풀어내는 것 같아서 기분이 좋다."라고 썼다. 이 아이는 질문2-3으로 토론 활동을 하면서 괴롭힘당할 때의 마음을 털어놓았다.

나는 왜 나를 괴롭히는 애들한테 그동안 한마디도 못 했던 걸까? 나도 가끔 괜한 말을 했나… 후회하거나 '아, 이런 말을 할걸!' 하며 후회할 때가 있다. 그런데 차라리 하고 싶은 말 해서 (물론 때와 상황을 가리고) 스트레스받지 않으려고 한다. 때로는 나도 하고 싶은 말을 마구 하고 싶을 때가 있는데 내 방에 들어가거나 혼자 있을 때 마음속으로 하거나 정리해 버린다. 다시 한번 '세상 모든 아이 생각은 똑같구나!' 생각이 들었다. 그리고 자신 있게 한마디 하고 싶다.

토론과 책놀이가 좋다고 쓴 아이들 가운데 한 아이가 개울을 건넌 순간을 썼다.

미로초등학교 앞 개울에 갔다. 맑고 투명하여 마치 거울인 듯이 세상을 다 비추고 있었다. 개울을 보니 나까지도 마음이 맑아지는 기분이었다. 자세히 보니 물고기들까지도 서로 춤추며 놀고 있었다. 발을 담궈 보니 발가락 사이사이로 모래알들도 지나갔다. 모래알들이 지나갈 때마다 물고기는 아닌가 하며 깜짝깜짝 놀랐다. 또 물이 너무 차가워서(너무 더웠기에), 아니 시원해서 오늘 있던 피로가 싹 가시는 기분이었다. 오늘 개울에 와서 느꼈다. 우리 동네에도 이렇게 깨끗하고 맑은 거울 개울이 있으면 좋겠다고. 그럼 이 개울을 보고 우리 동네 사람들도 자신들의 거울을 보고 개울처럼 깨끗하게 맑아질 수 있을 텐데.

아이들과 함께 책놀이하고 퀴즈를 풀고 물에 뛰어들었던 선생님도 책의 매력에 빠졌다고 후기를 썼다.

나는 사실 책을 좋아하지 않는다. 책을 딱히 싫어하는 것은 아니지만 책보다 좋은 것이 너무 많다. 밤을 새서 읽었던 책은 판타지 소설과 무협지 정도였다. 책을 읽다 보면 독서가 늘고 영역이 확장된다고 하는데… 나는 책을 많이 안 읽어서 그런지 영역이 확장된다는 느낌을 받지 못했다. 책은 주로 읽고 싶어서 읽는 경우보다 읽어야 해서 읽는 경우가 많고, 어른이 되면서 어려운 책들을 읽다 보니 독서는 나에게 늘 부담이었다. 그런데 이렇게 추억을 만들 수 있다니…

사실 독서 캠프에서 무엇을 하는지 잘 모르고 왔다가 책의 매력에 풍덩 빠지는 시간이었다. 내가 아이들 나이였을 때 이렇게 책을 즐기고 사랑하는 경험을 했다면… 지금처럼 독서가 부담이 아니라 기대가 되었을 것 같다는 생각이 들었다. 아주 늦지 않았으니 앞으로의 시간은 책을 좀 더 누리며 지내고 싶다. 그리고 우리 반 아이들도 책이 주는 매력에 초대하고 싶다. (중앙기독초, 이종욱 선생님)

수원 아이들이 버스에 오르며 "선생님, 내년에 또 올 거예요."라고 하기에 "그래, 내년에도 제비뽑기 잘해라!" 하고 인사했다. 아이들에게 하지 못한 질문과 낱말 퍼즐을 소개한다.

질문1. 다음 중에서 어떤 행동이 가장 싫어?

① 마리를 모둠에 끼워주기 싫어 화영이 무리가 눈치를 준다.

② 마리가 제과점에서 혼자 기다리게 거짓말을 한다.

③ 여울이가 화영이에게 '바꿔 비밀'을 말한다.

④ 문자와 전화를 씹는다. (부르봉 제과점에서, 여울이에게)

질문2. 여러분이 '바꿔' 앱을 쓴다면 누구와 바꾸고 싶은가? 왜 그 사람과 바꾸고 싶은지 이유를 들어 말해보자.

질문3. "마지막으로 '한번 입장 바꿔 생각해 봐.'라고 입력한 대목에선 눈물이 흘러 툭툭 떨어졌어. 서러움이 복받쳐 주체가 안 되더라고. 정말 화영이에게 복수할 수만 있다면 뭐라도 하고 싶은 심정이었어. 어떤 대가를 치르더라도 말이야." (25쪽)

이런 마음을 느낀 적이 있나?

질문3-1. 화영이 때문에 힘들 때 마리는 '입장 바꿔 생각해 봐.'라는 글을 썼다. 여러분이라면 어떻게 하겠나?

질문4. "우린 나란히 이불 속에서 다시 잠을 청했어. 한참 지나도 잠은 오지 않았지. 엄마도 잠이 안 오는 건 마찬가지였나 봐. 작은 손으로 내 손을 꼭 잡아 주더라고. 나는 빙긋 웃음이 났어. 몸이 작아도 엄마는 마음이 큰 사람이구나 싶었지." (176쪽)

마음이 큰 사람이라는 말은 무슨 뜻일까?

질문4-1. 엄마가 마음이 큰 사람이라는 사실을 증명하는 행동을 찾아보자.

질문4-2. 여러분은 마음이 큰 사람을 만난 적이 있나?

질문4-3. 여러분이 마음이 큰 사람이 된다면 누구에게 어떻게 행동하고 싶어?

질문5. "마리는 여울이에게 엄마와 몸이 바뀐 사실을 말하고는 '사실대로 말한 게 과연 잘한 걸까?' 생각한다." (102쪽)

잘한 걸까?

질문5-1. 가장 친한 친구에게도 말하지 말아야 할 비밀이 있다. (찬반토론)

질문5-2. 사실대로 말하는 것이 상황에 따라 다르게 말하는 것보다 낫다. (찬반토론)

질문5-3. 마리가 엄마와 몸이 바뀐 건 잘한 일이다. (찬반토론)

질문6. 『바꿔!』 책 24~25쪽, 172~173쪽만 배경이 보라색이다. 24~25쪽은 진하고, 172~173쪽은 연하다. 색깔이 무엇을 뜻할까?

낱말 퍼즐 문제

1 ①			②		2 ③			3 ④	
⑤		4 ⑥						5	
				6					
	⑦		⑧				⑨		
7		8			9 ⑩				
				⑪					
						10			⑫
11 ⑬									
12						⑭			
	13 ⑮								
14				15 ⑯			⑰		
⑱				16					
17									
		18							

가로 문제

1. 마리와 마리 어머니가 함께 만들어 친구들에게 나누어준 것. (161쪽)
2. 미리 마련하여 갖추어 놓는 물건. (135쪽)
3. 축하할 때 먹는 음식, 화영이 엄마가 빵집에서 만든 것. (76쪽)
4. 마리를 괴롭히는 친구(○○이). (14쪽)
5. 집에 들어가기 전에 사람을 부르는 신호로 울리는 종. (93쪽)
6. 기운이 없어지고 풀이 죽음. (100쪽)
7. 빵을 만드는 일을 전문적으로 하는 사람. (13쪽)

8. 마리 할머니가 안방까지 살펴보고 집을 나쁘게 부른 말. (95쪽)

9. 밑은 평평하고 꼭대기는 솜을 쌓아놓은 것처럼 뭉실뭉실한 모양의 구름. (186쪽)

10. 마리의 꿈(쿠키나 케이크를 만드는 직업). (91쪽)

11. 로버트 루이스 스티븐슨의 소설 제목. (59쪽)

12. 출입구에 달린 문. (110쪽)

13. 의식적으로 허파 속에 공기가 많이 드나들도록 숨 쉬는 방법. (119쪽)

14. 마리가 싫어하는 것(○○과(와) 바게트처럼 개성이라곤 눈곱만큼도 없는 빵을 싫어해). (10쪽)

15. 본래의 직업이 아닌 임시로 하는 일. (76쪽)

16. 불평이나 불만을 늘어놓으며 잔소리하는 것. (63쪽)

17. 가게를 뜻하는 말로 앱을 모아놓은 곳을 앱 ○○○이라 부름. (186쪽)

18. 마리 엄마가 일하는 가게 이름. (44쪽)

세로 문제

① 원수를 갚음. (27쪽)

② 해야 할 일을 하지 않고 눈을 피하여 게으름을 피우는 짓. (189쪽)

③ 숨기어 남에게 드러내거나 알리고 싶지 않은 내용을 적은 개인의 기록. (25쪽)

④ 겉과 속이 다른 경우를 비유적으로 이르는 말. (166쪽)

⑤ 면담하기로 했는데 마리 혼자 간 가게 이름. (20쪽)

⑥ 꽃을 심기 위하여 흙을 한층 높게 하여 꾸며놓은 꽃밭. (186쪽)

⑦ 끼니로 음식을 먹는 것 또는 그 음식. (예 : 아침 ○○) (148쪽)

⑧ 구황식물, 답답할 때 이걸 먹었다고 표현함. (60쪽)

⑨ 사물, 단체, 현상, 사람 등에 붙여 부르는 말, 『바꿔』 주인공 ○○은 '한마리'이다. (53쪽)

⑩ 마리 오빠가 좋아하는 것, 컴퓨터로 하는 활동. (18쪽)

⑪ 도둑이 도리어 매를 든다는 뜻으로, 잘못한 사람이 아무 잘못도 없는 사람을 나무람을 이르는 말. (132쪽)

⑫ 밀가루 반죽을 접시에 얇게 펴고 그 위에 달걀, 설탕, 생크림, 바닐라 향을 섞어 만든 크림을 얹어 구운 파이. (155쪽)

⑬ 사람마다 다른 지문을 분별하고 판단하는 일. (25쪽)

⑭ 달려가는 모습을 귀엽고 밝게 표현하는 말. (177쪽)

⑮ 마리가 다니는 학교 이름. (22쪽)

⑯ 주로 봄날 햇빛이 강하게 쬘 때 공기가 공중에서 아른아른 움직이는 현상. (127쪽)

⑰ 사람이나 물건을 표시한 것, 빵을 진열할 때 이걸 보고 놓음. (71쪽)

⑱ 제품 성능을 미리 시험해보는 것. (30쪽)

낱말 퍼즐 정답

1	2	3	4	5	6	7	8	9	10	11	12	13	14
1행	①복	쿠	키		②땡		2준	③비	물		3케	④이	크
	수				땡			밀				중	
⑤부			4화⑥	영	이			일			5초	인	종
르			단				6의	기	소	침		격	
봉		⑦식		⑧고							⑨이		
7제	빵	사		8집	구	석		9뭉	⑩게	구	름		
과				마		⑪적		임					
점				반						10파	티	시	⑫에
	11지⑬	킬	박	사	와	하	이	드					그
12현	관	문		장						⑭쪼			타
	인		13심⑮	호	흡					르			르
	14식	빵		정				15아⑯	르	바	⑰이		트
⑱테				초		16바	가	지			름		
17스	토	어						랑			표		
트			18굿	모	닝	베	이	커	리				

5 ──── 슬픔이 하는 일,
마음의 장벽 너머
(연수 + 수업)

『망나니 공주처럼』, 이금이, 사계절

가. 수업 안내

- 언제 : 겨울방학하기 며칠 전 4시간
- 어디 : 강원도 삼척시 임원초등학교 도서관
- 누구 : 임원초 3~6학년 열여섯 명

나. 수업한 까닭

임원초등학교 도서관 리모델링을 할 때 조언을 해주었다. 공사가 끝난 뒤에 도서관을 살펴보러 갔더니 임원초 선생님이 독서 수업을 해달라 하셨다. 도서관이 바뀌어도 아이들이 책을 읽지 않는다며 걱정하시기에 책놀이 수업을 약속했다. 도서관에 있는 책을 찾고, 만지고, 놀이하면서 책에 관심이 생기기를 바랐다. 얼마 뒤에 전교생(스물세 명)과 책놀이 수업을 했는데 이번에는 독서 수업을 해달라 하셨다. 그래서 겨울방학 며칠 전에 독서 수업을 했다.

다. 『망나니 공주처럼』을 고른 까닭

좋은 책을 만나면 아이들과 수업하고 싶어진다. 읽으며 질문을 생각하고, 이런저런 활동을 궁리한다. 그런데 『망나니 공주처럼』은 교사들과 먼저 토론하고 싶었다. 짧고 쉬운 동화지만, 다양한 주제를 담은 책이다. 여백이 많은 책이어서 읽을수록 새로운 이야깃거리가 샘솟는다. 교사들이 동화책의 깊이를 직접 느끼면 책과 아이를 대하는 태도가 달라진다. 이 책이 그런 책이다. 그래서 연수를 먼저 시작했다.

여름방학 기간에 독서 연수를 했다. 초중고교사, 대안학교 교사, 지역 아동센터 교사, 학부모 스물다섯 명에게 독서 활동과 토론을 알려드렸다. 아이들과 수업하듯 『망나니 공주처럼』으로 활동하며 연수했다. 문장으로 모둠을 만들고, 내용을 알아보는 놀이(초성퀴즈, 낱말 눈치게임, 초성빙고 놀이, 지워가는 빙고, 핑퐁게임)를 하고, 토론을 준비하는 방법을 안내했다. 그리고 질문을 만들었다.

선생님들이 만든 질문이 좋았다. 내가 미처 생각하지 못한 질문이 많았다. 저마다 다른 눈으로 책을 읽었고, 질문도 서로 달랐다. 여러 사람이 자신의 가치관을 담아 서로 다른 질문을 만들었다. 어떤 질문으로 임원초 아이들과 수업할까 생각했다. '슬픔'을 주제로 내가 만든 질문이 계속 생각났다. '슬픔'은 책을 좋아하지 않는 아이들에겐 어려운 내용이다. 과연 아이들과 '슬픔'을 이야기하는 분위기가 만들어질까?

라. 『망나니 공주처럼』은 어떤 책일까?

독서 수업을 배우려고 전국 곳곳에서 모였다. 처음 만난 사이라 어색하다. 모둠을 나누고 핑퐁게임으로 소감 말하기 놀이를 했다. 핑퐁게임은 차례가 왔을 때 모둠에서 한 명이 꼭 말해야 한다. 이때 지금까지 아무도 말하지 않은 내용을 말해야 한다. 아이들은 "재미있다." "감동적이다."라는 소감부터 시작한다. 어른들은 달랐다. 처음엔 쭈뼛거렸지만 금방 책 이야기로 들어갔다.

- 아이들을 위한 동화이지만, 어른들에게도 생각할 거리를 많이 주는 책이다. '역할'에 대한 고정관념을 동화 속 망나니 공주 전설을 통해 유쾌하게 뒤집는다. 주인공인 앵두 공주가 진정한 자신의 존재와 역할에 대해 고민하며 성장하는 걸 보며 '나다움'에 대해 돌아보게 되었다.
- 처음에는 단순한 아이들 동화라고 생각했다. 읽을수록 여성으로서, 그동안 나의 삶에서 경험한 수많은 족쇄와 내 안의 자기검열이 떠올랐다. 거듭 읽을수록 깊었다. 앵두의 입장에서, 자두의 입장에서, 홀쭉이 왕 그리고 하인까지 누구 하나 빼놓을 것 없이 각자의 입장에서 보면 다른 이야기로 읽힌다.

짧은 동화를 읽은 소감이 깊다. 『망나니 공주처럼』이 어른들에게 어떤 책일까? '한 낱말로 말하기 핑퐁게임'을 했다. 책 내용을 한 낱말로 설명하는 놀이다. 참가한 분들이 "성찰, 배움, 가능성, 외로움, 재창조, 왜곡, 자유함, 공감, 성장, 모델링(모범), 이야기의 힘, 자율, 시선…"을 말했다.

- 성찰 : 등장인물의 삶을 통해 나는 어떤 삶을 사는지 돌아보게 됨.
- 답게 : 남들이 말하는 '-답게'가 아닌, 그 역할에 필요한 '진짜 -답게'를 찾을 수 있기 때문에 앵두가 '-답게'에 대한 고민을 시작해서 반가웠다.
- 틀 깨기 : 등장인물이 고정관념(외부에서 주어졌거나, 스스로 갖고 있던 틀)을 깨고 자신다움을 찾아가는 과정.
- 만남과 변화 : 등장인물이 누군가를 만나고 성장하고 변화하는 이야기로 읽었습니다.
- 자유 : 누군가에게 강요된 규칙에서 벗어나 자신만의 길을 찾는 과정이 감동적이다. 진정한 내가 누구인지를 생각하게 되었다.

연수 끝나고 몇 달 뒤에 대구 지역 5~6학년 아이들과 5시간 동안 수업했다. 아이들은 정체성, 자아실현, 사랑, 우정으로 책을 읽었다.

- 정체성 : 남의 시선을 신경 쓰지 않고 자기 길을 가는~
- 자아실현 : 다른 사람에게 맞추다가 자기다움을 찾아가니까!
- 사랑 : 왕자와 공주의 사랑 이야기다.
- 우정 : 자두와 앵두가 급이 달라, 안 어울리는데 친해진다.

『망나니 공주처럼』이 우정에 대한 책이라는 아이가 많아서 우정이 생기는 과정을 말해보라고 했다. 자두와 앵두는 나이가 같고, 같은 여성이고, 대화가 통해서 우정이 생겼다. 특히 처음 볼 때부터 반말해서 금방 친해졌다고 한다. 홀쭉이 왕과 털보 왕은 왕이고, 자녀가 친하고, 둘 다 왕비가 없고, 성격이 반대여서 우정이 생겼다고 한다. 성격이 반대라서 오히려 잘 지내는 예를 찾아보라 했더니 여러 아이가 엄마와 아빠를 들었다.

홀쭉이 왕과 왕의 하인 사이에도 우정이 생겼다고 한다. 홀쭉이 왕이 왕비를 잃고 우울증에 걸렸는데 하인이 음식 만들고 집안일을 다 하며 왕을 보살폈다. 그래서 우정이 생겼을 거라 한다. 또한 앵두와 흰바람(말), 왕자와 검은새(말)를 예로 들며 동물과의 우정을 말한다. 사람과 동물 사이에도 우정이 생긴다고 주장했다.

수업을 마치며 6학년 여학생이 후기에 이렇게 썼다.

책을 처음 읽을 때 글밥도 적고 글씨도 커서 '저학년이나 보는 책을 왜 대화 주제로 선택했을까?' 생각했다. 그런데 책을 읽을 때 무슨 이야기를 하고 싶은지 잘 이해가 안 됐다. 선생님과 함께 토론하면서 책에서 하고 싶은 말들이 여러 가지인 것을 이해하게 되었다. 먼저 토론을 통해 앵두가 어떤 생각을 가지고 자신이 해야 할 일을 했는지 알았다. 반대편의 의견을 듣고 '그럴 수도 있겠구나!' 하면서 내가 모르는 다른 것을 배웠다.

쉬운 이야기인데 이해하기 어렵다는 말이 맞다. 아이들은 『망나니 공주처럼』에서 정체성, 자아실현을 읽어냈지만, 작가가 하고 싶은 말을 찾기 어려워했다. 이야기 내용을 알지만 무엇을 말하는지 찾기 어려운 까닭은 여백이 많아서이다. 생각과 경험으로 여백을 채워야 책이 재미있어진다. 그래서 어른에게 더 맞는 책이라고 봤다. 아이들과 활동할 때는 한 가지 주제로 책을 읽고, 다른 주제로 넘어갔다. 그래야 혼란스러워하지 않는다.

마. 독서토론 질문 만들기 연수

독서 수업에서 질문이 정말 중요하다. 책을 잘 읽으면 질문이 생긴다. 여러 사람이 함께 읽고 서로 다른 질문을 내놓으면 그 자체가 배움의 장이 된다. 토론에서도 질문이 핵심이다. 질문을 잘하면 아이들이 생각한다. 차례차례 질문하며 한 가지 주제를 깊이 다루면 하나씩 대답하다가 아이들이 저절로 배운다. 질문이 만드는 길을 따라가다 '아!' 하고 깨닫는 순간이 많아질수록 책을 점점 깊이 읽는다.

그러나 좋은 질문을 만드는 게 참 어렵다. 놀이는 금방 배우지만 질문 만들기는 시간이 오래 걸린다. 연수를 준비하며 『망나니 공주처럼』에서 몇 가지 주제를 정하고, 각 주제에 대한 여러 가지 질문을 준비했다. '부담스러운 공부, 모범, 나다움, 성 역할'에 대한 질문은 쉽게 생각한다. 연수에서는 '이런 질문을 어떻게 생각했지?' 하고 느끼는 질문을 소개해야 한다. '이야기 사용법'과 '슬픔'을 두고 고민하다가 '슬픔'을 골랐다.

주제 : 슬픔(이 일으키는 일)

질문1. 아래 내용을 읽고 가장 힘든 것부터 순서를 정해보자.

① 낯선 일에 대한 두려움

"앵두는 아이들이 돌아간 뒤 궁궐 안을 둘러보았어. 조용한 정원을 보자 마음이

텅 빈 듯 허전했어. 그 자리에 민가 체험 걱정이 들어찼지.” (11쪽)

② 억지로 해야 하는 일

“망나니 공주처럼 되지 않으려면 열심히 공부해야 합니다.” (18쪽)

③ 배우자의 죽음

“왕비를 너무나 사랑했던 왕은 큰 슬픔에 빠졌어요. 왕은 그때부터 아무것도 하려고 들지 않았답니다.” (13쪽)

④ 자녀의 결혼 또는 독립

“홀쭉이 왕은 웨딩드레스를 입은 공주를 보자 울음보가 터졌어요. 사랑했던 왕비와 너무나도 닮은 모습이었거든요. 하지만 계속 울지는 않았어요. 그동안 하도 울어 더 이상 흘릴 눈물이 없었어요.” (69쪽)

질문1-1. 왕비가 죽자 왕은 너무나 슬퍼 아무것도 하지 못한다. 비슷한 일을 겪는다면 우리도 자기 자신을 돌보지 않게 될까? (13쪽)

질문1-2. 어떤 일이 생기면 홀쭉이 왕처럼 무기력해질까?

질문1-3. 털보 왕도 왕비를 잃었다. (“왕자의 어머니는 3년 전에 돌아가셨어요.”) 57쪽) 왕비가 죽기 전부터 털보 왕이 전쟁을 좋아했을까?

질문1-4. 같은 슬픔을 겪었지만 홀쭉이 왕과 털보 왕은 다르게 반응한다. 여러분은 털보 왕처럼 밖으로 드러내어 표현하는 쪽인가, 홀쭉이 왕처럼 안으로 삭이는 쪽인가?

질문1-5. 슬픔과 두려움을 만날 때 어떻게 해야 할까?

① 마음을 다잡는다. (혼자인 게 무서우면 열 명의 아이들과 함께 있는 것처럼 큰 소리로 노래를 불렀어요. 혼자인 게 쓸쓸하면 아이들 스무 명과 함께 있는 것처럼 힘을 썼지요.)

② 맛있는 걸 먹는다. (하인이 왕을 위해 요리한 것처럼.)

③ 미리 대비한다. (망나니 공주처럼 되지 않으려면 열심히 공부해야 합니다.)

④ 친구를 만난다. (홀쭉이 왕은 심심해하는 털보 왕과 카드놀이를 했지요.)

⑤ 목표를 향해 달려간다. (털보 왕은 병사들을 작은 왕국으로 보냈어요.)

⑥ 자녀를 바라본다. (홀쭉이 왕은 왕비가 세상을 떠난 뒤 처음으로 미소를 지었어요.)

질문1-6. 소중한 사람이 슬픔을 겪는다면, 어떻게 해주는 게 좋을까?

참가자들이 '슬픔'을 주제로 이어지는 질문은 전혀 예상하지 못했다고 놀라워했다. 『망나니 공주처럼』에서 이런 질문을 생각한 게 신기하다고 했다. '슬픔'에 대한 질문을 예로 들어 질문 만드는 방법을 가르쳤다. 연수할 때마다 질문 만들기가 어렵다고 한다. 연수하는 분들은 대부분 성급하게 결론을 요구하는 질문, 정답을 찾는 질문, 갑자기 다른 내용으로 건너뛰는 질문을 만들었다. 이런 질문으로 토론하면 아이는 점점 말을 하지 않고, 교사와 부모가 계속 말하거나 목소리가 높아진다. 토론자의 생각을 끌어내려면 차근차근 물어야 한다. 연수에 참여한 분이 만든 질문을 몇 가지 소개한다.

주제 : 비교 (고등학교 교사가 만든 질문)

질문1. 다른 사람이 나를 누군가와 비교하는 말을 들어봤나?

질문1-1. 누가, 누구와 무엇을 비교하였나? 누가 그런 말을 가장 많이 하나?

질문2. 책에서 비교하는 말을 찾아서 누가, 누구와 무엇을 비교하는지 정리해 보자.

① 11쪽. 공주는 마음대로 해도 되는 줄 알았는데 아니네, 불쌍하다.

   (생일파티에 온 아이가, 앵두 공주와 자신을 비교)

② 18쪽. 망나니 공주처럼 되지 않으려면 공주님은 열심히 공부해야 합니다.

   (선생님이 앵두 공주를 망나니 공주와 비교)

③ 24쪽. 말도 자기 집이 더 좋다는데, 나는 남의 집에 가서 일주일이나 살아야 돼.

   (앵두가 자신과 말을 비교)

④ 27쪽. 나한테도 그렇게 좀 잘해 줘 봐. (자두가 부모님의 태도를 비교)

⑤ 30쪽. 넌 공주니까 놀리는 사람 없겠지? (자두가 자신과 공주 비교)

질문3. 책을 보면 많은 사람이 자기 자신을, 또는 다른 사람을 비교하는 말을 한다. 나는 누구와 나를 비교하는 말을 해봤나?

질문3-1. 나를 남과 비교하는 이유는 무엇인가?

질문3-2. 내가 스스로를 남과 비교할 때와 누군가에게 비교당할 때의 기분은 어떻게 같거나 다른가?

질문3-3. 우리 사회는 주로 무엇을 비교의 기준으로 삼는가?

질문4. 비교가 가능한 건 무엇 때문인가? 사람들이 모두 같다면 비교할 수 있나?

질문4-1. 사람들이 서로 다르기 때문에 우리 사회는 발전해왔다. 비교를 긍정적으로 활용하려면 어떻게 하면 좋을까?

질문4-2. 비교했을 때 좋았던 사례와 나빴던 사례를 뉴스나 신문 기사에서 찾아보자.

질문4-3. 비교할 때의 장점과 단점은 무엇인가?

질문4-4. '비교는 나쁜 것인가?'로 찬반토론 해보기.

주제 : 진로 (초등학교 교사가 만든 질문)

질문1. 망나니 공주는 어머니가 돌아가시고, 자라면서 어떤 것들을 배워야 했나?

질문1-1. 왜 그런 것들을 배워야 했을까?

질문1-2. 배울 때 공주의 마음은 어땠을까? 왜 그렇게 생각했니?

질문1-3. 처음에는 못했지만, 더 노력했다면 잘하게 됐을까?

질문1-4. 망나니 공주는 그런 일들을 더 열심히 잘하려고 노력해야 했을까? 이유는?

질문2. 하기 싫고 소질이 없다고 생각되는 것을 해야 했던 경험이 있니?

질문2-1. 그런 일을 누가 가장 많이 시키는 것 같니?

질문2-2. 그때의 마음은 어땠니?

질문2-3. 그래도 노력해서 잘하게 된 경험이 있는지? 만약 그랬다면 그때 기분은 어땠니?

질문3. 자기가 하고 싶은 일을 하며 사는 사람이 많을까, 해야 하는 일을 하며 사는 사람이 많을까?

질문3-1. 왜 그렇게 생각하니?

질문3-2. 어떤 사람이 더 행복할까?

질문3-3. 사람들이 직업을 갖고 일을 하는 이유를 생각해보자.

주제 : 늙은 하인 (초등학교 교사가 만든 질문)

질문1. 늙은 하인은 왕비가 죽고 난 후 어떤 일을 해야 했지?

질문1-1. 원래 늙은 하인의 일은 무엇이었을까?

질문1-2. 늙은 하인은 요리, 정원사 일, 세탁 등 이 모든 일을 좋아서 했을까? 잘했을까?

질문1-3. 만약 잘하지도 못하고, 하고 싶은 일도 아니었다면 왜 열심히 했을까?

질문1-4. 하인의 요리 솜씨가 날이 갈수록 향상되었다고 했는데 이유는?

질문1-5. 하인은 떠날 수 있었는데 왜 왕을 떠나지 않았을까? 그 선택은 옳았을까?

질문2. 우리 주위에 늙은 하인처럼 자신이 좋아서라기보다는 누군가를 돕기 위해서, 누군가를 사랑하는 마음으로 어떤 일을 하는 사람들이 있다면 누가 있을까?

질문2-1. 우리 가정에서, 학교에서 찾아보자.

질문2-2. 나는 하기 싫지만, 또 누가 알아주는 일은 아니지만, 누군가에게 도움이 되는 일이라면 즐거운 마음으로 할 수 있을까?

질문2-3. 그런 사람들이 우리 사회에 많아진다면 우리가 사는 세상이 어떻게 달라질까?

질문2-4. 내가 관심이 있는 영역에서, 잘 할 수 있는 무엇인가를 가지고 다른 사람을 돕는 방법이나 직업에는 어떤 일이 있을까?

질문2-5. 내가 생각하는 직업이 있다면 그 직업을 통해 나는 다른 이들에게 어떤 도움을 줄 수 있을까?

같은 책을 읽고도 어떻게 묻느냐에 따라 초등학생, 고등학생, 어른과 토론할 수 있다. 연수 끝나고 후기를 받았다. 학부모 한 분은 "우리가 아이가 된 마음으로 시작했는데, 정말 책을 깊게 읽었습니다. 좀 더 빨리 이런 시간을 가져보았다면 책을 대하는 마음도, 아이와 함께 책을 읽는 태도도 달랐을 텐데, 하는 아쉬움이 컸습니다. 아이들이나 독서동아리 회원들과 하면서 어서 적용해보고 싶은 마음이 커졌습니다."라고 썼다.

초등학교 교사는 "지금까지 들었던 독서 관련 연수 중에 가장 좋았어요. 기술과 기법이 아닌, 왜 책을 읽어야 하는가? 글쓰기를 하는 이유를 스스로 깨닫게 해주셨어요. 제 자신이 정리가 되어 확신이 될 때 아이들에게 '좋으니 같이 해보자!' 할 수 있다는 것도요. 왜 해야 하는가에 대한 답을 스스로 생각하고 찾게 해주셨어요. 온전히 선생님이 살아오신 삶으로요."라고 썼다.

고등학교 교사도 후기를 남겼다. "이렇게 많은 이야기가 담긴 책인 줄 처음 읽을 때는 몰랐습니다. 미처 발견하지 못한 동화 읽기의 즐거움을 느낄 수 있었습니다. 그리고 선생님께서 제시하신 활동들을 따라 책을 읽다 보니 등장인물 한 명, 한 명에게 깊은 애정까지 생겼습니다. 이야기가 또 다른 이야기를 만들어내는 과정이 흥미로웠습니다."

책을 읽고 이야기하며 책에 온전히 빠져들 때 일어나는 기쁨과 감동을 맛본 분들의 고백이다. 아이들과 수업해도 이런 고백을 할까?

바. 『망나니 공주처럼』으로 읽어낸 바닷가 아이들의 슬픔

임원초등학교는 관광지 바닷가에 있다. 물고기 잡고 회 파는 분들이 자녀에게 책을 읽으라고 말할 여유가 없다. 학교에서 독서교육을 해보려고 학교 도서관 리모델링 계획을 세우고 내게 도움을 요청했다. 학교에 찾아가서 도서관을 어떻게 만들어야 하는지 알려드렸다. 몇 달 뒤에 도서관을 다 만들었다며 수업을 해달라고 했다.

　다른 학교에 독서 수업하러 가면 토론을 한다. 아이들이 학교에서 독서토론을 하기 어려우므로 조금이라도 맛보게 해주고 싶어서이다. 그러나 이번에는 토론 수업을 못 한다. 아이들이 책을 거의 읽지 않는 데다가 1~6학년이 함께 수업하면 토론이 안 된다. 그래서 3시간 동안 책놀이 수업을 했다. 수업 마치고 나오는데 아이들이 책놀이가 좋다며 다시 수업해달라고 했다.

　3~6학년 아이들이 『망나니 공주처럼』을 읽으면 독서토론 수업을 하겠다고 약속했다. 얼마 뒤에 다시 찾아가서 4시간 동안 수업했다. 열일곱 명 중 열여섯 명이 책을 읽었고, 6학년 한 아이는 조금만 읽었다.

1) 모둠 만들기 (세 명씩 3개 모둠, 네 명씩 2개 모둠)

1모둠 : 공주가 한 일

- 공주는 나무에 올라가 사과를 땄습니다.

- 공주는 홍당무와 감자도 캤어요.

- 공주는 허물어진 담장이 있으면 뚝딱뚝딱 고쳤어요.

- 공주는 지붕을 덮는 넝쿨도 쓱싹쓱싹 베었지요.

2모둠 : 왕자가 한 일

- 왕자는 낡은 커튼으로 멋진 식탁보를 만들고 뭉치 옷도 만들었대요.

- 왕자는 공주가 따 온 딸기로 잼도 만들었어요.

- 왕이 세 그릇이나 먹은 수프도 왕자의 솜씨이죠.

- 왕자는 요리와 바느질은 물론 정원 가꾸기까지 잘했어요.

3모둠 : 털보 왕이 한 일

- 털보 왕은 귀한 얼굴에 상처를 낸 찔레 가시들을 욕하랴 바빴어요.

- 털보 왕은 화려한 데라고는 없는 궁궐도 무시했고요.

- 털보 왕은 홀쭉이 왕과 망나니 공주를 비웃었어요.

4모둠 : 얼굴이 빨개지는 장면

- 공주가 가까이 다가가자 왕자 얼굴은 더 빨개졌어요.

- 앵두와 자두의 두 뺨은 공주와 왕자처럼 달아올랐어.

- 공주는 걸핏하면 얼굴이 빨개지는 왕자가 마음에 들었어요.

5모둠 : 자두의 행동

- 자두만 시큰둥한 얼굴로 서 있었어.

- 자두가 허리에 손을 얹고 씩씩거렸어.

- 자두는 앵두가 들어온 다음 얼른 문을 닫고 아예 잠가 버렸어.

2) 내용을 알아보는 활동

① 초성퀴즈

- ㅉㄹ   찔레

- ㄴ ㅁㅇㅇ ㄷㄷ   너 마음에 든다

- ㄱㅈㄴ ㅍㅇㄹ ㅈㅋㅇ ㅎㄱㄷ

  공주는 품위를 지켜야 하거든

- ㅎㅇㅂㅈㅇ ㅎㅁㄴㄱ ㄷ ㄸㄲㅈ ㄱㅇ ㅇㄱ ㅅㅇㄷ

  할아버지와 할머니가 될 때까지 같이 있고 싶었대

② 낱말 눈치게임

- 같은 낱말 쓰기

- 다른 낱말 쓰기

③ 핑퐁게임으로 내용 알아보기

- 등장인물 핑퐁게임

- 망나니 공주와 관련된 사실 핑퐁게임

- 책 읽은 소감 말하기 핑퐁게임

④ 우리끼리 독서퀴즈 대회

• 아이들이 만든 쉬운 문제

- 생일 선물이 키만큼 쌓였는데 앵두는 왜 기쁘지 않았나요?

 (4일 뒤로 다가온 민가 체험 때문에)

- 망나니 공주 전설의 뒷부분 이야기를 자세하게 들려준 인물은 누구일까요? (앵두)

- 공주는 버려진 밭에서 무엇과 무엇을 캤나요? (감자와 홍당무)

- 자두 할머니는 왜 앵두와 자두에게 망나니 공주 뒷이야기를 들려주었나요?

 (앵두가 망나니 공주의 뒷이야기를 모르니까 자두가 할머니한테 들려달라고 해서)

- 공주는 왜 아이들이 놀 때 같이 놀지 않았나요?

 (공주는 품위를 지켜야 해서)

• 아이들이 만든 어려운 문제

- 앵두가 왜 망나니 공주처럼 새로운 전설의 주인공이 되고 싶다고 다짐했나요?

- (나라)는 자식들에게 물려주고 (우리)는 (사냥)이나 하며 편안하게 삽시다.

- 앵두 공주가 공부하는 과목은 무엇 무엇이 있나요?

 (국어, 수학, 사회, 과학, 외국어, 미술, 체육, 음악, 예절)

- 공주는 이웃 나라 왕자가 왜 좋았나요?

 (걸핏하면 얼굴이 빨개지는 왕자가 좋았다.)

- 털보 왕은 왜 왕자와 망나니 공주가 결혼하는 것을 허락했나요?

 (왕국을 차지하기 위해)

3) '슬픔'을 주제로 한 두뇌싸움

2시간 동안 내용을 알아보는 놀이를 하면서 '의견을 나눌 준비가 되었는지' 보았다. 놀이를 즐거워하지만 흐름이 자연스럽지 않았다. 아이들이 놀이에 빠져 정답 찾기에 매달렸다. 놀이만 계속해도 비슷한 분위기겠고, 그렇다고 토의 활동을 하려니 준비가 되지 않아 보였다. 연수할 때 받은 질문이 많았지만, 선뜻 토론 주제를 정하기 어려웠다.

아이들이 준비되진 않았지만 왠지 '슬픔'을 주제로 토론하고 싶었다. '아이들에게 이 질문이 통할까?' 생각해도 잘 모르겠다. 슬픔을 물어도 되는 분위기가 아니지만, 다른 질문을 이야기하고 싶지 않았다. 연수 때 나눴던 질문을 간단하게 바꿔 물어보았다.

질문1. 홀쭉이 왕이 왕국을 내팽개치고 돌보지 않은 까닭은?

아이들 모두 "왕비가 죽은 슬픔을 이기지 못해서"라고 썼다.

질문2. 너희들은 언제 슬퍼? 지금까지 가장 슬펐던 일은 뭐야?

그야말로 '훅' 들어가는 질문을 던져놓고 모둠에서 의논하라고 했다. 모둠에서 한 명이 나와서 발표했다. 아이들이 진짜 슬펐던 일을 내놓았다. 독서 수업하면 가끔 이런 일이 일어나는데 까닭을 모르겠다. 한 모둠씩 발표할 때마다 내 생각을 말해주었다.

1모둠

① 엄마와 아빠가 싸워 엄마가 집을 나갔을 때

② 나에 대해 헛소문이 났을 때

③ 할아버지가 돌아가셨을 때

①을 쓴 아이가 대표로 발표했다. 엄마가 집 나간 이야기를 하면서 울었다. 5모둠 발표자로 나온 아이가 1모둠 발표자 옆에서 달래주며 "울지 마!"라고 했다. 나는 "그냥 울어! 울어도 돼! 슬플 땐 우는 거야."라고 해주었다. 잠시 기다렸다가 우는 아이를 들여보냈다.

2모둠

① 햄스터가 죽었을 때 ② 아기 고양이가 죽었을 때

③ 강아지 죽었을 때

3모둠

① 동생들이 내 말을 듣지 않을 때

② 내가 공들여 끓인 라면을 형이 빼앗아 먹을 때

③ 후배가 까불 때

2모둠은 모두 동물 내용이다. 3모둠은 형과 동생 내용이다. "첫 사람이 동물을 쓰면 다른 사람도 비슷한 내용을 쓴다. 첫 사람이 형이나 동생에 대해 쓰면 따라 쓰게 된다."고 아이들에게 말했다. 첫 사람이 시작을 잘해야 한다고 했더니 '그렇구나!' 하는 표정으로 고개를 끄덕였다. 동물을 잃어 슬퍼하는 아이들에게 『샬롯의 거미줄』을 읽어보라고 권했다. 죽을 뻔한 돼지를 살려서 일어나는 이야기라고 알려주었다.

4모둠

① 할머니가 동생 편만 들 때

② 할아버지가 돌아가셨을 때

③ 엄마가 약속을 어길 때

발표 내용을 듣고 물었다. "할머니가 동생 편만 들고, 엄마가 약속을 어기면 슬퍼? 화가 나?" 슬퍼하는 아이도 있고 화를 내는 아이도 있다. 그래서 "사람마다 감정 표현이 다르다. 똑같은 일을 겪어도 누군 화를 내고, 누군 슬퍼한다. 화는 감정을 밖으로 표현하는 것이고, 슬픔은 안으로 표현하는 거라 다르다."라고 말해주었다.

또한 "사람마다 서로 다르게 표현하는 걸 알고, 이해해야 한다."고 알려줬다. "다른 줄 모르면 싸우게 된다. 자신이 어떻게 표현하는지 알면 잘 이겨낸다."고 해줬다. 홀쭉이 왕은 슬픔을 안으로 표현했고, 털보 왕은 슬픔을 밖으로 표현했다. 둘이 처음 만났을 때는 '다름'이 커 보였지만 나중엔 친구가 되었다. 서로에게서 슬픔을 읽었기 때문이라 생각한다.

아이들이 이런 이야기를 처음 듣는 표정으로 '그렇구나!' 하며 들었다. 2, 3모둠 발표를 듣고, 첫 사람이 시작을 잘해야 한다고 말할 때도 진지하게 들었다. 1모둠 발표자가 엄마와 아빠가 싸운 이야기를 하며 운 영향 때문이다. 내용을 알아보는 놀이를 하면서 홀쭉이 왕의 슬픔을 이해했나 보다. 왕비를 잃고 너무 슬퍼 백성이 다 떠날 정도로 엉망이 된 홀쭉이 왕 덕분에 아이들이 평소와 다른 태도를 보인다.

5모둠

① 큰아빠가 돌아가셔서
② 편의점 이모가 준 선물을 보고 엄마가 도둑 취급했을 때
③ 배가 고플 때 (책을 읽지 않은 아이)
④ 엄마와 아빠가 싸워 따로 사는 것

엄마에게 도둑 취급받았다는 내용을 발표하자 여러 아이가 어떻게 그럴 수 있느냐며 흥분했다. 친구들이 흥분하며 자기 편을 들어주자 누명 쓴 아이가 활짝 웃었다. ④번을 쓴 아이가 발표했는데 자기 의견을 읽으며 울자 몇몇 아이가 따라 울었다. 한참 울게 놔두었다.

수업이 끝난 뒤에 참관했던 선생님이 허리를 숙이며 고맙다고 하셨다. 아이들 발표 내용을 들은 다른 선생님이 "오랜 시간 같은 공간에 있었는데 이런 마음을 헤아리지 못해 반성하게 되네요. 지금이나마 아이들 마음을 알게 되어 진심으로 감사한 마음입니다."라고 메시지를 보냈다. 가끔 처음 보는 아이들이 울면서 슬픔을 말하는 일을 겪는다. 아이들이 내 질

문에 왜 눈물로 대답하는지 잘 모르겠다. 아이들 생각을 들으려는 마음이 보였나 보다.

아이들 눈물을 보며 질문이 떠올랐다. 원래는 뚱보 왕이 전쟁을 하면서 다른 나라를 빼앗는 까닭을 물어보려 했다. 아이들이 우는 분위기에서 뚱보 왕 이야기를 꺼내기보다 슬픈 일을 어떻게 이겨내는지 묻고 싶었다. 즉석에서 3번 질문을 만들었다.

질문3. 너희들은 슬픈 일을 겪으면 어떻게 해? 이겨내는 비법이 있어?

짜증 낸다. 이불 뒤집어쓰고 운다. 게임으로 화풀이한다(두 명). 골목에서 운다. 펑펑 운다. 샌드백에 상대 얼굴 붙여놓고 때린다. 잔다. 수학 문제 푼다. 망가진 키보드 두드린다. 노래 듣는다. 책을 읽거나 글을 쓴다. 친구와 수다를 떤다. 맛있는 음식을 먹는다(세 명). 친구와 전화하며 운다.

열일곱 명 중 운다는 내용이 네 명으로 가장 많다. "울면 속이 시원해져?" 하니, 대부분 그렇다고 대답한다. "슬플 때 우는 건 좋은 거네! 그럼 친구가 울 때 울지 말라고 말하면 안 되겠지? 그러니까 울지 말라고 말하며 위로하는 것보다 '괜찮아, 울어'라고 말해주는 게 좋아!"라고 해주었다. 아이들이 고개를 끄덕였다.

"지금은 이렇게 슬픈 마음을 풀어버리겠지만 중학생이 되면 다른 방법을 찾을 거야. 그중에는 나쁜 방법도 있어. 어떤 게 있을까?" 아이들이 살인, 마약을 말하기에 실제로 많이 하는 걸 찾아보라 했다. '술, 담배, 친구 괴롭히기'를 말한다. "감정을 해소할 때 방향을 잘 정해야 해. 나쁜 방향으로 가면 술 먹고 담배 피우고 친구를 괴롭히는 사람이 되는 거야. 스트레스를 좋은 방향으로 풀어야 해!" 해줬다. 5~6학년 여자아이들이 진지하게 들었다.

또 사람마다 슬픔을 표현하는 방식이 다르다고 말해줬다. 다만 친구랑 통화하면서 우는 건 조심해야 할 때가 있다고 해줬다. "평소에는 친구가 울면서 전화하면 위로해주고 싶어. 하지만 사춘기가 되면 우는 친구가 짜증이 나기도 해. 지금까지는 괜찮았는데 갑자기 그 모습이 싫어지는 거야. 그럼 '걔가 울면서 이렇게 말하는데 짜증 나더라!' 하며 다른 친구에게 전할 수도 있어. 친구에게 슬픈 마음을 털어놓고 울었던 아이가 그걸 알면 배신감 때문에 정말 힘들어져." 하며 여자아이들의 복잡미묘한 관계 지향성을 설명해줬다.

평소에 이런 말을 해줘도 듣겠지만 책을 읽고, 슬픔을 나누며 말하니 더 잘 듣는다. 아마 잊지 않을 것이다. 슬픔을 주제로 독서감상문 쓰는 방법도 알려주었지만 중요하지 않다. 아이들이 슬픔을 표현하고, 그 슬픔에 대해 내가 해준 이야기를 기억하는 것만으로도 독서 수업이 충분히 가치 있다.

『햄릿과 나』에서 송미경 작가는 "엄마가 그러는데 우리가 눈물을 흘리면 마음의 슬픔이 빠져나간댔어요."(28쪽)라고 썼다. 울면 슬픔이 눈물을 타고 빠져나간다. 울면 시원해지면서 덜 슬퍼진다. 곁에서 토닥이며 슬픔을 받아주는 사람이 있으면 슬픔이 더 빨리 빠져나간다. 같은 책에서 "눈물에 들어있는 라이소자임은 세균을 죽인대. 우리가 스트레스를 받으면 카테콜아민이라는 호르몬이 몸에서 많이 나오는데 눈물을 흘리면 카테콜아민이 몸에서 나간대."(46쪽)라며 우는 걸 옹호한다. 슬플 땐 우는 게 맞다.

갑자기 생각난 3번 질문을 하느라 건너뛴 질문을 마지막으로 했다.

질문4. 뚱보 왕이 전쟁을 하면서 다른 나라를 빼앗잖아. 왜 그럴까?
[힌트 : "왕자의 어머니는 3년 전에 돌아가셨어요."(57쪽)]

뚱보 왕도 왕비가 죽었다. 왕비가 살아있을 때 뚱보 왕이 전쟁을 좋아했는지 아닌지는 책에 나오지 않는다. 나는 뚱보 왕이 왕비를 잃은 슬픔 때문에 전쟁에 빠져들었다고 생각한다. 같은 슬픔을 겪은 홀쭉이 왕이 안으로 슬픔을 끌어들인 것과 반대 모습으로. 아이들이 이렇게 대답했다.

- 3년 전에 왕비가 죽어서 슬픔에 잠겼는데, 모르고 사슴 한 마리를 죽였다. 그때부터 스트레스 해소와 재미를 알아서 동물을 죽였다.
- 동물을 죽이는 건 스트레스가 잘 안 풀려서 전쟁을 했는데 스트레스가 확 풀려서 (전쟁을) 좋아하게 되었다.

앞에서 말했듯이 슬플 때 뚱보 왕처럼 하는 사람이 있고, 홀쭉이 왕처럼 하는 사람이 있다고 알려줬다. 슬픔을 견디지 못해 아무것도 하지 않으려는 것도, 다른 사람에게 나쁜 행동을 하는 것도 좋지 않다. 아이들이 눈물에 슬픔을 담아 흘려보내고 건강하게 일어서면 좋겠다.

수업을 마치며 후기를 받았다.

『망나니 공주처럼』을 읽고 '망나니 공주 전설'이 재미있구나 생각만 했는데 오늘 독서 토론하면서 책에 대한 재미있는 게임을 하고 토론하며 많은 것을 느꼈다. 그중에 스트레스 해소 방법을 다 함께 이야기했는데 이해가 잘 안 가는 친구도 있지만 이해하려고 노력했다. 다른 친구들이 스트레스를 어떻게 해소하는지 알았다. 스트레스는 나답게, 편하게, 좋은 쪽으로 풀어야 좋다는 것을 알게 되었다.

수업하면서 우는 아이를 자주 만났다. 아이들이 왜 우는지는 나도 잘 모른다. 처음 만난 사람이 던진 질문에 아이들이 왜 마음을 털어놓는지 모른다. 우는 아이들 보며 처음엔 뿌듯했지만 점점 슬퍼진다. 아이들이 아픈 마음을 털어놓아도 집 나간 엄마는 돌아오지 않는다. 오래 곁에서 아이를 지켜보며 마음을 다독이는 어른이 있으면 좋겠다는 바람이 커진다.

6 ——— 『망나니 공주처럼』 비대면 수업

가. 수업 안내

- 언제 : 겨울방학 하기 전 3주 동안
- 누구 : 강원도 삼척시 미로초등학교 3학년 일곱 명
- 방법 : 비대면 실시간 쌍방향 수업

나. 수업한 까닭

2학기 시작하면서 '한 학기 한 권 읽기' 수업을 언제 할까 고민했다. 코로나19 때문에 다른 학년과 함께 수업하기 어려웠다. 교과 수업은 학교에서 설명을 듣거나 직접 활동하며 배워야 한다. '한 학기 한 권 읽기' 수업은 책놀이 활동이 많아 비대면으로 해도 괜찮다. 토론하는 방법을 찾아내면 대면 수업과 비슷할 거라 생각했다.

학교에 나와 수업할 동안 미리 『망나니 공주처럼』을 나눠주었다. 갑자기 비대면 수업으로 바뀌면 교과서가 없어도 하루 이틀은 한 학기 한 권 읽기 수업으로 대신하리라 생각했다. 12월 셋째 주에 인근 지역에 집단 감

염이 발생했고, 갑자기 비대면 수업으로 바뀌었다. 교과서를 가져가지 못했기 때문에 『망나니 공주처럼』으로 '한 학기 한 권 읽기' 수업을 시작했다. 하루 동안 교과서와 책 없이 수업하고 오후에 교과서와 학습 꾸러미를 나눠주었다. 작은 화이트보드와 마카펜도 같이 주었다.

다. 모둠 만들기

일곱 명을 두 모둠으로 나누었다. 비대면이라 모둠 만들기 놀이를 못 해서 국어 실력에 따라 두 모둠으로 나누었다. 며칠 뒤에 토론하면서 "망나니 공주와 앵두 공주 중 누가 더 좋아?"라고 물었다. 세 명이 망나니 공주를, 네 명이 앵두 공주를 선택했다. 좋아하는 등장인물로 모둠을 만들 걸 그랬다.

라. 내용 알아보기

1) 낱말로 내용 알아보는 놀이

PPT 화면을 공유해서 문제를 제시하고, 모둠별로 소회의실에서 정답을 찾아 발표하며 수업했다. 문제를 보고, 소회의실에 가서 의논하고, 다시 전체가 모여 답을 찾는 게 번거롭고 시간이 오래 걸렸다. 그래서 여러 문제를 알려주고, 아이들이 답을 한 번에 찾게 했다. 소회의실에 모이면 화면 공유가 안 되므로 문제를 채팅창에 써주었다. 초성퀴즈, 낱말 지우개 놀이, 낱말 눈치게임, 초성빙고 놀이를 했다. 책을 다시 읽을 시간을 주기 위해서 하루 한두 시간씩 일주일 동안 수업했다. 아이들이 교실에서 수업할 때처럼 좋아했다.

2) 우리끼리 독서퀴즈

우리끼리 독서퀴즈는 아이들이 문제를 내고 맞히는 활동이다. 모둠이 많아야 재미있다. 앞서 모둠 활동하면서 받은 점수를 각 모둠원에게 나눠주고 개별활동을 시작했다. 16점으로 시작한 아이가 네 명이고, 세 명은 11점으로 시작했다. 아이들이 각각 쉬운 문제와 어려운 문제를 하나씩 만들어 비밀채팅으로 나에게 보냈다. 문제를 늦게 만드는 아이는 쉬는 시간에 문제를 완성했다. 문제가 다 모이면 아이들에게 퀴즈를 내주었다.

아이들이 만든 문제를 하나씩 읽고는, 작은 화이트보드에 답을 적어 동시에 보여달라고 했다. 친구가 맞힌 문제 수에 따라 보너스도 주었다. 또한 내용을 묻는 문제를 내면 출제 보너스를 1점 주었다. 두 아이가 같은 문제를 만들기도 했고, 아무도 맞히지 못하는 문제를 내기도 했다. 쉬운 문제인데 한두 명이 맞히기도 했고, 어려운 문제라고 냈는데 대부분 맞히기도 했다. 아이들이 문제를 내고 맞히며 참 좋아했다. 하루 1~2시간씩 3일 동안 활동했다.

마. 토론 활동

질문1. 홀쭉이 왕이 왕국을 내팽개치고 돌보지 않은 까닭은?
아이들 모두 "왕비가 죽은 슬픔을 이기지 못해서"라고 썼다.
질문1-1. 너희들은 언제 슬퍼? 지금까지 가장 슬펐던 일은 뭐야?
임원초 첫 대답은 '엄마와 아빠가 싸워 엄마가 집을 나갔을 때'였다. 우리 아이들은 슬플 때가 없다고 대답했다. 혼나거나 다툴 때 잠깐 슬프지만, 마음에 담아둔 슬픔은 없다. 코로나19 때문에 아이들 집을 열 번 이상 찾아가서 아이들 상황을 잘 알기 때문에 따로 말할 내용도 없었다. 그래서 질문을 바꾸었다.
질문1-2. 슬플 때 먹으면 좋은 음식은?
아이들이 가볍게 대답해서 나도 가볍게 물었다. 즐겁게 대답한다. 불닭볶음면에 이어 매운 떡볶이가 나온다. 『슬플 땐 매운 떡볶이』를 아느냐 하니 읽은 아이가 있다. 이런 책이 있느냐며 읽겠다고 한다. 종업식하러 오면 까르보나라불닭을 끓여주겠다 하니 아주 좋아한다. 화면을 사이에 두고도 아이들이 참 말을 잘한다. 떠드는 모습을 지켜보며 주제를 바꾸었다.

질문2. 망나니 공주가 제멋대로 살았을 때 무얼 했나요?

말을 탔다. 나무에 올라가 과일을 땄다. 홍당무와 감자를 캤다. 담장을 고쳤다. 넝쿨을 베어냈다.

질문2-1. 망나니 공주처럼 바깥에서 제멋대로 노는 방학이 필요할까?

모두 망나니 공주처럼 자유롭게 놀고 싶다고 했다.

질문2-2. 얼마나 놀면 좋을까?

우리 반에서 체력이 가장 약한 아이가 2시간이라고 했다. 바깥에 나가기 싫고 체력이 약하기 때문이다. 한 아이는 너무 놀면 질릴 것 같아서 5일이 좋겠다고 했다. 공부를 열심히 했으니까 한 달 정도는 놀아야 한다는 아이도 있다. 다른 아이들은 모두 일주일을 선택했다. 너무 길면 노는 게 똑같아서 지루하기 때문에 1주일이 적당하다고 한다.

질문2-3. '망나니 공주처럼 살아도 된다'는 논제로 찬반토론을 했다.

자유롭게 놀아도 된다는 아이가 다섯 명이고, 안 된다는 아이가 두 명이다. 아이들이 저마다 의견을 말하는데 토론이 되지 않았다. 망나니 공주처럼 산다는 말이 무엇을 말하는지 저마다 다르게 생각했기 때문이다. 그래서 토론을 멈추고 주말을 지낸 뒤에 다시 토론했다. 아이들이 논제를 이해하도록 질문을 나눠 물었다.

질문2-4. 망나니 공주는 부모의 관심을 받지 못해서 자유롭게 생활했다. 앵두 공주는 부모가 관심이 지나치게 많았다. 공부를 시키고 민가 체험을 시켰다. 생일잔치도 해주었다. 누가 더 좋을까 채팅창에 이름을 써보자.

책을 읽은 느낌을 말할 때 망나니 공주에 대해 한 아이는 자유로워서 좋다고 했다. 다른 아이는 안타깝다고 했다. 앵두 공주에 대해서도 부모님 관심을 받아서 좋다고 하는 아이도 있고, 관심이 지나쳐서 힘들 거라는 아이도 있다. 같은 인물에 대해 다른 생각을 표현해서 좋았다. 세 명이 망나니 공주가 좋다 했고, 네 명이 앵두 공주가 좋다고 했다.

질문2-5. 망나니 공주와 앵두 공주를 고른 까닭을 각자 채팅창에 써보자.

- **앵두 공주가 좋다**
- 망나니 공주가 태어날 때 어머니가 돌아가셔서 죄책감이 들기 때문에 앵두 공주가 좋다.
- 지나치게 관심이 없어서 망나니 공주는 부모님의 사랑을 못 받았으므로 앵두 공주가 좋다.
- 사람들이 망나니 공주를 나쁘게 취급했기 때문에 앵두 공주가 좋다.
- **망나니 공주가 좋다**
- 내가 공부를 못 해서 (자유로운) 망나니 공주가 좋다.
- 앵두 공주는 계속 품위를 지켜야 하고 공부해야 해서 힘들다.
- 부모님이 관심이 많아서 공부를 많이 해야 한다. 하고 싶은 것을 마음대로 할 수도 없고 사람들 앞에서 공주답게 행동해야 하니까 망나니 공주가 좋다.
- 망나니 공주가 제멋대로 자라서 안타깝긴 하지만 앵두 공주는 부모의 관심이 많아도 너무 많아서 힘들 것 같다. 망나니 공주는 공부도 안 하는데 앵두는 공부를 많이 할 것 같아서 힘들 것 같다. 관심이 많으면 내가 하고 싶은 것도 못 하고, 공부도 많이 한다. 그리고 관심이 지나치게 많으면 부담스럽다.

질문2-6. 여러분은 망나니 공주처럼 부모님 관심을 받지 않는 게 좋아? 앵두 공주처럼 부모님 관심을 많이 받는 게 좋아? (적당히 받는 게 가장 좋겠지만, 그런 경우는 없다고 생각하고 토론하자.)

앞서 망나니 공주와 앵두 공주 중 누가 더 좋은지 물었을 때와 대답이 다르다. 망나니 공주 마지막 의견을 낸 아이(A)를 빼고 모두 부모님이 관심 갖는 게 좋다고 대답했다. 등장인물을 지켜보는 처지에서는 망나니 공주가 좋다고 했지만, 자신의 처지에서 보면 앵두 공주처럼 관심을 보여주는 게 좋은 모양이다. 평소에 A가 의견을 또렷하게 내세우기 때문에 6대 1로 토론하라고 시켰다. 나는 토론 사회를 맡았다.

A가 망나니 공주를 옹호하며 말한다. "앵두 공주가 공부 때문에 힘들었어요. 저도 공부 때문에 힘들어요. 부모님 관심을 적게 받는 게 좋아요." 그러자 여섯 명이 돌아가며 반대한다.

- 엄마는 자식을 위해 공부를 시키는 겁니다. 엄마 마음도 모르고 마음대로 놀면 안 됩니다.
- 부모님께는 관심을 받아야 합니다. 관심을 안 받으면 교육을 제대로 못 받습니다. 안 좋습니다. 망나니는 사람이 아니라 말한테 갔습니다. 그래서 사람들이 망나니라 불렀지요. 그래서 안 됩니다.
- 공부를 지나치게 하면 힘들다고 했습니다. 힘들게 공부하면 성적이 오릅니다. 가는 게 있으면 오는 게 있습니다. 시험 100점, 좋은 수능 결과를 받으면 좋습니다. 망나니처럼 살면 포기하는 겁니다.

A가 다시 대답했다. "돈을 안 벌고 그냥 시골에서 농사지으면서 살면 됩니다. 부모가 자녀에게 관심을 많이 보이면 정이 떨어집니다. 관심이 많아서 잘해주면 정이 떨어져서 안 좋습니다."

- 정 떨어진다고요? 관심이 많으면 사랑받고, 그러면 하고 싶은 거 많이 하는데 왜?
- 부모는 자식들이 좋은 일을 하도록 관심을 갖고 공부를 시킵니다. 망나니 공주 같은 자식은 부모 마음을 모르고 제멋대로 자라는 겁니다. 나중을 위해 열심히 해야 합니다.
- 부모가 잘해주면 정이 떨어진다고요? 사실 자기가 하고 싶은 거 다 하면 진짜 정이 떨어집니다. 부모님이 관심을 가지지 않으면 아이가 버릇이 없어집니다.

- 시골에서 농사지으며 살면 된다고요? 어떤 자본으로 시골에서 농사짓나요? 그걸 하려면 돈이 필요하고, 돈을 구하려면 돈을 벌어야 합니다. 돈 있습니까?

이때 한 아이가 A편으로 바꾸었다. 친구들 의견을 들으며 망나니 공주처럼 사는 게 낫다고 생각했다. "와! 1:6에서 2:5가 되었습니다. A가 잘하고 있네요!" 했더니 A가 힘을 내서 무리한 의견을 말한다. "맨손으로 일단 나무를 캐고, 나무를 팔아서 돈을 얻습니다. 그렇게 계속 돈을 벌면…"이라 말할 때 편을 바꾼 아이가 의견을 말했다. 자기들 처지를 말하는 토론에서 갑자기 등장인물 이야기로 바뀌었다.

- 왕은 돈이 많습니다. 왕이 가진 밭에서 농사지으면 됩니다.
- 교육을 안 받았는데 어떻게 농사를 짓습니까?
- 늙은 하인이 만능입니다. 하인에게 배우면 됩니다.
- 책 내용에서는 늙은 하인이 왕을 돌보느라 바쁩니다. 그래서 망나니 공주가 혼자 자랐습니다. 하인이 공주를 도와주기 힘들 겁니다.
- 하인이 농사 지식을 알까요? 얼마나 도와주겠습니까?

다시 의견을 바꿀 기회를 주었다. 1:6에서 2:5가 되더니 이제는 3:4로 바뀌었다. 앵두 공주 편을 들던 아이가 다급했는지 "아이는 부모님의 관심을 많이 받아야 합니다. 그래야 지식이 쌓이고 사랑 많이 받고 행복하게 삽니다. 부모님 없이 살면 교육을 못 받고 취업도 못 하고 아무것도 못 합니다."라고 의견을 말했다.

3:4로 양측 의견이 팽팽하다. 등장인물이 아니라 우리 이야기를 하라는 뜻으로 다시 물었다. **"여러분 부모님이 앵두 부모님처럼 관심을 보여주면 좋을까요? 망나니 공주 부모님처럼 관심을 끄면 좋을까요?"** 다섯 명이 관심을 보여달라고 대답했다. A와 한 친구는 관심을 끊어달라고 대답

했다. 관심을 보여달라는 의견과 반대 의견 모두 앞서 토론했다. 같은 내용을 되풀이하기에 찬성과 반대를 바꿔 토론했다.

논술대회에서는 찬성과 반대를 미리 알려주지 않는다. 동전 던지기 같은 방법으로 토론 직전에 찬성과 반대를 정한다. 양쪽 의견을 모두 생각할 기회를 주기 위해서이다. 5~6학년은 갑자기 찬성과 반대를 바꾸어도 바뀐 의견이 자기 의견인 것처럼 토론한다. 그러나 3학년은 처음과 다른 의견을 주장하기 어려웠다. "선생님, 다른 편 의견으로 말하려니 자꾸 처음 의견만 생각나요!" 했다. 그래서 "찬반을 바꿔서 토론하면 생각이 넓어져서 좋아."라고 말하고 마무리 질문을 했다.

"부모님이 여러분의 어떤 점에 관심을 보여주면 좋을까?" 물었다.

A는 곧 이사 가는데 자기 방을 좋게 해달라고 했다. 한 아이는 준다고 약속한 선물을 아직도 안 준다며 크리스마스 선물에 관심을 가져달라고 했다. 이 말을 듣고 다른 아이도 선물로 관심을 보여달라고 했다. 세 아이는 지금처럼 해주면 좋겠다고 했다. 반대로 물었다.

"부모님이 관심을 끊으면 좋겠다는 부분 있어?" A만 공부에 관심을 끊어달라고 했고 다른 아이는 그런 부분 없다고 대답했다. A가 공부 스트레스를 많이 받나 보다. 그래서 끝까지 망나니 공주처럼 마음대로 살아가고 싶다고 주장했다.

임원초 아이들과 우리 아이들은 다르다. 그래도 양쪽 수업 모두 좋았다. 임원초 아이들은 슬픔을 함께 나누어서 좋았고, 우리 아이들은 부모님의 관심을 받는 게 좋은지 자유롭게 지내는 게 좋은지 생각해서 좋았다. 특히 부모님이 지나치게 간섭해서 힘들다는 아이가 한 명밖에 없어서 기뻤다.

방학할 때까지 계속 비대면 수업을 했다. 종업식하러 하루만 학교에 나왔을 때, 아이들이 말한 매운 음식을 해주었다. 그리고 아이들에게 말했다. "망나니 공주처럼 실컷 놀고 건강하게 지내다 와라!"

3부

깊은 데로
나아가는
독서동아리 수업

내 눈으로는 나를 온전히 보지 못한다.
내 눈에는 뒷모습이 보이지 않는다.
책에도 내가 보지 못하는 부분이 있다.
내 뒤에 선 누군가가 알려주어야 보인다.
여럿이 함께 보면 앞뒤가 다 보인다.
독서동아리에서 '내가 본 모습'을 이야기했다.
친구 눈으로 뒤까지 보면서 깊이가 달라졌다.

2009년 학교 업무 때문에 처음으로 담임을 맡지 못했다. 아이들 글을 보지 못해서 몸도 마음도 축 처졌다. 아이들 글을 읽고 싶어 방과 후에 독서동아리를 시작했다. 책 좋아하는 아이들과 글 쓰는 시간을 꿈꿨다. 책을 싫어하는 아이들이 오리라고는 전혀 생각하지 못했다. 엄마 등쌀에 떠밀려 온 아이들은 책을 읽지 않았고, 읽어도 내용을 몰랐다. 그동안 하던 방법이 먹혀들지 않았다.

억지로 온 아이들을 꼬드기려고 이 궁리, 저 궁리 했다. 책을 소개할 때부터 책을 읽고 내용을 알아볼 때, 토론할 때까지 계속 흥미를 갖게 해줘야 했다. 처음엔 어려웠지만 한 달, 두 달 지나면서 점점 재미있어졌다. 학원 오듯 하던 아이들도 시간이 지날수록 내 꼬드김에 넘어왔다. 독서동아리 덕분에 독서지도 방법을 알게 되었다. 학교를 옮길 때마다 독서동아리를 만들었다. 5년쯤 독서동아리를 하고 나서는 다른 학교에 가서도 수업할 자신이 생겼다.

독서동아리를 2년 동안 한 뒤에 다른 학교로 옮겨야 했다. 아이들과 헤어지기 아쉬웠다. 아이들도 독서동아리를 계속하자고 졸라서 주말에 따로 모였다. 한 권을 4주 동안 나누었다. 각자 책을 읽고 모이면 내용을 확인하고(1~2주), 토론하고(2~3주), 글을 썼다(3~4주). 중고등 독서동아리는 글을 고치는 시간까지 5주 동안 나누었다.

독서동아리 수업은 학교에서 하는 독서 수업과 달랐다. 학교에선 스무 명(또는 그 이상)과 책을 두세 시간(또는 하루 이틀) 나누었다. 동아리 수업은 한 달 이상 책 한 권을 요모조모 따져보고 토론하고 글을 썼다. 책을 읽고, 책을 생각하고, 책과 관련된 경험을 나누고, 책으로 세상을 바라보고, 글을 쓰면서 아이들 생각이 드러났다. 그리고 점점 깊어졌다. 독서동아리 수업은 책을 넓고 깊이 보게 해주었다.

학교에서 했던 독서 수업은 놀이로 내용을 파악한 뒤에 토론했다. 문장을 생각하거나 인물의 행동을 깊이 따져보지 않았다. 독서동아리 수업은 계속 이야기하며 책을 이해했다. 문장을 찾고, 등장인물을 분석하고, 사건과 관련된 장단점을 찾았다. 책에 깊이 빠져들었다. 그래서 이번 장에서는 아이들 반응보다 아이들과 이야기한 책 내용이 더 많다. 독서 수업할 때보다 더 무거운 책으로, 질문을 더 많이 하며, 더 깊이 이야기를 나누었다. 독서동아리에서 나눈 책은 오래 마음에 남았다.

수국은 흙 상태에 따라 꽃 색깔이 달라진다. 흙이 산성이면 붉은색, 염기성이면 푸른색 꽃을 피운다. 책을 읽는 아이들 반응도 수국과 같다. 처음엔 비슷해도 시간이 지나면 서로 다른 꽃을 피운다. 성격, 경험, 읽은 책, 책을 읽은 과정에 따라 반응이 다르다. 토론 상대가 달라지면 책이 또 다르게 보인다. 같은 사람이 읽어도 기쁠 때와 슬플 때의 상태에 따라 책이 달라진다. 그래서 아이들이 언제 어떻게, 어떤 꽃을 피울지 기대하게 된다.

아이들이 책에서 좋아하는 부분이 달랐다. 같은 내용을 읽고 떠올리는 생각이 달랐다. 등장인물의 행동에 대한 반응이 달랐다. 서로 다른 생각을 만나는 게 좋았다. 저자의 의도, 교훈, 기억해야 할 지식이나 정보도 중요했지만, 아이들 생각이 더 귀했다. 질문을 준비하면서 아이들 생각을 얼마나 끌어낼지 기대했다. 내가 미처 생각하지 못한 부분에 마음이 머무는 건 아닌지 궁금했다. 아이들 생각을 알고 싶었기 때문에 지루하지 않았고, 지친 상태로 갔다가 수업하면서 회복될 때도 많았다.

주말 독서동아리는 점점 여러 학교 연합 모임이 되었다. 중고등 독서동아리도 시작했다. 초등 독서동아리 아이들이 2년 동안 토론하면 중고등 독서동아리로 옮겼다. 독서동아리를 활발하게 할 때는 각기 다른 아이들과 일주일에 네 번씩 수업했다. 초등 수업 일부를『책벌레 선생님의 행복한 독서토론』에, 중등 수업 일부를『10대를 위한 행복한 독서토론』에 소개했다.

새로운 아이들과 독서동아리를 시작하며『랑랑별 때때롱』을 읽었다. 『랑랑별 때때롱』에 이어 두 권을 더 나누고『창경궁 동무』를 읽었다. 『비밀의 숲 테라비시아』는 1년 동안 독서동아리 활동한 뒤에 읽었다. 주말 독서동아리를 시작했을 때, 석 달 뒤에, 1년 뒤에 했던 세 가지 수업을 소개한다.

1 ——— 진지해질 때까지, 재미있게

『랑랑별 때때롱』, 권정생, 보리

가. 『랑랑별 때때롱』을 고른 까닭

『랑랑별 때때롱』은 권정생 선생님이 마지막으로 쓴 동화다. 선생님이 돌아가신 뒤에 출간되었다. 선생님은 작고 하찮고 소박한 것들을 주인공으로 내세워 슬픔 가운데 사랑이 묻어나는 글을 썼다. 강아지똥, 시궁창에서 썩어가는 배, 거지, 바보, 늙은 소, 전쟁고아… 그런데 『랑랑별 때때롱』은 다르다. 슬픈 내용이 없다.

독서동아리를 처음 하는 아이들에겐 책이 재미있어야 한다. 『랑랑별 때때롱』은 가볍고 간단해서 읽기 쉽다. 권정생 선생님 이름이 친근해서 아이들이 편안하게 생각한다. 『랑랑별 때때롱』은 가볍지만 진지한 내용도 담은 책이다. 생각보다 깊은 맛을 보여주는 책이어서 독서동아리 첫 책으로 정했다.

나. 첫 시간, 마음 열기

1) 자기소개

5학년 열 명, 6학년 세 명과 독서동아리를 시작했다. 처음 온 아이들은 독서동아리를 학원이나 공부방처럼 생각한다. 엄마가 가라 해서 왔다. 질문을 출제 문제라 생각해서 '정답'을 찾는다. 정답을 아는 아이는 자신 있게 말하지만 '틀리면 어떡하지?' 걱정하는 아이는 손가락만 꼼지락거린다. 그럼 그 아이의 생각을 듣지 못한다.

"편하게 네 생각을 말하면 돼. 정답이 없어. 네 생각이 중요해."라고 말해도 아이들은 정답을 찾는다. 토론한 적이 없으니 의견을 물어도 간단하게 말한다. 그래서 독서동아리 처음 시작할 때는 일부러 정답이 없는 질문을 한다. 가끔 말도 안 되는 질문, 웃긴 질문도 한다. 정답 찾는 곳이 아니라고 확신할 때까지 천천히 꼬드긴다.

질문1. 자기를 소개하자. 책과 글쓰기를 어떻게 생각하는지 말해보자.
질문2. 가장 좋아하는 책을 소개해보자. 왜 좋아하는지 말해보자.
질문3. 독서동아리에서는 책 한 권을 90분씩 4주 동안 토론한다. 첫 책이 『랑랑별 때때롱』이다. 이 책은 권정생 선생님이 썼다. 선생님이 쓴 다른 책을 말해보자.
질문4. 『랑랑별 때때롱』을 읽으며 어떤 생각을 했는지 말해보자.

자기소개가 간단하다. 좋아하는 책도 간단하게 말한다. 권정생 선생님 책을 몇 권 말하지만 『랑랑별 때때롱』을 읽은 느낌이나 생각을 말하지는 못한다. 처음에는 늘 이렇다. 독서동아리 시작할 때는 아이들 모두 가볍고, 간단하게 대답한다. 독서동아리라고 특별한 아이들이 오진 않는다. 진지해질 때까지 재미나게, 한 발씩 걸어가야 한다.

2) 마음이 열리는 질문하기
독서동아리에 처음 온 아이들은 의견을 말하기 어려워한다. 책 읽고 이야기하는 수업을 해보지 않았기 때문에 토론이 무겁고 어렵다고 생각한다. 우선 아이들 마음이 편해지게 해야겠다. 책으로 수다 떠는 분위기를 만들어 자유롭게 이야기하게 해야겠다. 그래서 일부러 쉬운 질문, 유치한 질문을 했다.

질문1. 랑랑별은 무엇인가?
질문1-1. 여러분이 아는 별자리를 말해보자.
질문1-2. 우주 어딘가에 우리와 다른 생명체가 살고 있을까?
질문1-3. 만약 외계인이 있다면, 어떤 모습으로 살아갈까?

랑랑별에 사는 때때롱을 만나는 내용이므로 별자리 이야기로 시작했다. 아이들이 별자리 몇 개를 말했다. 때때롱은 다른 별에 사는 생명체이니 외계인이다. 외계인이 있을까 물었다. 외계인 이야기하면서 아이들 표정이 점점 밝아졌다. 한참 동안 외계인 이야기를 했다.

질문2. 새달이가 때때롱을 도둑놈이라고 부르는 까닭은 무엇일까?
질문2-1. 때때롱이 한 행동은 정당하다. 찬성하는가? 반대하는가?
질문2-2. 한 번도 도둑질을 하지 않은 사람이 있을까?

아이들은 때때롱이 몰래 새달이네 호박을 가져간 게 잘못이라고 대답했다. 그런데 잘못한 건 맞지만 도둑질은 아니라 했다. 새달이가 신고하지 않았고, 새달이가 때때롱과 친해졌기 때문이다.

질문3. 때때롱과 매매롱이 새달이와 마달이에게 보낸 물건을 모두 써보자.
질문3-1. 그중에 가장 귀중한 물건은 무엇일까?
질문3-2. 내가 받은 가장 귀한 물건은 무엇인가?
질문3-3. 때때롱이 나에게 선물을 준다면 무얼 받고 싶은가?

질문3-4. 여러분이 책에 등장한다면 선물을 정말 받을 수 있을까?

질문4. 할머니가 준비한 옷을 입고 때때롱 가족과 새달이, 마달이가 한 일은 무엇인가?

질문4-1. 500년 뒤에는 정말 이런 옷을 만들 수 있을까?

질문4-2. 내가 그런 옷을 받는다면 어디에서 무얼 하고 싶나?

질문5. 여치집은 무엇일까? 여치집을 본 적이 있나?

질문5-1. 옛날 아이들이 갖고 놀던 물건 중에 지금은 볼 수 없는 것들을 말해 보자.

질문5-2. 우리가 사용하는 물건도 50년 뒤에는 사라질까?

질문5-3. 세상이 빨리 변할수록 사용하는 물건도 금방 바뀐다. 새로운 물건을 자주 바꿔 쓰는 게 좋을까? 같은 물건을 오래도록 쓰는 게 좋을까?

3. 선물 이야기, 4. 투명망토, 5. 책에 나오는 여치집 이야기를 했다. 선물을 생각하면 즐겁고 투명망토 이야기도 재미있어서 아이들이 편하게 말했다. 나는 가끔 "독서동아리는 편하게 얘기하는 곳이야! 다만 책으로 얘기하는 게 다르지." 하며 관련되는 책 내용을 아이들 이야기에 연결해서 말했다. 시간이 지날수록 긴장했던 아이들이 슬슬 웃더니 나중에는 떠들며 재미있다고 한다.

독서 모임은 즐거워야 한다. 즐거워야 오고 싶어지고, 마음이 열려야 잘 배운다. 교훈을 담고, 공부에 도움이 되며, 지식을 넓혀주더라도 재미가 없으면 안 된다. 특히 독서 모임을 처음 하는 아이에게는 일부러 재미있게 해준다. '재미보다는 감동이 있어야지! 어떻게 재미만 찾니?'라는 말은 아이들에게 통하지 않는다. 특히 처음 하는 아이에게는.

물론 재미에 그치면 안 된다. 작가가 이야기에 생각을 담는다는 사실을 알려주고 싶었다. 재미로 읽는 수준을 지나 글쓴이 마음을 읽고, 우리가 살아가는 세상을 읽는 아이를 보고 싶다. 그래서 편안하게 수다 떨 듯

놀며 시작했다. 아이들이 자기 눈으로 책을 읽을 때가 올 것이다. 다음 시간을 위해 마지막 질문은 앞서와는 다르게 물었다.

질문 6. 지구, 랑랑별, 500년 전 랑랑별 중 한 곳에서 살아야 한다면 "현재의 지구, 500년 전 랑랑별(과학이 발달한 세상), 현재 랑랑별(지구의 시골 같은 곳) 중에서 어디에 살고 싶어? 왜 그곳에서 살고 싶어?"

『랑랑별 때때롱』은 지구에 사는 마달이, 새달이가 랑랑별에 사는 때때롱을 만나 일어나는 이야기이다. 랑랑별은 지구보다 500년이나 과학 기술이 발달했다. 행성을 자유롭게 오가고, 투명망토를 사용하고, 시간 여행을 한다. 그런데 사는 모습은 옛날과 비슷하다. 권정생 선생님이 과학을 의지하지 말고 전통을 따르라고 말하는 것 같았다.

중고등 독서동아리 학생들에게 비슷한 질문을 했었다. 고등학생은 80퍼센트가 옛날로 돌아가고 싶다고 대답했다. 중학생들은 50 대 50으로 옛날과 지금을 비슷하게 좋아했다. 초등학생들은 30퍼센트만 과거로 돌아가고 싶다고 했다. 교사 토론 모임에서는 일곱 명이 옛날을, 다섯 명이 지금을 선택했다. 앞으로 만날 아이들은 지금 이곳, 지금보다 과학이 발달한 세상, 과학이 발달했지만 옛날 같은 곳 중 어디에서 살고 싶어 할까?

다. 둘째 시간, 내용 알아보기 »90분

독서동아리 두 번째 시간에는 토론한다. 그러나 첫 시간에 자기소개와 독서동아리 소개, 적응에 시간을 써서 내용을 제대로 알아보지 않았기 때문에 다시 내용을 알아보았다. 첫 시간 마지막에 물었던 질문의 답을 아이들 스스로 찾아보게 했다. 시간이 오래 걸려도 아이들에게 맡겼다. 지금 스스로 해야 앞으로도 스스로 하기 때문이다. 다만 혼자 하면 무얼 할지 모를까 봐 둘씩 짝을 지어주었다.

질문1. 각자 기준을 정해 차이점을 견주어보자. (두 명이 짝이 되어)

기준	현재 랑랑별	과거 랑랑별	현재 지구
인구	적음	아주 많음	적당히 많음
과학 기술	옛날 모습이나 기술이 아주 발달하였음	지구보다 과학이 발달한 기술 사회	랑랑별보다 과학이 발달하지 않았음
가족	전통 가족 모습	전통 가족 붕괴	전통 가족 모습 잃어감

새달이와 마달이는 지구에 살고 때때롱은 랑랑별에 산다. 랑랑별은 지구보다 500년 미래의 모습이다. 그런데 이상하다. 공상과학 영화에 나오는 미래 모습과 정반대이다. 높은 건물, 날아다니는 자동차는 없고 시골 풍경이다. 오히려 500년 전 랑랑별에서 과학 기술을 더 많이 사용했다. 미래로 갈수록 과학 기술을 사용하지 않는 까닭을 확인하기 위해 새달이와 마달이가 타임머신을 타고 500년 전 랑랑별로 간다.

교사 모임에서 토론했을 때는 『랑랑별 때때롱』이 앞뒤가 맞지 않는다고 했다. 때때롱이 사는 랑랑별에서는 미래로 갈수록 과학 발달의 중요성이 줄어들었다. 2400년대에 대가족이 함께 살며 할머니가 가정을 이끈다면 이상해 보인다. 미래 사회에서 문명의 혜택을 누리기보다 가족과 함께 나누며 사는 걸 더 좋아한다. 그런데 우주 공간을 가로질러 다른 행성을 볼 수 있으며 투명망토도 있다. 투명망토를 활용할 정도로 과학이 발달한 시대에 과학의 혜택을 일부러 거부하다니!

아이들이 지구, 현재 랑랑별, 500년 전 랑랑별의 차이를 찾았다. 어떤 아이는 '가장, 과학 기술, 건물…'을 기준으로 쓱쓱 쓴다. 멍하게 있는 아이에게 물었다. 자신 없는 목소리로 사람 수가 다르다고 한다. 현재 랑랑별에는 사람이 적고, 과거 랑랑별에는 많고 지구는 적당하다고 한다. 스스로 생각한 대답이 중요하다고 칭찬했다. 자신 없던 아이 표정이 밝아진다. 계속 찾아보라고 했다.

독서 모임에서는 빠른 아이, 느린 아이가 함께 간다. 아이들에게 계속 "정답 찾기가 아니야. 내가 기준을 정해주지 않잖아. 어떤 거라도 좋으니 스스로 기준을 정해서 지금 랑랑별, 과거 랑랑별, 지구의 차이점을 찾아봐!"라고 했다. 머뭇거리며 '사람 수'라고 대답한 아이에게 계속 물었다.

"어떤 장소에 사람이 많이 사는지 적게 사는지 어떻게 알지?"

"건물을 보면 돼요."

"현재 랑랑별은 사람이 적기 때문에 건물도 적지. 그럼 시골과 비슷하겠네!" 하고는 현재 랑랑별 사람들 특징을 찾게 했다. 시골 풍경에, 사람이 적고, 기계 의존도가 낮다. 사람들이 튼튼하고 건강하며, 스스로 농사지어 살아간다. 이웃과 친하고 몸으로 일한다. 오염되지 않고 깨끗하다. 자원은 필요한 만큼만 쓴다. 이에 반해 과거 랑랑별은 사람이 많다. 도시이다. 기계 의존도가 높다. 이웃에게 관심이 적고 자원을 많이 소비한다. 맞춤형 인간이 다니며 정떨어지는 음식을 먹는다.

질문2. 권정생 선생님은 세 곳 중에 어디에서 살고 싶을까?

질문2-1. 왜 그 나라에서 살고 싶을까?

질문2-2. 권정생 선생님이 살고 싶은 나라에 견주어 지금 우리가 살아가는 곳에는 무엇이 부족할까?

질문2-3. 선생님은 무얼 가르쳐 주기 위해 이 책을 썼을까?

선생님이 살고 싶은 나라를 말하려면 글을 쓴 의도를 알아야 한다. 그래서 랑랑별과 지구를 비교해보라고 했다. 우리는 과학이 발달하면서 오염, 경쟁, 도시화 등의 문제를 겪는다. 기계화, 도시화된 랑랑별에 생긴 문제와 똑같다. 랑랑별 사람들은 우리가 지금 겪는 문제를 500년 전에 겪었고, 해결 방법을 찾았다. 그 결과가 현재의 랑랑별이다. 500년이나 발전한 랑랑별 사람들이 찾은 해결책이 시골 모습이다.

다른 책과 달리 이 책에서는 작가가 대놓고 말하는 것 같다. 지금까지 써온 권정생 문학의 선을 넘은 셈이다. 권정생 선생님은 사람들이 서로 의지하며 함께 몸으로 일하는 세상을 꿈꿨다. 도시화, 기계화되면서 우리가 땅과 이웃에서 멀어지자, 안타까운 마음으로 『랑랑별 때때롱』을 썼다고 생각한다. 아이들도 권정생 선생님이 죽음을 앞두고, 마지막으로 하려는 말을 담으려 했다고 말했다.

아이들에게 어떤 나라에서 살고 싶은지 물었다. 현재 랑랑별이건 과거 랑랑별이건, 아이들이 생각하는 어떤 곳이라도 좋으니 말해보자고 했다.

"학원 없는 곳에서 살고 싶어요."

"엄마가 자꾸 등수를 말해요. 경쟁이 없으면 좋겠어요."

"영어가 싫어요. 영어 안 배우면 안 돼요?"

"부모님이 돈 때문에 힘들어해요. 싸울 때도 있어요. 돈 걱정 없는 곳에서 살고 싶어요."

"나이 더 많다고 무조건 하라고 시키는 게 싫어요."

질문3. 내게 무한한 자유가 주어진다면 무얼 하고 싶나?

학교가 없으면 좋겠다는 아이도 있다. 아무것도 하지 않고 놀고 싶다고도 한다. 지금 아이들이 바라는 곳이 바로 랑랑별이다. 권정생 선생님이 바란 모습이다. 아이들 대답을 듣고 4번 질문을 하지 않았다. 그냥 "너희들 소망이 이루어지면 좋겠다."하고 마쳤다.

질문4. 지금 갖지 못하고 누리지 못하는 걸 언젠가 갖고 누리고 싶어 하는 마음을 소망이라고 한다. 내 소망이 무엇인지 자세하게 써보자.

질문4-1. 그 소망을 이루려면 어떻게 해야 하나? 내가 할 수 없는 일이라면 어떤 일이 일어나야 소망이 이루어질까?

라. 셋째 시간, 이야기 독서토론 »90분

셋째 시간이다. 아이들이 책 내용을 좋아해도 문장을 기억하지는 않는다. 책을 많이 읽는 아이도 문장에는 관심이 없다. 앞으로 책을 읽을 때는 문장을 눈여겨보게 하려고 문장 질문을 준비했다. 독서동아리를 금방 시작했기 때문에 가벼운 질문으로 시작했다.

질문1. 다음 표현의 뜻을 알아보고 문장을 만들어보자.
① 영문을 몰랐습니다.
② 똥도둑놈 같은
③ 잘 갈무리해 뒀다가

아이들이 낯설어하는 표현 3가지를 찾았다. 아이들이 '똥도둑놈 같은'의 뜻은 알았지만, '영문을 모른다'는 말과 '잘 갈무리해 둔다'는 말의 뜻을 몰랐다. 뜻을 알려주고 짧은 문장을 하나씩 만들었다.

질문2. 책에 나온 동물을 모두 찾아보자.
질문2-1. 동물은 어떻게 묘사되어 있나?
질문2-2. 지금 동물들과 다른 점이 있을까?
질문2-3. 권정생 선생님은 동물을 어떻게 생각하는 걸까?

책에 나온 동물을 모두 찾았다. 내가 준비한 대답보다 아이들이 더 많이 찾아냈다. 아이들은 어른과 다른 눈으로 책을 읽는다. 단순한 사실 찾기는 아이들이 무척 잘한다. 다른 학교 아이들도 동물, 식물, 등장인물 찾기를 잘했다. 권정생 선생님은 이불 밑을 찾아온 생쥐와 친구가 되었다고 했다. 강아지 똥까지 귀하게 보신 분이 동물도 사랑하셨다.

질문3. "여러분들도 알고 있듯이 복제 동물은 엄마 아빠가 없습니다. 세상에 엄마 아빠가 없는 동물을 왜 만들까요? 태어나면서 고아로 외롭게 자라야 하는 동물들 마음을 생각해 보세요. 앞으로 사람도 복제하려는 과학자가 생기고 있습니다. 그렇게 해서는 절대 안 됩니다. 잘생겼든 못생겼든 사람은 어머니와 아버지 사이에서 태어나야 합니다.

이 세상의 모든 생명들은 수십억 년 동안 저마다 조금씩 조금씩 노력하고 애써서 오늘날과 같은 풍요로운 세상이 된 것입니다. 이것을 갑자기 사람이 마음대로 생명의 질서를 깨뜨린다면 앞으로 큰 재앙이 닥칠 것입니다."(5쪽) 권정생 선생님은 동물 복제에 대해 어떻게 생각했나요?

질문3-1. 여러분은 동물 복제에 찬성합니까? 반대합니까?

내가 놓친 동물을 찾았다며 아이들이 즐거워했다. 그러나 동물 복제에 대해서는 어려워했다. 아이들은 동물 복제에 대해 잘 모른다. 동물을 복제해서 일어나는 문제를 생각해본 적도 없다. 동물 복제에 찬성하는지, 반대하는지 묻지 않고 넘어갔다.

질문4. "새달이는 걱정이 이만저만 아니었습니다. 앞으로도 랑랑별에서 때때롱이란 애가 새달이가 하는 짓을 다 보고 있을 테니까요. 그러니 숙제도 잘해 가야 되고, 엄마 아빠 말씀도 잘 듣고, 동생 마달이하고도 싸우지 말고 사이좋게 지내야겠네요."(14쪽) 내가 사는 모습을 누군가가 하늘 위에서 내려다본다면 기분이 어떨까?

질문4-1. 범죄 예방을 위해 CCTV를 설치하고 있습니다. 기술이 발달하면서 핸드폰 위치를 추적하는 따위의 감시장비가 점점 늘어납니다. 앞으로 우리가 살아가는 세상은 어떻게 될까요?

우리가 살아가는 모습을 누군가 하늘 위에서 내려다보면 기분이 어떨까 물었다. 누가 자기를 지켜보면 좋지 않다고 한다. 아이들이 사는 세상은 CCTV 감시와 전자기기 위치 추적이 많아질 것이다. 점점 감시받으며 살아갈 텐데 괜찮은지 물었다. 사생활 보호 이야기가 나왔지만 금방 질문에서 벗어나 엉뚱한 내용을 말한다. 처음이라 그렇다.

교사들과 토론했을 때는 심각한 이야기가 오갔다. 한 선생님이 CCTV가 필요한지를 두고 아이들과 토론한 이야기를 했다. 맞벌이 가정에서 부모님이 자녀를 보호하기 위해 집에 CCTV를 설치했는데, 아이가 울면서 갑갑하고 감시받는 것 같아서 힘들다고 했다. 그러자 다른 선생님이 CCTV를 설치했더니 학교폭력이 줄어들고 아이들이 서로 조심해서 좋았다고 했다.

『랑랑별 때때롱』에 잠깐 나오는 이야기가 우리에게 중요한 이야깃거리를 주었다. 그러나 독서동아리에 처음 온 아이들은 이런 상황을 겪거나 생각하지 않았기 때문에 토론하기 힘들다. 상대의 이야기를 듣는 마음이 약하고, 책에서 주제를 정해 이야기한 경험도 적다. 아이들이 주제를 벗어나는 건 자연스러운 반응이다. 그렇구나 해주고 다음 질문을 했다.

질문5. "새달이와 마달이는 아빠가 하는 일을 보면서, 나중에 크면 아빠처럼 저렇게 농사꾼이 될까 생각했습니다. 꼭 아빠처럼 부지런한 농사꾼이 되고 싶었습니다."(70쪽) 여러분 아빠가 농사일을 하신다면 여러분은 새달이처럼 생각할까요?

질문5-1. 문장을 완성하세요. 나는 부모님처럼 (   ) 사람이 되고 싶다.

왜냐하면 (　　　　　) 때문이다.

각자 꿈을 말하는데 살인청부업자가 되겠다는 아이가 있다. 총 쏘는 흉내를 낸다. 이야기가 계속 이상한 방향으로 흐른다. 아이들은 이상한 이야기 하나만 나오면 그걸 붙들고 주제 밖으로 뛰쳐나간다. 극단으로 치우치는 대답일수록 낄낄거리며 좋아한다. 독서토론은 진지함과 깊이가 있어야 한다. 진지하게 깊은 이야기를 하려면 시간이 걸린다.

살인청부업자는 지나치다고 말리며 논점으로 돌아오게 하려고 애를 써도 흐지부지 끝날 때가 많다. 그래도 잔소리보다는 눈빛을 진지하게 하고 계속 마음을 붙잡으려 한다. 진지함으로 나갈 때까지 시간이 필요하다. 그때까지 씨름해야 한다. 몇 달 뒤에는 제법 진지하게 이야기를 나눌 거라 기대하며 기다린다. 겪으면서 배우는 줄 알기 때문이다.

독서동아리에서는 토론한 뒤에 글을 쓰고 고친다. 그러나 이번에는 글을 쓰지 않았다. 처음 독서 모임에 참여한 아이들은 글을 쓸 준비가 되지 않았다. 글을 쓸 준비가 될 때까지 기다리며 안내한다. 글쓰기에 매달리는 모습을 볼 때까지 천천히 가야 한다. 두 번째 책부터는 마지막 시간에 글을 쓴다고 알려줬다. 아래 질문들은 묻지 못했다.

질문6. 랑랑별에선 누가 대장인가?

질문6-1. 여러분 집에서는 누가 대장인가? 왜 그런가?

질문6-2. 선생님은 무엇 때문에 그 사람을 대장으로 정했을까?

질문7. "너, 몇 살이니?" 그 애가 때때롱한테 물었습니다. "열 살이고 3학년이야." "나하고 나이는 같은데 넌 왜 아직 어린애 같니?" "모른다. 우리는 모두 그래. 너처럼 똑똑하지 못해." "그래, 우리 맞춤 인간은 열 살만 되면 세상일을 다 알게 되는 걸."(148~149쪽)

500년 전 랑랑별 아이는 세상일을 다 안다. 좋은 현상일까? 나쁜 현상일까?

선생님은 어떻게 보았을까? 왜 그렇게 보았을까?

"절대 남에게 뒤떨어져선 안 된다고 이렇게 우리를 만든 거야."(150쪽)

마. 넷째 시간, 이야기 독서토론 »90분

500년 전 랑랑별은 과학 기술이 지구보다 앞섰다. 기술이 발달하면 기계 의존도가 높아지고, 그럴수록 인간관계가 줄어들었다. 사람들이 점점 놀 줄 모른다. 아이들은 연예인이나 유튜버가 노는 모습을 화면으로 보면서 '논다'고 생각한다. 미하엘 엔데는 이런 현상을 비판하며 『모모』에서 "한마디로 놀 줄 모르는 아이들이 대다수였다."고 썼다. 권정생 선생님도 같은 생각을 하셨다. 컴퓨터와 스마트폰을 들여다보며 시간 보내는 아이들은 아이답지 않다고 생각하셨다. 선생님 생각이 드러난 부분을 골라 작가의 의도를 물었다.

질문1. 보탈이와 당시 사람들의 특징을 보여주는 두 가지 내용을 골랐다. 두 글을 읽고, 권정생 선생님이 우리에게 무엇을 말하고 싶었는지 이야기해보자.

"보탈이는 왜 나가 놀지 않고 혼자서 그러고 있니?" "늘 그래요. 놀 줄을 몰라요." "놀 줄을 모르다니?" 때때롱네 엄마랑 아빠도 이상해서 물었습니다. "다 그래요. 어른들도 아이들도 놀 줄을 몰라요."

사람들은 조용히 의자에 앉아 쉬기도 하고 거닐기도 했습니다. 그런데 자세히 보니 아무도 이야기도 하지 않고 그냥 멍하니 앉아 있고 걷는 사람도 하나도 즐거워 보이지 않았습니다. "모두 저래요. 할 일이 없어 놀고 있어요. 웃지도 않고 얘기도 안 해요."

권정생 선생님은 아이들이 '혼자' 영상을 보거나 듣는 걸 논다고 생각하지 않았다. 사람이 사람과 만나 활동해야 논다고 생각하셨다. 지금은 눈과 손가락만 움직이는데도 논다고 생각한다. 독서동아리 아이들도 '놀 줄 모른다'는 내용에 동의하지 않았다. 자기들은 게임하면서 놀고, 영상을 보면서 논다고 대답했다. 줄곧 영상으로 놀았기 때문에 놀 줄 모른다는 말이 무얼 말하는지 몰랐다.

질문2. 선생님은 "아이들은 아이답게 살아야 한다."고 했습니다. 아이답게 산다는 건 무엇일까요?

이젠 유튜브에서 게임하는 모습을 보는 게 정말 놀이가 되었다. 영상매체가 발달하면서 아이다운 모습도 점점 빨리 사라진다. 어린 시절에 뛰어놀았던 어른들은 차이를 느끼지만, 핸드폰을 쥐고 살아가는 아이들은 무엇이 문제인지도 모른다. 권정생 선생님이 걱정할 만하다. 마지막으로 권정생 선생님 유언장을 소개했다.

질문3. 선생님의 유언장 중 일부입니다. 어떤 생각이 드나요?

내가 쓴 모든 책은 주로 어린이들이 사서 읽은 것이니 여기서 나오는 인세를 어린이에게 되돌려 주는 것이 마땅할 것이다. 만약에 관리하기 귀찮으면 한겨레신문사에서 하고 있는 남북어린이 어깨동무에 맡기면 된다. 맡겨 놓고 뒤에서 보살피면 될 것이다. 유언장이란 것은 아주 훌륭한 사람만 쓰는 줄 알았는데 나 같은 사람도 이렇게 유언을 한다는 것이 쑥스럽다.
앞으로 언제 죽을지는 모르지만 좀 낭만적으로 죽었으면 좋겠다. 하지만 나도 전에 우리 집 개가 죽었을 때처럼 헐떡헐떡거리다가 숨이 꼴깍 넘어가겠지. 눈은 감은 듯 뜬 듯하고 입은 멍청하게 반쯤 벌리고 바보같이 죽을 것이다. 요즘 와서 화를 잘 내는 걸 보니 천사처럼 죽는 것은 글렀다고 본다. 그러니 숨이 지는 대로 화장을 해서 여기저기 뿌려 주기 바란다.●

권정생 선생님 유언장을 보더니 아이들이 조금 숙연해졌다. 선생님 유언을 보면서 '이런 분이 계시구나!' 하는 분위기였다. 그러나 유언장 하나로 아이들 생각을 바꾸지는 못한다. 1년 지나면 생각이 어떻게 달라질지 기대하며 독서동아리를 계속한다.

바. 교사 모임에서 나눈 이야기

질문. 과거(근현대)와 현재 중 어느 시대가 더 나은가?

교사 모임에서 권정생 선생님이 『랑랑별 때때롱』을 쓴 까닭을 나누었다. 교사들은 권정생 선생님이 과거를 낙관하고, 미래를 비관했다고 의견을 말했다. 이어서 과거 랑랑별과 현재 랑랑별을 비교했다.

- 현재 랑랑별(지구의 미래 모습) 장단점 : 시야, 시간, 공간, 거리 제한이 없다. 나쁜 행동을 못 한다. 쌍방향 소통이 가능하다, 지구에서 못 보던 음식과 동물이 있다, 공부 걱정하지 않아도 된다, 재미있는 숙제가 많다, 노상 방뇨가 가능하다(들판에서), 전기가 없어 불편하다, 남의 눈을 의식하지 않아도 되는 세상이다.
- 과거 랑랑별(현재 지구처럼 과학이 발달한 모습) 장단점 : 잔소리가 없다, 사람과 기계를 구분할 수 없다, 아이가 태어나도 눈물 흘려 줄 사람이 없다, 진통 없이 아이를 낳는다, 원하는 대로 맞춤형 아기를 낳는다, 외국 여행을 마음대로 한다.

● 『선생님, 요즘은 어떠하십니까』, 이오덕·권정생, 양철북, 2015, 370~371쪽.

선생님 의도가 반영되었기 때문에 현재 랑랑별, 즉 지구의 과거 모습으로 돌아간 시대가 좋아 보인다. 그렇다면 과학 기술이 발달하기 전, 이웃 사이에 정이 있던 과거가 낮다는 말인데, 정말 그럴까? 아버지 시대(근현대)와 지금 시대 중에 어디가 나은지 토론했다. 선조들이 질병, 노동, 굶주림으로부터 해방되기를 바랐는데 이걸 해소했으니 현재가 좋다고 했다. 그러나 아이들을 생각하면 과거가 그립다고 했다.

교사들은 스마트 기기 때문에 소통이 되지 않는 현실을 걱정했다. 30대 남교사는 핸드폰을 없애려 했지만 다른 사람에게 피해를 주지 않으려고 다시 카톡과 스마트폰을 시작했다고 한다. 자녀를 기르는 교사들은 자신이 어렸을 때 자연과 함께해서 행복했다고 회상했다. 들과 산, 흙 대신 상품과 서비스가 자리를 차지했다고 안타까워했다. 자녀들이 자연에서 자라길 원하지만 놀이도 학원에서 가르치는 실정이라 아이들 스스로 하는 게 없다고 걱정했다.

마침 토론하는 날에 운동회를 했는데 반 아이가 운동회 끝나고 학원 가는 걸 보며 마음이 찡했다는 분도 있었다. 아이가 어떻게 살지 생각하면 걱정이 앞선다고 한다. 아이들이 온갖 정보를 너무 빨리 받아들여 고민을 앞당겨서 한다고 걱정한다. 반면 열악한 노동조건 때문에 힘들었던 과거보다는 지금이 낮다는 분도 있다. 이미 현대 사회에 익숙해져서 과거로 돌아간다면 몹시 불편할 거라 한다.

토론을 계속해도 어떤 시대가 더 낮다고 결론을 내리지 못했다. 다만 우리가 살아가는 시대가 건강해지려면 자녀에게 스마트폰이 아니라 책을 주어야 한다고 의견을 모았다. 두세 살 유아까지 스마트폰에 빠져 화면만 들여다보는 모습이 안타깝다. 스마트폰만 주면 아이들이 얌전해지니 부모들도 안 주고 버티기 힘들 것이다. 그러나 스마트폰을 주면 아이를 부모 품에서 떠나보내는 것과 같다. 지금은 무엇을 잃는지도 모르는 부모가 많아지는 것 같다. 권정생 선생님이『랑랑별 때때롱』을 쓴 까닭이 여기에 있다.

중고등 독서동아리 학생들도 스마트폰을 좋아한다. 그러나 독서동아리 참여 시간이 길어질수록 스마트폰을 절제해야 한다고 생각한다. 스마트폰 없이 지내는 학생도 있고, 스마트폰을 폴더폰으로 바꾸는 학생도 있었다. 책을 읽고 스스로 생각할수록 영상매체를 조금씩 멀리했다. 학생들 스스로 이게 건강해지는 거라 말했다.

사. 다음 시간을 기대하며

진지하고 깊은 나눔을 기대하며 밀어붙이면 아이들이 움츠러든다. 느슨하게 풀어주면 그저 놀려고 한다. 둘 사이에서 꼬드기고 달래며 책 이야기를 하려고 노력한다. 부드럽고 재미있게 해주지만, 아이들이 만만하게 대하지 못하는 인도자가 되려 한다. 아이들은 부드럽지만 만만하지 않은 사람, 함부로 하진 못해도 자기를 따뜻하게 바라보는 사람을 따른다.

독서동아리를 시작할 때는 내가 하는 수업과 다른 분이 하는 수업이 비슷했다. 처음에는 아이들을 이끌어가기 어렵다. 잘 안 된다. 지금 수업만 봐도 부족한 부분이 많다. 아이들 반응이 단순해서 겨우 몇 가지만 소개했다. 아이들과 친해질 때까지는 아이들 생각을 깊이 듣지 못한다. 처음은 다 이렇다. 시간이 지나면 달라진다. 틀림없이.

2 ——— 책의 부름을 따라, 다양하게

`『창경궁 동무』, 배유안, 푸른숲주니어`

가.『창경궁 동무』를 고른 까닭

아이들은 책을 편식한다. 좋아하는 책을 계속 찾는다. 이를 고치려고 독서동아리에서는 다양한 책을 읽는다.『랑랑별 때때롱』(동화)에 이어『우물 파는 아이들』(사회),『다빈치의 마지막 노트』(과학)를 토론했다.『랑랑별 때때롱』을 가볍게 읽고,『우물 파는 아이들』은 무겁게,『다빈치의 마지막 노트』는 다시 가볍게 읽었다. 이번에는 무거운 느낌의 역사 동화를 골랐다.

『창경궁 동무』는 사도세자가 뒤주에 갇혀 죽는 내용을 다루었다. 그런데 사도세자나 정조가 아니라 의외의 인물 정후겸이 주인공이다. 정후겸은 사도세자의 동생 화완 옹주의 양자이다. 세손(정조)보다 세 살 많아 세손과 함께 뛰어놀던 사이였다. 능력이 뛰어나서 정조와 글을 나누고 무예를 겨루었다. 정조가 즉위한 뒤에 정후겸은 깜짝 놀랄 일을 겪는다. 무슨 일이 일어날까?

지은이는 한중록에 쓰인 몇 줄의 글에 뛰어난 상상력을 더해서 '창경궁에서 함께 놀던 정조와 정후겸의 이야기'를 만들어냈다. 정치적 음모가 나오긴 하지만 열등감과 질투, 우정과 시기심이 주된 내용이다. 친구 관계가 미묘해지는 5~6학년에게 좋은 책이다. 독서동아리 아이들에겐 조금 어려울 거라고 예상했다.

역사를 다룬 책을 토론하려면 시대를 알아야 한다. 잘 모르는 시대, 낯선 문화, 모르는 사건이 이어지면 이해하기 어렵다. 그래서 역사를 모르는 아이들과 수업할 때는 디딤돌을 놓아준다고 생각한다. 역사적 사건과 인물을 디딤돌 삼아 역사에 관심을 갖게 한다. 역사를 좋아하는 아이들과 수업할 때는 시대를 이해하고, 인물의 갈등을 파악하고, 주제를 정해 토론하고, 글을 쓴다.

나. 첫째 시간, 내용 이해 활동

역사 동화는 처음이다. 모르는 낱말과 낯선 장면이 많아 우선 내용 이해를 목표로 세웠다. 먼저 책을 어떻게 읽었는지 물었다.

질문1. 책을 읽은 느낌이나 생각을 말해보자.

석 달 동안 독서동아리 활동을 했는데도 생각과 느낌을 말하기 힘들어한다. 단순한 생각이라도 자세하게 말하면 좋을 텐데 간단하고 짧게 말한다. 새로운 방법을 썼다. "앞사람이 말한 낱말은 다시 쓰지 못한다. 누군가 '슬프다'고 하면 다음부터는 슬프다는 말을 못 한다. 빨리 발표할수록 쉽겠지?" 했더니 아이들이 먼저 하겠다고 손을 들었다. 표현이 부족한 아이부터 이야기하게 했다.●

● 이 아이디어로 핑퐁게임을 만들었다. 『책벌레 선생님의 행복한 책놀이』, 87~93쪽.

"낱말이 어려웠다." "앞부분에서 갑자기 다른 내용으로 넘어가 읽기 힘들었다." "슬펐다."에 이어 "다른 위인전과 다르게 주인공이 아닌 사람이 말한다."고 한다. 정조가 아니라 정후겸이 주인공으로 나와 색다르다는 뜻이다. "슬프고 어둡다."고 한다. 『창경궁 동무』는 무겁고 슬프다. 사도세자가 뒤주에 갇혀 죽고, 세손은 아버지의 죽음을 바라보며 오열한다.

아이들이 『창경궁 동무』를 잘 읽었다. 책을 읽고 무언가 생각했다. 다만 사람들 앞에서 생각을 말할 자신이 없었다. 아이들이 아직도 정답 같은 대답, 뭔가 그럴듯하게 들리는 대답을 해야 한다고 생각한다. 나는 아이들이 스스로 생각한 걸 중요하게 여긴다. 아이들 소감을 듣고 토론할 내용을 찾기도 한다. 이번에는 새로운 발표 방법 덕분에 모든 아이의 소감을 들었다. 아이들 소감을 들으며 힘이 났다.

내용을 이해하기 위해 전체 흐름을 파악하는 질문 열 개를 준비했다. 두 사람씩 짝을 지어 답을 찾고 20분 뒤에 내용을 확인했다.

질문2. 두 사람씩 짝을 지어 내용을 알아보자.

질문2-1. 정후겸이 화완 옹주에게 오기 전에 어떻게 살았는지 적어보자.

질문2-2. 장쇠는 부유한 중인이지만 가난한 정후겸의 아버지에게 깍듯하게 인사한다. 왜 그랬을까?

질문2-3. 세손이 정후겸과 함께한 놀이를 모두 적어보자.

질문2-4. 영조는 사도세자와 화완 옹주를 어떻게 대했나?

질문2-5. 세손이 놀다가 손바닥에 상처가 조금 났을 때 정후겸은 얼마나 다쳤나? 그때 주위 사람들은 어떻게 반응했나?

질문2-6. 세손의 동생 청연은 자기 주머니를 걸고 세손빈에게 투호 시합을 하자고 했다. 왜 시합하자고 했을까? 시합 결과는 어떻게 되었나?

질문2-7. 세손이 정후겸에게 불같이 화를 낸 적이 있다. 무엇 때문인가?

질문2-8. 세자는 어떻게 죽는가? 3단계로 나누어 설명해보자.

질문2-9. '佟'는 무슨 글자인가? 사도세자와 관련된 일화를 적어보자.

    신분제도를 토론하려고 정후겸이 왕궁에 들어오기 전에 어떻게 살았는지(2-1) 물었다. 부유한 장쇠가 가난한 정후겸 아버지에게 인사하는 모습으로 신분제도(2-2)를 이야기했다. 정후겸은 왕실 외척이라는 신분 덕에 꿈도 꾸지 못한 혜택을 받았다. 그러나 세손만큼 누리지는 못한다. 세손과 정후겸의 차이를 알아보는 질문(2-4, 2-5)을 했다. 신분 차이로 벌어지는 갈등(2-6, 2-7)도 물었다. 마지막으로 사도세자에 대해(2-8, 2-9) 물었다.

    아이들이 단답형 정답을 쓰듯 간단하게 말한다. 독서토론을 하려면 정답만 찾아선 소용이 없다. 특히 역사 토론은 흐름을 이해해야 한다. 그래서 아이들이 대답할 때마다 "그게 어떤 이야기에 나와? 그때 등장인물은 어떻게 행동해?" 하면서 관련 이야기를 덧붙였다. 2-9번 질문까지 나누자 아이들이 전체 과정을 어느 정도 이해하게 됐다.

질문2-10. 정후겸이 세손을 질투할 만한 내용을 찾아보자.

- 정후겸은 세손빈 같은 아내를 만나지 못한다.
- 활을 아무리 잘 쏘도 세손빈과 세자는 세손에게만 관심을 둔다.
- 세손에겐 따르는 사람(내관)과 부하(호위무사)가 있다.
- 세자에겐 활쏘기와 글을 가르치는 특별한 스승이 있다.
- 숲에서 놀다가 정후겸은 피가 나고 세손은 살짝 까졌는데도 어의를 부르라느니 하며 세손에게만 신경 쓴다.
- 영조 앞에서 학문을 논할 때도 세손에게 관심이 집중된다.
- 세손에게 일이 생기면 내관이 정후겸을 나무란다.

정후겸의 아버지는 가난해서 고기잡이를 하기도 했지만 부유한 중인에게 존댓말을 들었다. 양반이기 때문이었다. 정후겸은 부마(왕의 사위)와 사촌이었기 때문에 옹주의 양자가 되었다. 신분제도가 없는 사회에 살았다면 왕궁은 꿈도 꾸지 못했을 것이다. 그런데도 세손과 자신을 비교하면서 억울해한다. 누리는 혜택보다 억울함이 더 크게 느껴지기 마련이다.

아이들이 책을 잘 읽어와서 내용 이해 활동이 빨리 끝났다. 소감을 말할 때 한 아이가 '인물 사이의 관계가 복잡하다.'라고 하자 여러 아이가 동의했다. 남은 시간 동안 인물 관계를 이해하기 위해 왕실 가계도를 그렸다. 여자아이들이 좋아했다. 각자 왕실 가계도를 그리고 함께 인물의 관계를 이야기했다. 왕실 가계도를 그린 뒤에 외척(홍인한, 홍봉한, 김한구), 파벌과 붕당(동인, 서인, 남인), 신분 차이, 세도정치에 대해서 궁금해했다. 하나씩 설명했다.

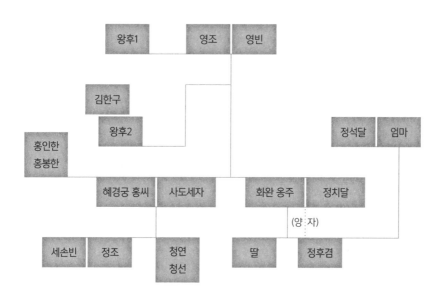

마지막으로 "책 내용을 질문으로 알아보니 어때? 앞사람이 말한 낱말 쓰지 않고 발표하기다!" 하니 너도나도 손을 든다. 자신이 이해한 내용을 발표했다.

"내용을 잘 모르면 토론을 제대로 못 한다. 책을 한 번 읽고 줄거리 대충 알면 늘 똑같은 글을 쓴다. 내 것으로 만들 때까지 곱씹어야 한다. 아무리 좋은 답이라도 듣기만 하면 금방 잊는다. 스스로 찾고 생각하면 오래 기억한다. 책을 이렇게 읽어라. 다음 주에 토론하는데 한 번 더 읽고 와라. 글 쓰는 주에도 또 읽고, 공부할 때마다 읽으면 내 책이 된다." 하니 고개를 끄덕인다. 처음 만났을 때와 많이 달라졌다.

다. 둘째 시간, 흐름을 따라가기 »90분

둘째 시간에는 "신분의 제한이 없었다면 누가 지도자가 되어야 할까?"를 주제로 토론했다. 첫째 시간에 아이들이 궁금하게 생각했던 외척, 파벌, 붕당과 세도정치를 조금 더 이야기한 뒤에 책에서 신분 차이가 드러나는 부분을 찾았다.

질문1. 책 내용 중에서 신분 차이가 드러나는 부분을 모두 찾아보자.

아이들은 주로 세손과 정후겸 사이에 일어난 일을 찾는다. 옹주가 비록 왕의 딸이긴 하지만 빈궁 옆에 앉았다고 꾸중 듣는 장면도 있다.

질문2. 정후겸과 세손이 공정하게 경쟁하면 어떻게 될까?
질문2-1. 정후겸과 세손을 공정하게 경쟁시키려면 어떤 과목을 정해야 할까?
질문2-2. 만약 정후겸과 세손이 공정하게 경쟁한다면 누가 이길까?
질문2-3. 실력이 좋은 사람이 왕이 된다면 나라가 더 좋아질까?

아이들이 힘, 말솜씨, 지혜, 통솔력(군사), 지도력(리더십), 판단력 등을
시험 과목으로 정했다. 정후겸은 세손보다 나이가 많아 힘이 세고 말도 더
잘한다. 머리가 좋고 야심도 있어서 상황 파악을 잘한다. 반면 세손은 어
리지만 권위와 능력을 갖추었다. 좋은 스승에게서 꾸준히 공부했고 타고
난 위엄도 있다. 무엇보다 성품이 훌륭하다.

아이들은 눈에 보이는 능력을 먼저 생각한다. 둘이 공정하게 경쟁한다
면 나이가 많은 정후겸이 힘, 지혜, 권위를 더 갖추었을 거라 한다. 사실 누
가 더 뛰어난지는 알 수가 없다. 둘을 공정하게 비교하기 어렵다. 토론이
어느 정도 진행되자 똑같은 내용을 되풀이한다.

토론하다 보면 어느 수준까지는 논리에 맞게 말하지만, 일정 시간이 지
나면 찬반이 평행선을 그린다. 그럼 말싸움으로 변한다. 이때는 토론을 멈
추고 내용을 정리하거나 새로운 질문을 던져 다른 눈으로 보게 해주어야
한다. 그래서 엉뚱하게 말했다. 신분제도 때문에 정후겸이 제대로 능력을
발휘하지 못한 거 아니냐고 몰아붙였다. 신분 사회가 아니라면 정후겸이
세손을 이길 수도 있었다고 주장했다.

나는 정조를 존경한다. 정조는 어려서부터 총명했고 사람을 아꼈다. 정
후겸은 세손과 함께 놀면서 세손을 질투하고, 도와주는 세손을 이기려 했
다. 그러나 착한 세손이, 나쁜 정후겸을 이기고 왕위에 오르는 이야기로 읽
으면 '당연하게 받아들이는' 내용이 많아진다. 세손을 좋은 사람으로, 정
후겸을 나쁜 사람으로 단정 지으면 토론이 안 된다.

그래서 정후겸의 능력이 뛰어났는데도 세손보다 낮은 대접을 받았다
고 주장했다. 아이들을 자극하기 위해 말도 안 되는 주장을 일부러 펼칠

때가 있는데 이 경우가 그랬다. 토론에서 진행자가 개입하지 않는 게 좋다. 그러나 아이들을 가르치려면 때로 연기를 해야 한다. 세손 지지자들이 반박하기에 정후겸 지지자와 세손 지지자로 나눠 유세를 해보자고 제안했다. 나는 뒤로 빠질 테니 토론으로 상대를 이기라고 하자 아이들이 동의하며 적극 참여했다.

지지율이 비슷한 후보를 두고 토론하는 것 같다. 아이들이 열띠게 유세를 펼친다. 그러나 얼마 뒤에는 또 평행선을 그린다. 이때 갑자기 정후겸 지지자로 돌변해서 내가 유세 현장에 뛰어들었다. 손을 흔들고 소리를 지르며 "무조건 정후겸이다. 무조건 무조건이다." 했더니 한 아이가 "정후겸은 세손을 질투하는 모습을 자주 보인다. 정후겸이 왕이 된 뒤에 똑똑하고 훌륭한 신하를 질투해서 죽이면 어떡하냐?"고 물었다.

"정후겸은 너무 훌륭해서 질투할 만한 대상이 없다."고 궤변을 늘어놓았다. 이렇게 대답하자 정후겸 지지자들까지 내 의견에 반대한다. 그럴수록 나는 광신도처럼 반응했다. 내가 계속 정후겸을 떠받드니 아이들이 답답해한다. 한참 동안 정후겸을 외친 뒤에, "나 같은 사람이 지도자가 되거나, 지도자 주변에 나 같은 사람만 있다면 어떻게 될까?" 물었다. 나를 이기겠다고 덤비던 아이들이 '뭐야?' 하더니 '정말 저런 사람이 나타나면 어떡하지?' 걱정한다.

질문을 다른 방향으로 돌렸다. "우리나라는 투표로 대표와 지도자를 뽑는다. 공정할까?" 공정하다고 한다. "축구선수를 투표로 뽑으면 공정한가?" 그건 아니라고 한다. "축구선수는 축구 실력으로 뽑아야지. 그럼 우리나라를 이끌어갈 지도자를 투표로 뽑는 게 공정하냐?" 하니 의아해한다. 국민이 통치 실력을 보고 대표를 뽑는다면 공정하다. 그러나 지금 대통령 선거는 실력 평가가 아니라 인기 알아보기에 가깝다. 한 나라의 대표를, 지도자 자질과 실력으로 뽑지 않는다면 공정한지 물은 셈이다.

한 아이가 "투표로 뽑으면 인맥이나 인기만으로 판단한다."고 말한다.

그러자 아이들이 투표가 공정한 방법이 아닐 수도 있다고 말했다. "투표는 공정해 보인다. 그러나 투표할 때 실력을 제대로 판단하지 않으면 내가 정후겸을 지지한 것처럼 뽑기도 한다. 너희들이 투표할 때는 제대로 판단해라." 했다. 이런 의도로 이야기를 시작한 게 아닌데 예상하지 않은 방향으로 가버렸다.

다시 토론 주제로 돌아갔다. "정후겸과 세손 중에 누가 나라를 잘 다스릴까?" 실력이 비슷하다면 마음가짐을 살펴봐야겠다. 세손의 마음가짐은 나무랄 데가 없다. 다만 왕자로 살아가기 때문에 정후겸의 마음을 모른다. 정후겸을 이해하고 애틋하게 대해주면 좋았을 텐데 이를 생각하지 못했다. 이에 반해 정후겸은 욕망이 지나쳐서 성품까지 모나 보인다. 아이들이 성품을 볼 실력은 아니었다. 새로운 질문을 던졌다.

질문2-6. 태어나면서부터 왕이 될 거라는 말을 듣고 자란 사람과 왕이 되려고 도전한 사람을 비교해보자. 서로의 장단점을 찾아보자.

세손은 왕이 될 사람으로 태어나 왕으로 길러진다. 뼛속부터 지도자 교육을 받는 셈이다. 정후겸은 왕이 되고 싶어서 세손과 경쟁한다. 세손을 이겨서 왕 자리에 오르려고 욕심을 낸다. 아이들이 여전히 양쪽으로 의견이 나뉘어서 팽팽하다. 세손을 지지하는 영조와 백성들, 정후겸을 지지하는 왕실 세력을 견주어본다. 양쪽 의견이 평행선을 그리기에 다른 예를 들었다.

"교사, 의사, 변호사처럼 전문 실력을 갖추어야 하는 직업이 있다. 해당 직업을 위한 특수 목적 대학을 졸업한 사람에게만 자격을 준다. 교육대학을 졸업해야 교사가 되고, 의과대학을 졸업해야 의사가 된다. 의사나 교사가 부족해지면 잠깐 특수 목적 대학을 졸업하지 않은 사람에게도 시험 칠 기회를 준다. 특별한 과정을 거치지 않아도 필요한 지식과 기술을 갖추면 자격을 주는 셈이다."

"몇 년 동안 '난 교사가 될 거야. 난 의사가 될 거야' 생각하며 학교에 다닌 사람과 잠깐 주어진 기회를 잡기 위해 공부해서 교사나 의사가 된 사람은 마음가짐이 다르다. 두 경우를 비교해 보자." 했다. 물론 사명감 없이 직업을 얻기 위해 대학에 다닌 사람도 있다. 특수 목적 대학에는 다니지 않았지만 사명감이 투철한 사람도 많다. 아이들에게 이 점을 알려주고, 지금은 두 경우를 단순하게 비교해보자고 했다.

특수 목적 대학에 다니면 시간이 지날수록 교사나 의사의 마음가짐이 생긴다. 점점 교사나 의사의 안목을 갖게 되지만 '어차피 교사가 될 거니까' 하는 마음으로 무뎌질 위험도 크다. 반대의 경우에는 시험 통과를 목적으로 두기 때문에 아이나 환자들을 생각하는 마음이 적을 수 있다. 정말 의사나 교사가 되고 싶었지만, 기회가 없어서 포기한 사람이 다시 도전하기도 한다.

아이들은 "직업을 목표로 공부하는 사람은 현실을 잘 모르고 자기 직업을 사랑하는 마음이 없다."고 했다. 잠깐 주어진 기회를 잡으려는 사람에 관한 내용이면서 동시에 돈을 많이 벌기 때문에 특수 목적 대학에 간 경우에도 해당한다. 아이들은 잠깐 주어진 기회를 활용해서 의사가 되면 환자를 사랑하는 마음이 적을 것이라 했다. 이렇게 대답한 건 내 질문이 한쪽으로 치우쳤기 때문이다. 교사나 의사가 된 마음을 알아보는 질문을 교사나 의사가 된 과정으로 확인하려 했다.

지금은 사명감보다 직업 만족도가 더 중요한 기준이 되었다. 사람들이 선호하는 직업일수록 직업 자체를 목표로 삼는다. 교육대학에 다닐 때 나도 어떤 교사가 될지, 임용시험이 좋은 선생님을 가려낼 수 있는지 친구들과 이야기했다. 그러면서도 우리는 모두 좋은 교사가 될 줄 알았다. 그러나 아이들을 만나고 나서 비로소 좋은 교사가 되기 위해 노력해야 한다는 사실을 알았다.

나는 정후겸을 나쁘게 보았다. 정후겸은 왕이 되려는 욕심에 사로잡혀 세손을 질투하고, 도와주는 세손을 이기려 했다. 정후겸이 왕이 된다면 자리를 유지하는 데만 신경 쓸 것이다. 그래서 세손이 정후겸보다 자격이 있다고 생각했다. 세손이 더 훌륭한 지도자가 될 거라고 아이들이 결론을 내렸을 때 기분이 좋았다. '너희들이 나와 같은 생각을 가졌구나!' 하면서 뿌듯했다.

몇 년 뒤에 내가 잘못했다고 깨달았다. 왕이 되는 교육을 받은 세손이 왕을 목표로 삼은 정후겸보다 낫다고 대답하게끔 질문하고도 몰랐다니! 진행자가 객관적인 태도를 유지해야 한다는 걸 알면서도 정조 이야기만 나오면 마음이 기운다. 둘째 시간을 마치면서 "사람들이 인정하기 때문에 의사가 될래? 환자를 사랑하기 위해 의사가 될래?" 물었다. "세손을 질투해서 왕이 될래? '나는 왕이 된다. 백성을 사랑하는 왕이 되어야 한다.'는 마음을 갖는 왕이 될래?" 물었다. 이렇게 묻지 말았어야 했다. 토론한다면서 내가 결론을 내고 아이들을 끌고 가다니….

질문2-7. 조선시대엔 왜 왕족만을 왕으로 뽑았을까?

질문2-8. 경쟁이 치열해서 모든 사람이 원하는 일을 하면서 살 수 없다. 누가 알맞은지 가려내기 위해 대부분 시험을 본다. 시험으로 사람을 뽑는 것은 좋은 방법일까? 다른 방법은 없을까?

질문2-9. 지금도 신분제도가 남아있는 나라가 있을까? 신분 세습의 장점과 단점을 찾아보자.

조선은 신분제도에 매인 나라였다. 신분제도라는 담 안에서 같은 신분끼리 경쟁했다. 지금은 신분제도가 무너지고 경쟁 사회가 되었다. 더 나은 직장을 갖기 위해 경쟁하다 보니 시험으로 순위를 정해야 한다. 아이들이 시험을 싫어하면서도 다른 방법이 없다고 한다. 시험이 싫은데 다른 방법이 없어서 더 싫다고 했다. 그럴 바에는 차라리 조선시대처럼 직업을 미리 정해주면 좋겠다고 한다.

직업을 미리 정하자는 의견에 여러 아이가 동의했다. 커서 뭐가 되고 싶은지 물으면 대답할 말이 없다고 한다. 앞으로 어떻게 살아갈지 모르는데 어른들이 자꾸 물으면 짜증 난다고 한다. '꿈 스트레스'를 받기보다 그냥 정해주는 대로 사는 것도 괜찮다고 한다.

마지막 시간에 쓴 글에서 민하(6학년)는 신분제도의 단점을 말한 뒤에 이렇게 썼다.

> 대부분 사람이 신분제도가 나쁘다고 생각하지만 좋은 점도 있다. 자기가 무엇이 돼야 한다고 정해져 있으면 준비를 할 수 있다. 농부의 아들은 아버지에게 농사짓는 법을 배워 농사를 잘 지을 수 있다. 또한 어떤 면에서 신분제도는 한 나라, 마을의 균형을 잡아주기도 한다. 누가 무엇이 돼야 하고, 될 수 있는지 정해져 있어 나라와 마을을 이끌어가기 쉽다.

앞서 우리는 왕이 되는 준비를 하면서 자란 세손이 왕 자리를 노리는 정후겸보다 낫다고 결론 내렸다. 비록 잘못된 질문으로 결론을 유도했지만, 꿈을 꾸면서 미래를 준비하는 아이가 돈과 안정된 직장 찾아 미래를 준비하는 아이보다 낫다고 했다. 아직 무엇을 해야 할지 정하지 못해서 힘들지만 그래도 꿈을 꾸면서 준비하고 싶다고 했다. 앞날에 대해 생각하기 싫어하는 아이들이 이만큼 생각해서 기뻤다.

신분제도가 남아있는 곳을 확인했다. 인도의 카스트제도를 말하기에 우리나라는 신분 사회인지 물었다. 『멋진 신세계』를 토론할 때 중학생들은 돈과 권력을 많이 가질수록 많이 누리기 때문에 우리나라가 신분 사회라고 했다. 첫째 시간 끝날 때 "지금 우리가 살아가는 시대는 어떨까? 실력 사회일까? 신분 사회일까?"를 이미 물었다. 한 아이가 돈이 지배하는 사회이니 신분 사회 같기도 하고, 아닌 것 같기도 하다고 대답했다. 둘째 시간에는 대부분 아이들이 우리나라가 신분 사회인지 모르겠다고 대답했다.

마지막으로 '그럼 너희들은 무엇 때문에 공부하고 노력해야 하나?' 물었다. 부모들은 자녀가 더 나은 직장(일종의 더 나은 신분)을 갖고 살기 바란다. 아이들은 아직 잘 모르겠다고 한다. 그래도 무엇을 꿈꾸며 살아야 할지 함께 생각해서 좋았다. 물 흐르듯 자연스럽게 생각을 나누지는 못했지만, 귀한 이야기를 나누었다. 독서동아리 시작하고 넉 달 만에 '아이들 마음에 남는 가치'를 다룬다는 생각이 들었다. 뿌듯한 마음이 들었다.

라. 셋째 시간, 글쓰기

셋째 시간이다. 지금까지 이야기한 신분제도, 지도자, 꿈과 직업은 글쓰기 좋은 주제다. 그러나 다른 사람 생각을 따라가면 막상 글을 쓸 때 생각나지 않는다. 아이들이 대답을 잘했더라도 스스로 정리하지 않으면 글쓰기 어렵다. 그래서 사도세자의 죽음을 정리한 뒤에, 욕심과 질투를 더 이야기했다. 1~3번 질문에 대답하며 정리하길 바랐다.

질문1. 사도세자를 죽인 사람들은 누구였나? 그들은 왜 세자를 죽였을까?
질문2. 조선시대 신분제도로 볼 때 정후겸은 결코 왕이 될 수 없다. 정후겸은 넘볼 수 없는 것, 넘보지 말아야 할 것을 넘봤다. 왜 그랬을까?

욕심과 질투에 눈이 먼 사람들은 사도세자를 왕자가 아니라 이익을 위한 도구로 여겼다. 홍인한도 욕심에 눈이 멀어 외손자인 정조까지 죽이려 했다. 사도세자가 뒤주에서 죽자 정후겸도 감히 넘보지 말아야 할 것, 넘볼 수 없는 자리를 넘보았다. 욕심과 질투 앞에서는 친구도, 친척도 소용없나 보다. 정조가 왕이 되고 나서 15일 만에 정후겸은 정조의 외할아버지

홍인한과 함께 사약을 받았다.

> 질문3. 아리스토텔레스는 친구를, 두 육체에 깃든 하나의 정신이라 했다. 이것
> 처럼 자기 나름대로 뜻을 만들어보자. 욕심이란? 질투란?
> 질문3-1. 욕심이나 질투와 관련된 자기 경험을 말해보자.
> 질문3-2. 욕심과 질투의 장단점을 말해보자.

문장쓰기를 했다. 욕심이란, '하나가 있는데 두 개 갖고 싶은 것, 아무
리 마셔도 목마른 바닷물'이라고 한다. 가장 공감을 얻은 답은 '배가 채워
졌는데 더 먹고 싶은 것'이다. 이걸 듣고 다른 아이가 질투는 '아무리 배가
불러도 네 배가 더 부르면 기분 나쁜 것'이라 한다. 먹는 거로 이야기하니
귀에 쏙쏙 들어오나 보다. 문장쓰기 하면서 많이 웃었다. 욕심과 질투의
장단점, 개인의 경험을 말했다. 장단점은 독서논술할 때 활용하고, 경험은
독서감상문에 쓰면 된다.

> 질문4. 『창경궁 동무』에서 글감을 찾아 세 문단으로 글을 써보자.

독서동아리에 나온 지 넉 달이 지났다. 조금씩 글이 좋아지지만, 이번
에는 역사 동화라서 글쓰기가 어렵다. 우리가 나눈 이야기 중 하나를 붙잡
아 글을 쓰라 해도 스스로 글을 쓸 정도로 인상 깊거나 깊이 아는 내용을
찾기 어려운가 보다. 글을 쓰기 전에 "완전히 이해하지 못하고 글을 쓰면
다른 사람 말을 늘어놓다가 끝난다. 쉬운 주제를 정하더라도 여러분이 잘
아는 내용, 쓰고 싶다는 마음이 드는 내용을 써라." 했다. 두 명이 신분제도
로 글을 썼고, 열 명이 욕심과 질투로 글을 썼다.
5학년 예원이는 "정후겸은 아마도 자신의 삶이 너무 보잘것없다고 생
각하였을 것이다. … 계속 차별을 받으면서 아마도 '왕이 되면 나도 차별

안 받고 칭찬 속에서 살 거야.'라는 생각이 들었을 것이다. 차별을 받은 것이 쌓이면서 이기적인 질투가 된 것 같다."고 썼다. 5학년 서은이는 "나는 동생 옷만 사주었을 때도 질투가 났고, 동생이 혼자 맛있는 것을 먹는 일이 있었을 때도 질투가 났던 것 같다. 그래서 내가 만약 후겸이었으면 나도 질투를 많이 했을 것 같고, 또 세손을 경쟁자처럼 느꼈을 것 같다. 그래서 난 후겸이의 질투와 욕심이 조금이나마 이해가 간다."라고 썼다.

나는 정후겸의 질투를 이야기할 가치도 없다고 생각했다. 정조를 질투하는 정후겸을 나쁘게 생각했기 때문에 정후겸의 욕심과 질투를 이야기할 생각도 못 했다. 그런데 아이들은 내가 보지 못한 질투와 욕심에 더 공감했다. 정조가 아니라 정후겸을 더 친근하게 생각했다. 아이들은 셋째 시간에 지나가듯 이야기한 질투와 욕심에 끌려서 글을 썼다.

넷째 시간에 아이들이 쓴 글을 읽고 이야기를 나누었다. 지금이라면 '정후겸이 자신의 삶을 보잘것없다고 생각했을 거라는' 아이 글에 감탄했을 것이다. 차별받으면서 이기적인 질투를 했다고 쓴 글을 칭찬했을 것이다. 그러나 이때는 질투에 대한 글이 눈에 들어오지 않았다. 자기만의 생각으로 너무나 멋지게 표현했는데 왜 보지 못했을까! 아이들은 후겸이를 통해 자신의 질투와 욕심을 보았다. 이때 내가 아이들 마음을 헤아렸다면 토론이 달라졌을 것이다. 정답을 찾지 말자고 주장하면서도 정조가 훌륭하다는 생각을 정답처럼 붙들었다. 그래서 정후겸의 질투와 욕심을 바라보는 아이들 마음을 헤아리지 못했다.

수업 내용을 돌아보며 원고를 쓸 때도 아이들 마음을 알아채지 못했다. 정조를 좋아하는 마음이 눈을 가려 아이들과 귀한 이야기를 나눌 기회를 놓쳤다. 아이들 말을 듣고, 아이들 반응을 귀하게 여기며 '열린 마음'으로 수업하자고 하면서도 정조에 눈이 멀어 좁게만 생각했다. 참으로 안타깝다.

마. 『창경궁 동무』 이후

수원 화성으로 가족 여행을 다녀왔다. 여행하기 전에 두 자녀에게 수원 화성을 설명한 책을 몇 권 건넸다. 두 아이가 책을 읽고는 '정약용'을 알고 싶다고 했다. 정약용 책을 읽은 뒤에는 정조에 관한 책을 달라고 했다. 수원 화성에 다녀온 뒤에는 남인과 서인, 이덕무와 박제가에게 관심을 가졌다. 역사의 어느 시점 또는 어떤 인물을 알면 이걸 발판 삼아 관심이 넓어진다. 덕분에 시야를 계속 넓혀가며 책을 읽었다. 수능 시험에서도 한국사는 시험을 위해 공부하는 과목이 아니라 흥미로운 관심의 대상이었다.

독서동아리 아이들은 『창경궁 동무』를 토론하면서 역사에 관심이 커졌다. 앞으로 정조와 사도세자 이름을 들으면 귀를 기울일 것이다. 파벌과 붕당, 세도정치가 나오면 『창경궁 동무』를 기억할 것이다. 신분제도나 왕실 이야기에도 귀를 열 것이다. 다만 그때 '차별과 질투' '질투와 욕심'을 다루었다면 얼마나 좋았을까 하는 아쉬움이 남는다. 그랬다면 자신의 삶이 보잘것없다고 생각할 때, 누군가에게 질투가 생길 때 조금이라도 잘 헤쳐나가지 않을까?

수업 내용을 돌아보며 다시 다짐한다. '열린 마음!'

3 —— 나를 발견하는 공간을 찾아

『비밀의 숲 테라비시아』, 캐서린 패터슨, 사파리

가.『비밀의 숲 테라비시아』를 고른 까닭

『비밀의 숲 테라비시아』는 제시와 레슬리가 만든 비밀 장소이다. 개울 건너 숲에 둘만의 왕국이 있다. 친구라고는 제시밖에 없는 레슬리가 이곳에서는 여왕이 된다. 마음을 터놓을 사람이 아무도 없는 집에서 갑갑하게 살아가는 제시도 테라비시아에서는 달라진다. 상상으로 만든 세계이기 때문에 '이제 그만!' 하면 사라질 왕국이지만 제시와 레슬리는 이곳에서 새롭게 태어난다.

『비밀의 숲 테라비시아』는 회복하는 공간이다. 가족, 학교생활, 친구 관계, 혼자, 함께, 가치관의 차이, 배려, 상처를 딛고 일어서는 용기, 회복 등 우리를 만들어가는 이야기가 손짓하는 공간이다. 손짓을 알아채고, 공간에 발을 들여놓으면 달라진다. 따뜻한 공간, 넉넉한 공간을 느끼는 사람이 많아질수록 테라비시아가 넓어진다.

내게는 책으로 둘러싸인 곳이 테라비시아이다. 책에서 나를 찾았다. 곰

팡내가 스며든 책더미에서 새롭게 태어났다. 슬프고 괴로울 때 책을 읽으며 견뎠다. 책에서 스승을 만나 삶의 지혜를 얻었다. 곁에 아무도 없다고 느껴질 때도 문장을 붙잡고 견뎠다. 책 속 공간은 마음을 편안하게 해주었고, 나를 나 되게 도와주었으며, 견딜 힘과 살아갈 이유를 깨닫게 해주었다. 그야말로 테라비시아이다.

좋은 글은 구석구석 공간을 만든다. 마음을 따뜻하게 해주는 공간, 기억을 떠올리게 만드는 공간, 아픈 상처를 치료하는 공간…… 등장인물의 말과 행동에 대한 반응이 공간을 만든다. 좋은 문장을 만나면 아픈 기억이 치유되고, 가슴 따뜻하게 희망이 부푼다. 과연 아이들이 『비밀의 숲 테라비시아』를 어떻게 느낄까? 독서동아리 두 번째 해를 시작하며 기대하는 마음으로 『비밀의 숲 테라비시아』를 골랐다.

나. 첫째 시간, 읽은 소감 나누기

책 한 권을 4주 동안 나누는데 가끔 시간이 부족해서 마지막 주에 글을 쓴다. 그럼 새로운 책을 시작하는 첫 시간에 글을 나눈다. 이번이 그랬다. 『위험한 비밀 편지』를 읽고 쓴 글을 『비밀의 숲 테라비시아』를 시작하는 첫 시간에 나누었다. 한 사람씩 자기 글을 읽으면 나와 아이들이 느낌을 말하고 이야기했다. 좋은 부분과 공감하는 부분을 말하고, 이해하기 어려운 내용을 질문했다. 『위험한 비밀 편지』를 읽고 쓴 글을 나누느라 시간이 많이 지났다.

『비밀의 숲 테라비시아』는 호불호가 딱 나뉘는 책이다. 이야기를 좋아하는 독자는 몇 번이나 울었다며 좋아한다. 반면 '책벌레가 추천해서 읽었는데 실망했다. 왜 이 책을 추천했는지 모르겠다.' 하는 분도 있다. 아이들에게 책 읽은 느낌을 물었더니 책이 아주 좋다고 대답했다. 독서동아리 초기에 읽었다면 반응이 달랐을 것이다.

생각이 달라도 서로에게 배울 수 있다. 그러나 마음이 다르면 배우지 못한다. 아이들 마음이 서로 이어져야 배움이 일어난다. 독서동아리를 시작할 때는 같은 곳에 있어도 '함께 있는 공간'이 아닐 때가 많았다. 몸은 함께 있지만, 마음이 서로 달랐다. 일 년 동안 열 권을 나누면서 조금씩 테라비시아 같은 곳으로 바뀌었다. 서로 다르지만 틀리진 않은 곳, 자기 생각을 표현하는 곳이 되어갔다.

간단하게 내용을 물었다. 내용에 느낌을 더해서 대답한다. 시끄럽고 분주한 가족 사이에서 마음을 표현하지 못하는 제시의 마음, 친구를 만나고 싶은 레슬리의 소망을 잘 안다. 친구가 말하면 아이들이 함께 고개를 끄덕인다. 책 뒷부분에서 갑자기 이야기가 끝나버린 것 같아 놀랐고, 이상하다고 한다. 나도 비슷하게 느꼈다. 이제는 아이들과 생각이 통한다. 일 년 전에는 달랐다. 아이들이 이만큼 자랐다.

다. 둘째 시간, 문장 나누기 하나

좋은 문장을 읽어내려면 '보는 눈'이 필요하다. 보는 눈은 '함께 보아야' 생긴다. 캐서린 패터슨은 뉴베리 상을 세 번이나 받았다. 내용은 물론 문장도 아름답게 쓴다. 이 책에서는 비유하는 문장을 잔뜩 써놓았다. 비유 표현으로 시작해서 문장을 나누어야겠다고 생각했다. 둘째, 셋째 시간 계속 문장으로 질문했다.

질문1. 책에 나오는 비유 표현을 (   )에 써보자.
① 둘이 집안일을 피해 내뺄 때는 손가락 사이로 튀어 도망치는 (   )보다 더 빨랐다.
② 콩을 삶느라 부엌이 (   )의 불구덩이처럼 뜨거워졌다.
③ 레슬리가 먼저 제시에게 올 리는 없었다. 레슬리는 지금 막 트럭 열네 대를 뛰어넘은 (   ) 선수처럼 흐뭇한 표정을 지으며 자리에 꼿꼿이 앉아 있었다.

④ 레슬리는 이렇게 뜸 들이는 것을 좋아했다. 제시를 영원히 (　　)에 대롱대롱 매달아 놓고 싶다는 듯이.

⑤ 둘만의 비밀 장소에 있으니, 제시 마음속에 불 위에서 끓고 있는 (　　)처럼 여러 가지 감정들이 들끓었다.

⑥ 메이 벨이 희미한 불빛 아래에서 놀란 (　　)처럼 눈을 껌벅거렸다.

⑦ 제시는 이따금 자신의 삶이 가녀린 (　　)처럼 느껴졌다. 어느 방향에서든 누가 한 번 훅 불면 산산이 흩날리는 (　　)

⑧ 두려움이 마치 명치에 걸린 차가운 (　　) 덩어리처럼 제시의 뱃속에 자리 잡았다.

지옥의 불구덩이, 트럭을 뛰어넘은 오토바이 선수, 불 위에서 끓는 스튜, 놀란 병아리는 우리가 쓰는 표현과 비슷하다. 도망치는 메뚜기보다 빠르다, 제시를 끈에 매달아 놓는다, 삶이 가녀린 민들레처럼 느껴진다, 명치에 걸린 차가운 도넛 덩어리는 낯설다. 우리와 다른 표현의 유래나 배경을 알면 이야깃거리가 생길 텐데 아쉽다.

아이들이 (　　)에 알맞은 낱말 찾기를 즐거워한다. 일 년 전에는 이런 문제를 잘 내지 않았다. 이제는 아이들이 정답을 못 찾아도 편안한 모습을 보인다. 정답을 몇 개나 아느냐가 아니라 이걸로 무언가 하는 게 중요하다는 걸 안다. 여덟 가지 비유 문장으로 책 이야기를 했다. 아이들은 비유 표현이 재미있다고 했다. 비유가 글을 돋보이게 한다고 말해주니 당장이라도 비유 표현으로 글을 쓸 분위기였다.

질문2. "아이들은 아무 말도 하지 않았지만 이제 달리기 시합은 끝났다는 것을 모두 알고 있었다."(62쪽) 왜 이렇게 생각했을까?

남자아이들이 승리의 기쁨을 걸고 달리기 시합으로 자존심 대결을 벌인다. 제시도 1등 하려고 아침마다 연습한다. 그런데 도시에서 전학 온 이상한 여자아이가 가볍게 1등을 해버린다. 라이벌 친구가 아니라 여자아이에게 지다니! 남자아이들의 자존심이 무너졌다. 영광을 향해 달릴 때의 아슬아슬한 긴장감이 사라져버렸다. 여자에게 영광을 빼앗기느니 차라리 시합하지 않는 게 낫다고 생각한다. 이걸 한 문장으로 표현했다.

"캬~ 놀랍지 않냐? 한 문장이 이걸 다 설명하고 있잖아! 문장이 깊으면 글이 깊어진다." 했다. 이 말을 자꾸 하면 정말 그런가 하며 아이들이 문장에 관심을 가진다.

질문3. 아래와 같은 상황을 겪은 적이 있으면 말해보자.
"그러나 저 집에서 오래 버티지는 못할 것이다. 그 집은 딱히 갈 데가 없는 사람들이 이사 왔다가 최대한 빨리 떠나는 낡고 초라한 시골집이었다. 제시는 뒷날이 되어서야 이때가 얼마나 기묘한 순간이었는지 깨달았다. 자신의 삶에서 가장 중요한 일이 벌어지고 있었는데도 아무것도 아닌 양 무시해 버렸던 것이다."(22~23쪽)

사람은 익숙해지면 변화를 기대하기 어렵다. 변화가 일어나도 알아차리지 못한다. 제시 아랫집은 오랫동안 비어 있었다. 누군가 이사 와도 잠깐 들렀다 떠나버리는 집이었다. 제시가 아랫집에 대해 가진 생각은, 이사 온 레슬리에 대한 편견이 되었다. 제시는 변화가 없는 시골, 낡고 초라한 집에 이사 온 사람들이 제시의 인생에 얼마나 중요하고 큰 영향을 끼쳤는지 몰랐다. 또 떠나버릴 거라 생각했으니까.

나도 이런 일을 여러 번 겪었다. 지금까지 계속 똑같았기 때문에 앞으로도 기대할 게 없다고 생각한 적이 많았다. 내가 가르치는 아이에 대해서는 계속 기대해야 했는데 편견을 앞세웠다. 그때를 생각하면 미안한 얼굴이 떠오른다. 독서동아리 아이들도 어떤 일을 겪으면서 기묘한 순간을 알아차리지 못하고 나중에 안타까워할 것이다. 같은 일을 겪을 때 다르게 생각하기를 기대하며 이 질문을 했다. 아이들도 이런 적이 있었다며 자기 경험을 말한다. 내가 중요하게 생각한 것을 아이들이 받아들이면 참 좋다.

질문4. 레슬리 부모님이 이 집에 온 까닭은 무엇일까? (66쪽)
질문4-1. 레슬리 부모님 생각에 대해 여러분은 어떻게 생각하는가?

레슬리 부모님은 돈과 성공에만 집착하며 살아온 삶을 돌아보려고 시골로 왔다. 작가로 성공해서 돈을 많이 벌었지만 자신을 잃은 것처럼 느껴졌기 때문이다. 가난해서 늘 돈이 문제인 제시는 돈이 문제가 되지 않는 사람을 처음 봤다. 독서동아리 아이들은 레슬리 부모님이 한적한 시골에 온걸 이해한다. 다만 딸이 힘들어할 거라고 생각했어야 한다고 말한다. 이곳은 여자아이가 치마를 입어야 한다고 생각하는 곳이다. 짧은 머리카락에 바지 입은 제시를 이상하게 본다.

질문5. 제니스를 대하는 방식 두 가지를 말해보자.
질문5-1. 제니스 같은 아이들은 어떻게 대하면 좋을까?
질문6. "그냥 가버릴 수는 없는 노릇이었다. 그건 포탄이 쏟아지는 전쟁터에서 도망치는 것과 다름없었다."(142쪽) 이런 상황을 겪어보았나?
질문7. 제시가 겪은 두려움을 모두 찾아보자.
질문7-1. 제시가 겪은 일 중에서 어느 정도까지 겪어보았는지 나눠보자.

제니스는 친구를 괴롭힌다. 제니스 같은 친구는 피하거나 무시해야 한다. 6번 문장은 레슬리가 자기를 괴롭히던 제니스를 도와주려 하자, 제시가 레슬리 곁을 지키는 상황에서 쓰였다. 아름다운 문장이다. 교사들과 토론했을 때는 테라비시아가 슬프도록 아름답다고 했다. 십대부터 오십대까지 고등학생, 교사, 아나운서, 목사가 함께한 토론 모임에서도 테라비시

아는 비밀의 왕국이 되었다. 함께 읽은 분들이 한목소리로 말하는 내용이 있다. "레슬리가 갑자기 죽어 너무 놀랐어요!"

레슬리가 죽었을 때 제시의 마음은 두려움으로 가득 찼다. 선생님이 워싱턴에 가자 했을 때 레슬리를 데려갔더라면, 워싱턴에 가지 않고 남았더라면, 하는 후회가 계속 밀려온다. 우리 아이들은 죽음을 겪지는 않았다. 그러나 돌이킬 수 없는 일을 두고 '~했더라면' 하는 까닭을 안다. 마음을 흔드는 두려움도 안다. 제시가 겪은 것처럼 큰일을 겪진 않았지만, 아이들이 지금까지 맞서 싸우는 두려움을 이야기한다. 아이들이 두려움을 알기에 제시의 마음을 이해하는 것이겠지!

질문8. "(그림을 그리는) 것은 어른들이 술을 마시는 것과 비슷했다. 평온한 기분이 흐리멍덩한 뇌 꼭대기에서 피곤하고 긴장한 몸속으로 스며들어 아래로 퍼진다."(26쪽) 괄호 한 부분에 들어갈 말은 무엇일까? 어떤 마음을 표현하는 걸까?

제시는 그림 그리기를 좋아한다. 그림을 그리면서 자신을 사랑하며, 삶이 가치 있다고 느낀다. '제시는 그림을 그리면 마음이 편안해졌다'로 써도 되지만 위의 문장은 느낌이 다르다. '난 그림 그리는 게 좋아요' 보다 깊은 표현이다. "캬~ 놀랍다. 놀라워. 어떻게 이런 문장을 쓸까?" 하며 또 떠들어댔다.

"여러분은 괄호 한 부분에 어떤 말을 넣을까?" 힘들 때 무얼 하느냐는 질문이지만 좋은 문장을 읽은 뒤에는 "마음이 피곤하고 긴장될 때 자신을 어떻게 위로하는가?"를 묻는 질문이 되었다. 어른이 술을 마시며 긴장을 푸는 것처럼 아이도 마음의 찌꺼기를 털어내야 한다. 남학생은 운동하고 놀면서, 여학생은 수다 떨고 음악 듣고 때론 울면서 풀어낸다.

6학년 지현이는 자신을 이해하는 사람이 아무도 없었던 제시, 마을과 친구들을 떠나 낯선 곳으로 갑자기 오게 된 레슬리 두 친구에겐 자신만의 공간이 필요했다고 썼다. "부모님들은 학생들이 잘되었으면 하는 마음에 학생들 일에 사사건건 물어보거나 참견을 한다. … 제시처럼 자기가 좋아하는 일을 마음껏 하고 싶어 하거나 사생활이 제대로 지켜지지 않는 학생들에게는 자신만의 공간이 많이 필요한 것 같다." 우린 모두 인격이다. 인격은 자신이 가치 있는 존재라는 느낌을 주는 공간에서 자신을 다듬어간다.

라. 셋째 시간, 문장 나누기 둘

질문1. "이따금 제시는 이 많은 여자들 틈바구니에서 무척 외로웠다. 심지어 딱 한 마리였던 수탉마저 얼마 전에 죽어 버렸다."(34쪽) 제시와 같은 마음을 가진 적이 있니?

제시 집에는 여자들뿐이다. 아빠는 늦게 들어오신다. 누나 둘은 남자들 쫓아다닐 생각만 한다. 여동생 둘은 제시에게 놀아달라고 떼를 쓴다. 엄마는 제시에게 집안일을 맡긴다. 가족에게 도움이 되는 사람은 제시뿐이다. 그런데도 가족들은 제시를 무시하고 부려 먹거나 트집을 잡는다. 조용한 제시와 달리 엄마, 누나, 여동생 둘은 모두 시끌벅적 떠들어댄다. 제시는 무척이나 시끄러운 집에서 늘 외롭다.

'외로움'은 '조용함이나 쓸쓸함'과는 다르다. 수탉마저 죽었다는 문장이, 제시의 마음을 알아줄 대상이 하나도 없는 처지를 보여준다. 외부에서 누군가가 다가가지 않으면 제시가 이곳에서 벗어나지 못할 것이다. 이걸 한 문장으로 표현했다. "캬~ 놀랍지 않냐? 제시 마음을 열고 외로움을 달래줄 누군가가 나타난다는 걸 한 문장으로 표현하잖아. 문장이 깊으면 글이 깊어진다."고 또 말했다.

둘째 시간부터 계속 문장을 나눌 때마다 "캬! ~하지 않냐? 이런저런 마음과 상황을 한 문장으로 표현했다. 문장이 깊으면 글이 깊어진다."고 외쳤다. 아이들은 내가 일부러 이러는 줄 안다. 어떤 날은 말끝마다 '캬~'를 외치고, 다른 날에는 '말이 되냐?'를 줄줄이 외친다. 처음 들을 때는 웃지만 두 번, 세 번 되풀이하면 웃으면서도 생각한다. 시간이 지나면 아이들도 "진짜 잘 썼다." 하며 같이 '캬!'를 느낀다.

질문2. "제시는 레슬리 아빠에게 느끼는 불편한 감정이 입안의 상처처럼 쿡쿡 쑤셨다. 입안의 상처는 자꾸 건드리면 낫기는커녕 점점 더 커지고 악화되는 법이다. 이를 대지 않으려고 최대한 애쓰지만, 어느 날 그만 깜빡하고 콱 깨물고 만다."(130쪽) 이런 상처를 갖고 있나?

아이들이 많이 공감했다. 멋지게 써야 좋은 문장이 되는 게 아니다. 일상에서 겪는 일을 '아, 그렇구나!' 느끼게 표현하면 좋다. '맞아. 입안이 껄끄러우면 혀로 자꾸 느껴보려 하는데…'라고 공감하게 만드는 표현이 좋은 문장이다. 이 문장은 누구나 느끼는 사소한 일로 큰 것을 말한다. 상처가 나려 할 때 딱지를 뜯어내고, 잘 참다가 갑자기 화를 내고, 작심삼일이 되고… 누구에게나 이런 상처가 있다.

『비밀의 숲 테라비시아』는 좋은 책이다. 그러나 아무리 좋은 책도 어떤 독자에게는 그저 그런 책이다. 독자가 책을 고르지만, 책이 독자에게 다가간다. 아이들이 테라비시아를 읽었고, 또한 테라비시아가 아이들을 읽는다. 둘이 동시에 일어날 때는 따뜻한 기운이 흐른다. 일 년 전에 독서동아리를 시작했다. 아이들이 많이 달라졌다. 문장을 느끼고 상처를 생각한다. 처음엔 안 되지만 시간이 지나면 된다. 독서동아리가 아이들에게 테라비시아 같은 곳이 되기를 바랐다. 몇 아이는 독서동아리에서 자신을 찾았다고 고백했다.

"우리에겐 장소가 필요해. 우리 둘만을 위한 장소. 이 세상 누구에게도 절대 알려 주지 않을 비밀 장소." (79쪽)

우리 아이들이 부모 곁을 떠나 자리를 잡을 것이다. 그럼 테라비시아처럼 현실의 아픔을 잊는 곳, 우정과 사랑이 익어가는 곳, 적을 무찌르고 왕국을 지키는 사명을 완수하는 곳을 어디에서 찾아낼까? 셋째 시간에 문장을 나눈 뒤에 한 학생이 "제시와 레슬리에게 둘만의 비밀 장소가 필요했던 이유는 현실을 피하고 싶었기 때문인 것 같다. 가족에게 늘 무시당하던 제시, 갑자기 이사 와서 친구가 없는 레슬리! 두 사람에게는 자신을 이해해줄 수 있는 친구가 필요했다."라고 썼다.

질문3. "레슬리는 테라비시아에 있을 때 내 마음속 벽을 허물고 그 너머에 있는 빛나는 세계를 보여주려고 애썼던 거야. 거대하지만 무섭고, 아름다우면서도 부서지기 쉬운 세계. 모든 것을 조심히 다루어야 하는 곳."(240~241쪽) 제시가 말하려는 게 무엇일까?

레슬리는 테라비시아를 만들고 제시를 초대했다. 이 문장은 테라비시아를 만든 레슬리의 마음을 표현한다. 레슬리와의 추억을 떠올리며 제시가 하려는 말이 곧 작가의 의도이다. 아이들이 문장의 뜻을 정확하게 말하지는 못하지만 어떤 느낌인지는 안다. 책을 읽고 자기만의 마음을 이렇게 표현한다면 얼마나 좋을까! 다음 문장도 마찬가지다. 아름답다.

질문4. 이어서 제시는 "이제 내가 밖으로 나가야 할 때야. 이제 레슬리는 그곳에 없어. 이제 내가 할 일은 레슬리가 내게 빌려준 꿈과 힘을 아름다움과 사랑으로 세상에 되갚는 거야. 앞에 있는 두려움은? 제시는 두려움들이 모두 뒤에 있다고 자신을 속이지 않았다. 음, 그런 두려움은 당당하게 맞서 이겨내야지. 그리고 그 두려움에 하얗게 질려서도 안 돼!"(241쪽)라고 말한다. 작가는 레슬리의 죽음을 통해 무얼 말하고 싶을까?

레슬리가 죽은 날 제시는 에드먼즈 선생님과 완벽한 하루를 보낸다. 워싱턴에 가서 미술관을 관람하고, 맛있는 점심을 먹고, 스미소니언 박물관을 견학한다. 레슬리를 데려가고 싶기도 했지만, 선생님과 단둘이 있는 게 기쁘기도 했다. 완벽한 하루를 보내고 돌아왔을 때 레슬리가 죽었다는 소식을 듣는다. 레슬리의 죽음을 부정하고, 레슬리의 존재를 부정한다. 소중한 사람이 죽을 때 마음에 일어나는 느낌을 작가가 어찌나 잘 표현했는지 마치 내가 그 일을 겪는 것 같았다. 그래서 나는 마음이 슬플 때, 레슬리가 죽었다는 소식을 제시가 듣는 부분을 읽는다. 그럴 때마다 눈물이 난다. 문장에 빠져 울면 다시 힘이 난다.

제시는 레슬리가 보여준 꿈과 사랑을 다른 사람에게 갚겠다고 결심한다. 제시는 죽음이라는 두려움에 맞서 일어선다. 그리고 동생 메이 벨을 테라비시아에 데려가서 여왕으로 삼는다. 문장이 깊고 오묘하다.

> "레슬리는 테라비시아에 있을 때 내 마음속 벽을 허물고 그 너머에 있는 빛나는 세계를 보여주려고 애썼던 거야. 거대하지만 무섭고, 아름다우면서도 부서지기 쉬운 세계, 모든 것을 조심히 다루어야 하는 곳, 심지어 맹수들까지도 말이야. 이제 내가 밖으로 나가야 할 때야. 이제 레슬리는 그곳에 없어. 내가 레슬리와 나 우리 모두를 위해 나가야 해. 이제 내가 할 일은 레슬리가 내게 빌려준 꿈과 힘을 아름다움과 사랑으로 세상에 되갚는 거야." (240~241쪽)

아이들과 문장을 나누면서 책과 자기 이야기를 넘나들었다. 마음에 이 공간, 저 공간을 만들며 생각했다. 한 문장에 얼마나 많은 생각과 느낌이 담겨 있는지 느꼈다. '나도 멋진 문장을 써야지!' 하는 눈빛을 보면 가슴이 두근거렸다. 이런 순간을 만나면 독서동아리를 오래 해야겠다고 생각한다. 나와 아이들 모두 같은 마음으로 '그저 좋아서' 독서동아리에 온다. 내겐 독서동아리도 테라비시아이다. 함께 책을 읽고 이야기하는 아이들이 왕이요 여왕이다.

질문5. '테라비시아'처럼 자신만의 환상 세계를 가질 필요가 있을까?

모두 찬성한다. 그래서 일부러 반대 의견을 찾았지만 그래도 자신만의 세계가 있어야 한다고 말한다. 책을 읽고 이야기하면서 테라비시아에 빠져들었으니 당연한 말이다. 아이들과 함께 읽은 테라비시아는 아름답고 놀라운 곳이다. 토론하면서 아이들이 자기만의 왕국을 만들고 싶다고 했다. 가까운 뒷산에, 공원에, 감춰둔 공책에라도 말이다.

그리고 글을 썼다. 뒤늦게 독서동아리에 들어온 아이가 "얘들은 글을 잘 쓰지만 저는 못 써요." 한다. 아이들 모두 '뭐지?' 하며 쳐다본다. '독서동아리는 누가 누구보다 잘한다는 걸 드러내는 곳이 아닌데 왜 저런 말을 할까?' 하는 눈빛이다. 맞다. 글은 서로 다른 생각을 표현하는 공간이다. 자기 마음을 다른 사람이 공감하도록 표현하면 충분하다. 그런 글을 읽으면 너나없이 환호한다. 잠시 뒤에 아이들이 조용히 진지하게 쓴다. 연필 또각거리는 소리가 묵직했다.

사람 없는 장소는 의미가 없다. 장소가 뜻깊은 까닭은 그곳에서 함께 한 사람 때문이다. 아이들도 테라비시아를 특별한 장소라기보다 '친구와 함께한' 곳으로 기억했다. 다른 6학년 아이는 이렇게 썼다.

나는 여유로운 시간을 함께할 레슬리 같은 친구가 없다. 요즘 친구들은 모두 학원에 간다. 가끔 만나는 친구들은 자신만의 시간이 없다며 투덜댄다. … 복잡한 생각들을 정리할 수 있고, 마음을 편히 할 수 있는 그런 시간이 필요하다. 또한 고민을 이야기할 수 있는 레슬리 같은 친구도 필요하다.

제시와 레슬리도 혼자 있었을 때는 고민을 이야기할 친구가 필요했을 것이다. 서로 처음 만났을 때는 그냥 친구 사이였지만 테라비시아를 만들기로 하며 마음의 벽을 많이 허물었다. 제시와 레슬리가 서로 만난 것은 마음의 상처를 받아줄 친구를 만난 것과 같다. 하지만 나는 레슬리와 제시, 서로와 같이 마음을 이야기할 친구가 아직은 없다.

제시도 레슬리와 테라비시아를 만들기 전에는 아무한테도 마음을 털어놓지 못한 채 자기 마음조차 속이며 살았다. 자기 그림을 좋아하는 에드먼즈 선생님을 향한 마음을 비밀스레 간직한 채 의미 없이 시간을 보냈다. 달리기 시합에 참여했지만 마음을 알아주는 친구가 없었다. 제시는 단 한 번도 속마음을 내보이지 않았다. 레슬리가 다가가 테라비시아를 함께 만들지 않았다면 달리기 일등으로 만족하며 살았을 것이다. 그러면 서로 다를 바 없는 어른으로 자랐을 것이다.

마. 테라비시아 만들기

강원도 산골에서 만나는 아이들도 똑같은 일상에서 핸드폰 들여다보며 산다. 우리 곁에 있는 산과 들이 얼마나 귀한지 모른다. 그래서 아이들에게 테라비시아를 만들어주려 했다. 우리가 걸어 다니는 길가, 언덕, 산이 추억을 간직하는 공간이 되기를 바랐다. 아이들이 친구를 만나고 추억을 쌓아가는 공간을 갖게 하려고 학교 구석구석, 마을 여기저기를 쏘다녔다. 학교 옥상에 식판 들고 가서 급식을 먹었다. 체육 시간에 교장선생님 몰래 학교 바깥에 나가자며 벽에 바짝 붙어 교문을 빠져나갔다. 아이들과 함께 태백산, 두타산에 올랐다. 추운 겨울날, 떨면서 도서관에서 잤다.

어디에나 테라비시아가 있다. 누구나 테라비시아에 가면 달라진다. 아이를 위해 골목 구석진 곳, 놀이터 나무 아래, 동네 곳곳에서 환상을 만들어주는 어른이 많아지면 좋겠다. 이렇게 하려면 공간이 주는 따뜻함을 느껴야 한다. 그곳에서 함께 책을 읽고 아이들 이야기를 해야 한다. 여러분의 테라비시아를 만나길 바란다.

4부
독서 수업의
마무리,
글쓰기

"책은 모두 작가의 생각을 넌지시 포함한다.
독자는 책을 읽으며 이를 파악한다.
그러나 더 중요한 것은 다음 단계이다.
작가의 생각을 어떻게 받아들일지 판단하는 것이
독자의 역할이다.
이 단계에서 독자는 작가의 생각과는 다른,
혹은 이를 뛰어넘는 자신의 생각을 만든다.
그 누구도 아닌 자신만의 특별한 생각 말이다."
이렇게 쓴 중현이 마음이 곧 글을 쓰는 마음이다.

중현이는 방과 후 독서동아리에서 만났다. 초등학교 6학년 때 만나 중학생이 되어서도 주말마다 독서동아리에 나왔고, 고2 때까지 참여했다. 고등학교 졸업할 때 그동안 겪었던 독서 수업이 어땠는지 써달라고 부탁했다. 얼마 뒤에 글을 받았다.

독서 수업을 하기 전, 내가 논리적이며 생각이 깊다고 생각했었다. 그러나 『트럼펫을 부는 백조』를 읽고 펜을 잡았을 때, 무엇을 써야 할지 난감해졌다. 지금까지 내 생각을 표현한 적이 없을뿐더러 글로 써본 경험이 없었기 때문이었다. 눈앞의 백지를 보며 난 당황했고 종이에 한 글자 한 글자 써내는 과정은 힘겨웠다. 여하튼 글 하나를 써냈지만, 쓰면서도 조잡하고 식상하다 생각했다. 선생님은 칭찬을 해주셨으나 나에 대한 실망은 가시지 않았다.

책을 여러 권 나누면서 예전의 내가 크나큰 착각을 하고 있었음을 깨달았다. 내가 논리적이고 깊다고 믿은 생각은 사실 내 생각이 아니었다. 난 그저 책과 텔레비전에서 들은 다른 사람 생각을 앵무새처럼 똑같이 말하고 있었다. 그러면서도 이를 내 생각이라 믿고, 굳센 확신을 가졌다. 반복재생에 불과한 일을 하면서 말이다.

나뿐만 아니라 많은, 아니 대부분 사람이 나와 똑같은 착각을 한다는 사실을 깨달았다. 특정 성향의 뉴스, 인물의 발언이나 특정주의 이론, 주장을 듣고 이를 마치 자신이 깊은 고민 끝에 내린 결론인 듯 말하는 사람들. 실은 이에 대한 비판적인 사고는 하나도 없이 욕심과 분노에 따라 결론을 냈음에도 말이다.

내가 독서 수업에서 얻은 가장 큰 선물은 바로 이 점이라고 생각한다. 처음으로 남이 아닌 '나의 생각'을 시작한 것. 내 입맛에 맞는 남의 생각을 골라 듣고 이를 타당한 생각이라고 결정하는 데에서 적어도 한 번은 비판적으로 고민하려고 하는 것. 이제야 나는 '생각'을 할 수 있게 되었고 또 이를 다른 사람들과 나누게 되었다. 다른 사람들 생각도 듣고 고민하며 내 생각을 더 키워나갈 수 있었다.

책이란 그런 것 같다

시, 소설, 수필 같은 여러 책은 모두 작가의 생각을 넌지시 포함한다. 독자는 책을 읽으며 이를 파악한다. 그러나 더 중요한 것은 다음 단계이다. 작가의 생각을 어떻게 받아들일지 판단하는 것이 독자의 역할이다. 이 단계에서 독자는 작가의 생각과는 다른, 혹은 이를 뛰어넘는 자신의 생각을 만든다. 그 누구도 아닌 자신만의 특별한 생각 말이다.

처음 글자가 생겨났을 때, 구텐베르크의 금속활자가 발명되었을 때, 또 정보화 혁명이 일어나고 누구나 정보에 손쉽게 접근할 수 있게 되었을 때 인류가 비약적인 발전을 이룬 것은 어쩌면 이 때문이 아닐까.

책이란 그런 것 같다. (변중현)

글은 생각의 결과물이다. 책을 읽고 토론한 뒤에 무얼 알고, 느끼고, 배우고, 생각이 어떻게 바뀌었는지 알아보는 가장 좋은 방법이 글쓰기다. 책을 읽고 어떻게 생각하는지 알아보려면 글을 써야 한다. 중현이도 글을 쓰면서 비로소 자기만의 생각을 시작했다. 글을 쓰기 전에는 다른 사람 생각을 그대로 따라 하는지도 몰랐다.

아이들은 글을 쓰면서 배운다. 글을 쓰기 전에는 섣불리 내뱉은 말을 이해하고 말했다고 생각한다. 제대로 이해하지 않았으면서 자신이 알고 느껴서 한 말이라 착각하기도 한다. 학습(學習)은 배우고(學) 익히는(習) 두 과정을 포함한다. 곰곰이 고민하며 글을 쓰면 생각이 정리된다. 자신이나 친구가 한 말이 무슨 뜻인지 깨닫기도 한다. 독서 수업하면서 배운 내용을 익히려면 글을 써야 한다.

아이들 생각을 알고 싶었다. 아이들이 얼마나 이해하는지, 책을 어떻게 보는지, 우리가 한 토론이 무얼 남겼는지 궁금했다. 책이 생각을 바꾸었는지, 상처를 건드렸는지, 아픔을 다시 바라보게 했는지, 내가 생각지 못한 것을 남겼는지 궁금했다. 그래서 책을 읽으면 꼭 글을 썼다. 아이가 한 말보다, 한 자 한 자 쓴 글이 아이 마음을 더 진실하게 보여주었다. 어른들과 독서모임 할 때도 글을 쓰자고 외쳤다.

나는 글쓰기를 자연스럽게 가르친다. 아이들이 평소에 쓰는 글을 보고 아이들 속도에 맞춰 이야기한다. 독서 수업에서는 "토론하면서 중요하다고 생각하는 걸 기억했다가 글로 써라."라는 말만 자주 한다. 소개하는 세 가지 사례도 글쓰기를 목적으로 했던 수업이 아니다. 수업하다가 '이번에는 글쓰기를 가르쳐야겠구나!' 하는 생각이 들거나, 아이들이 "글쓰기 어려워요. 어떻게 쓰는지 알려주세요."에 반응했던 수업이다.

독서 글쓰기 과정을 정리한다면 자신만의 주제를 찾고, 쓸 내용을 모아 정리하고, 짜임을 만들어 글을 쓰고, 글에 대해 질문하고 대답한 뒤에 글을 고친다. 『트럼펫을 부는 백조』는 자신만의 주제를 찾는 과정을, 『서찰을 전하는 아이』는 글을 쓰는 과정을, 『책벌레들의 비밀 후원 작전』은 글을 고치는 과정을 담았다.

1 ——— 자신만의 주제 찾기

『트럼펫을 부는 백조』, E. B. 화이트, 산수야

가. 『트럼펫을 부는 백조』를 고른 까닭

E. B. 화이트가 쓴 『샬롯의 거미줄』은 아이뿐만 아니라 어른도 좋아하는 동화다. 100쇄 기념 특별판이 나올 정도이다. 외국에서도 인기가 많아 영화로도 만들어졌다. 독서동아리 아이들도 책과 영화를 봤다고 한다. 지난달에 읽은 『창경궁 동무』가 무거운 느낌이라 이번에는 따뜻한 느낌의 『트럼펫을 부는 백조』를 읽었다. 『샬롯의 거미줄』 작가가 쓴 책이라 골랐는데 기대와 달랐다. 작가가 전하려는 마음은 좋았지만, 억지스러운 부분이 보였다.

나. 줄거리 줄여 핵심 찾아내기

백조 루이는 소리를 내지 못한다. 위험이 다가올 때 경고음을 못 내면 무리에 끼기 어렵다. 새들이 장애 조류를 보호하겠다며 루이를 도와줄 리도 없다. 앞부분부터 힘든 내용이 나온다. '어떡하지? 안 됐다.'는 마음이 앞선다. 소리를 내지 못하는 백조가 어떻게 살아갈지 걱정된다. 그런데 몇 아이는 별 느낌이 없었다고 한다. 의아해서 물었다.

"루이가 소리를 내지 못한다는 걸 알았을 때 어땠어? 앞으로 어떻게 될지 호기심이 생기지 않았어?" 하니 "왜요? 나중엔 잘 될 텐데요." 한다. '어라? 이건 무슨 반응이지?' 하는 생각이 들어서 다시 물었다. "그럼 안 좋은 일, 긴장되는 일이 생겨도 결국은 좋게 끝날 거라 생각하니?" 그렇다고 한다. 그렇다고 대답할 줄 몰랐다. "정말 안 좋은 일이 생겨 누군가 죽으면 '이거 뭐야? 여기서 왜 죽어? 이 책 진짜 이상하네?'라고 생각해?" 하니 어떻게 알았느냐 하는 표정을 지었다.

독서동아리 시작할 때, 내가 아이들 생각과 느낌을 잘 이해하리라 생각했다. 그러나 수업하면 할수록 예상이 빗나갔다. 아이들은 엉뚱하게 반응했다. 루이가 힘들어해도 안타까워하지 않았다. 앞으로 어떻게 될지 궁금해하지도 않았다. 주인공이니 그냥 잘 될 거라 했다. 당황스러웠다. '어차피 주인공이니 잘 될 거야.' 하고 읽으면 책이 무미건조하다. 등장인물이 겪는 일을 내 일처럼 생각하지 않고 '잘 되겠지' 하면 재미있을 리가 없다.

글쓰기는 더 힘들다. 글은 고민과 생각을 펼쳐놓아야 한다. 생각하지 않고 글을 쓰면 줄거리만 남는다. 독서동아리 아이들도 토론 실력은 점점 좋아졌지만, 글은 줄거리를 벗어나지 못했다. '읽기부터 문제가 있어서 글을 못 썼나?' 하는 생각이 들었다. 평소에 줄거리를 쓰지 말라고 가르쳤다. 책 내용을 자기만의 생각으로 엮어야 한다고 강조했다. 그래도 아이들은 줄거리를 썼다. 즐겁게 토론하고도 글을 쓸 때는 토론하기 전 모습으로 돌아갔다.

줄거리만 쓰는 습관을 고쳐주려고 첫 시간부터 『트럼펫을 부는 백조』 줄거리를 쓰라고 시켰다. 줄거리를 제대로 요약해서 핵심을 찾는 방법이다. 대충 쓰지 말고, 1장 「샘의 비밀」부터 21장 「푸르른 봄날」까지 모든 장을 한두 문장으로 요약하라 했다. 늘 줄거리를 썼는데도 정작 줄거리를 쓰라고 하니 힘들어한다. 그동안 인터넷을 보고 쓰거나 생각나는 부분만 적당히 썼기 때문이다.

최소 250자를 쓰라 했더니 너무 많다고 걱정한다. 등장인물이 무엇을 했는지 쓰면 제대로 요약하지 못하기 때문에 각 장을 순서대로 차근차근 요약하라 했다. 21장까지 한 문장으로 요약해도 21문장이나 된다. 자기 힘으로 제대로 써보면 줄거리 줄이기는 어렵다. 다 요약할 때까지 한 시간 내내 격려하며 끝까지 쓰게 했다. 최소 300자를 넘었고 500자나 쓴 아이도 있다.

손이 아프도록 쓴 아이들에게, 지금까지 쓴 줄거리를 100자로 줄이라고 했다. 50자로 줄일 자신이 있다면 줄여보라 했다. '선생님이 왜 이러나?' 한다. "그냥 줄여봐. 좋은 걸 알려주려고 이러는 거야! 써봐!" 했더니 줄이려 애쓴다. 전체 줄거리를 쓰는 건 시간만 있으면 가능했다. 그러나 전체 내용을 100자, 50자로 줄이는 건 시간 문제가 아니다. 아이들이 끙끙댄다. 등장인물이 무엇을 했는지 설명하다간 금세 100자가 넘는다. 몇 아이는 책 내용을 여기저기 끊어서 이어놓았다.

250자로 쓰기도 힘들지만 100자로 줄여 쓰긴 더 힘들다. 100자로 줄이려면 작가의 의도를 찾는 능력이 있거나 책을 읽는 나만의 관점이 있어야 한다. 단순히 누가 무엇을 했다고 내용을 잘 줄여도 글을 제대로 쓰기는 어렵다. 단순히 내용을 요약하지 말고 '어떤 이야기인지' 찾아야 한다. 이걸 해내면 다시 스무 자로 줄이라고 한다.

줄여 쓴 줄거리를 발표한 뒤에 작가의 의도가 무엇인지 물었다. 5학년 아이는 언어 장애가 있는 백조가 장애를 이겨내기 위해 노력하는 이야기라고 했다. "못 한다고 포기하지 말고 노력해서 밝은 미래를 향해 걸어가는 사람이 되자"는 게 주제라고 한다. 『트럼펫을 부는 백조』가 장애를 이겨내는 이야기일까? 루이는 장애를 이겨낸다고 생각하진 않았다. 루이는 트럼펫 부는 걸 좋아했다. 좋아하는 일을 잘하기 위해 노력했다. 5학년 아이는 책 내용을 줄인 게 아니라, 고민하지 않은 평소 생각을 그냥 썼다. 이 대로는 글을 안 쓰는 게 더 낫다.

6학년 아이는 "트럼펫 백조인 루이는 말을 못 해서 트럼펫을 불고, 돈을 벌어 돈을 갚는다. 그 후 세레나와 같이 살아간다."고 썼다. AI가 요약하듯 줄거리를 줄여놓았다. 아이는 그냥 글씨를 읽었다. 작가의 생각을 읽거나, 자기 생각을 하지 못했다. 6학년 아이도 아직 글을 쓸 때가 아니다. 먼저 책이 말하는 바를 찾아야 한다. 그런 뒤에 글을 써야 한다.

다. 내 이야기로 읽어 작가의 의도 찾기

아이들은 동물이 주인공으로 나오는 책을 좋아한다. 같은 내용이라도 동물이 주인공이면 새롭다. 달리기 잘하는 사람과 못하는 사람이 시합한 이야기보다 토끼와 거북이가 시합한 이야기에 호기심이 더 생긴다. 『트럼펫을 부는 백조』도 작가가 하고 싶은 말이 있어서 백조가 트럼펫을 부는 이야기로 썼다. 트럼펫을 불려고 물갈퀴를 자르는 내용을 써서라도 작가가 전하고 싶은 게 무엇일까? 줄거리 줄이기로 작가의 의도를 찾지 못했으니 다른 방법을 시도했다. 먼저 루이가 겪은 사건을 순서대로 정리했다. ① 루이가 말을 못 한다. ② 루이가 트럼펫을 분다. ③ 샘을 만난다. ④ 아빠가 트럼펫을 훔친다. ⑤ 루이가 글을 배운다. ⑥ 세레나를 짝사랑한다. ⑦ 트럼펫 연주로 돈을 벌어 빚을 갚는다.

토끼와 거북이 이야기는 꾸준히 노력하자는 뜻으로 만들어졌다. 토끼와 거북이가 시합한 뒤에 일어날 법한 일을 새롭게 상상한 이야기도 생겼다. 『슈퍼 거북』은 시합에서 이긴 거북이가 자기다움을 찾는 이야기이다. 『슈퍼 토끼』는 시합에서 진 토끼가 다시 자신을 찾는 이야기이다. 이를 이해하려면 토끼와 거북이가 겪은 일이 우리에게 어떤 모습으로 나타나는지 알아야 한다. 같은 방법으로 루이가 사람이라면 위의 일곱 가지가 어떤 일로 나타나는지 찾아보았다.

①　루이가 말을 못 한다 : 장애인, 왕따, 학교폭력 피해자, 부모에게 버림받은 아이, 공부 못해서 힘들어하는 아이, 늘 비교당하는 아이를 말한다. 즉, 루이가 말을 못 하는 모습은 다른 사람보다 못하거나 부족해서 힘들어하는 모습을 나타낸다. 같은 방식으로 일곱 가지 사건을 차례로 찾아보았다. 트럼펫을 부는 건 열심히 노력하는 모습이고 샘을 만난 건 이해하고 도와주는 사람을 만난 셈이다.

서너 명씩 모여, 우리가 루이라면 7가지 사건을 어떻게 겪을지 찾아보았다. 30분쯤 뒤에 의견을 발표했다. 발표 내용을 정리하면 ① 능력이 부족하게 태어난 사람이, ② 자기가 좋아하는 일을 알고, ③④ 자기를 이해하고 도와주는 사람을 만나, ⑤⑥ 목표를 갖고 노력해서 ⑦ 마침내 꿈을 이루는 이야기"이다. 발표한 뒤에, 처음에 책 읽은 소감으로 '그냥 그랬어요'라고 말한 아이에게 "이걸 해보니 어때?" 하고 물었다. "책이 이런 내용이네요!" 한다. 무슨 내용인지 이제는 알겠다고 한다.

루이가 겪은 일을 찾고, 루이가 겪은 일이 우리 삶의 어떤 모습과 비슷할지 찾았으니 저자가 책을 쓴 까닭을 알아낼 것 같다. 아이들에게 "엘윈 브룩스 화이트가 책을 쓴 까닭은 (　　　　)이다."를 써보라고 했다. 차별, 행복, 자유, 권리, 생명 존중을 위해서라고 대답했다. 주제가 다양해졌다. 무조건 장애인과 관련짓지도 않았다. 스스로 생각해서 작가가 책을 쓴 까닭을 깨달았으니 이제는 글을 쓸 준비가 되었다.

글을 쓰는 두 가지 방식이 있다. 전체 내용을 꿰뚫는 주제로 쓰는 방식과 작은 이야기 하나로 쓰는 방식이다. 인상 깊은 장면을 찾아 쓰면 후자다. 책 내용의 일부를 바꿔 쓰는 것도 후자다. 많은 아이가 이렇게 쓴다. 숲을 보기보다 나무를 보는 게 쉽기 때문이다. 한 장면을 떠올려 쓰거나 책에서 한두 군데를 골라 쓰는 건 쉽다. 전체를 아우르는 주제로 글을 써야 깊이가 있지만, 아이들은 이걸 찾지 않는다. 숲을 봐야 한다는 생각도 못 한다.

첫째 시간에 줄거리를 줄인 까닭은 주제를 찾기 위해서이다. 둘째 시간에 주요 사건을 정리한 것도 주제를 찾기 위해서 했다. 내가 주제를 설명하면 5분밖에 걸리지 않는다. 그러나 5분 동안 배운 지식은 5분 만에 잊는다. 직접 줄거리를 줄여가며 주제를 찾으면 자기 것으로 간직한다. '정말 그렇구나!' 깨닫는다. 그래서 긴 시간 동안 두 가지 방식으로 주제를 찾았다. 다만 둘째 시간에 했던 활동을 먼저 하고, 줄거리 줄이기를 나중에 했다면 아이들이 더 쉽게 받아들였을 것이다.

자기만의 주제를 찾으면 "무얼 쓸까?"에서 '무엇'이 해결된다. 이미 무얼 쓸지 주제에 나타나 있다. 스스로 생각하며 찾았으니 주제가 바로 자기 생각이다. 이제는 '내가 찾은 주제를 어떻게 글로 설명할까?'를 고민해야 한다. 써야 할 내용이 있으니 잘 설명하면 된다. 글을 자주 쓰지 않은 아이는 설명을 못 하고 간단하게 쓴다. 그래도 괜찮다. 쓸거리가 있으니 자세하게 쓰는 연습을 하면 조금씩 글이 좋아진다.

라. 자기 생각 붙들기

셋째 주, 글 쓰는 날이다. 마침 설날이어서 쉬고, 다음 주에는 눈이 많이 와서 모이지 못했다. 3주나 지났으니 토론 내용을 잊었다. 앞서 두 가지 방법으로 주제를 찾았지만, 책을 읽으며 자연스레 느낀 건 아니다. 주제를 찾기 위해 내 안내를 따랐기 때문에 스스로 마음에서 느낀 것과는 다르다. 아이들에게 글 쓸 주제를 정하라 했더니 '노력'을 말한다. 지난 시간에 말한 차별, 행복, 자유, 권리를 잊어버리고 정답처럼 노력이 남았다.

'난 이렇게 읽었다' 하는 자기다움이 있어야 한다. '노력'을 주제로 쓰는 글은 대부분 자기 글이 아니다. 몇 주나 쉬다가 왔으니 다양한 관점으로 '노력'을 본 것도 아니다. '노력'이 마음을 사로잡지도 않았다. 정답형 글을 쓰기 딱 좋다. '열심히 노력해서 루이처럼 성공하자.' 하고 쓸 것이다.

글은 자기표현이다. 사춘기 때 자기를 찾기 위해 보이는 행동이 일탈과 반항으로 그치지 말고 자기표현으로 이어져야 한다. 일탈과 반항 없이 올바른 길을 잘 가더라도 자기를 찾아야 한다. 그래야 자기를 찾겠다고 전공을 바꾸고 뒤늦게 허둥대지 않는다. 자기 글을 쓰려고 노력하는 건 자기를 알아가는 좋은 길이다.

중현이는 편지에서 생각을 찾기 전에 자기를 아는 것이 먼저라고 썼다. 초등학생이 책을 읽고 생각을 찾는 게 어렵다. 자기를 아는 건 더 어렵다. 중현이도 몇 년 동안 함께 책을 읽고, 토론하고, 글을 쓰면서 비로소 깨달았다. 당장은 독서동아리 아이들이 느끼고 깨닫지 못할 것이다. 차라리 쉽고 빠른 방법을 알려주면 좋아한다. 그래도 나는 아이들이 자기다운 글을 쓰기 바라며 계속 꼬드긴다.

책을 새롭게 보여주려고 루이가 돈을 버는 과정을 꺼냈다. 말 못 하는 백조 루이를 위해 아빠가 트럼펫을 훔친다. 백조가 트럼펫을 부는 것도 이상한데, 아빠 백조가 악기점에서 트럼펫을 훔치다니 정말 이상하다. 루이는 아빠가 훔친 트럼펫 값을 갚으려고 학생 캠프, 호수 공원, 나이트클럽, 동물원에서 트럼펫을 연주한다. 훔친 트럼펫을 연주해서 백조가 돈을 벌다니 자연스럽지 않다. 연주를 잘하려고 물갈퀴를 찢는 내용은 황당했다.

각 장소에서 루이가 어떻게 돈을 벌었는지 이야기했다. 루이는 학생 캠프에서 나팔을 불어 시간을 알려주고 돈을 벌기 시작했다. 우연히 물에 빠진 아이를 구해서 행복했다. 이때의 돈벌이는 가치 있는 일이었다. 돈 버는 방법을 알게 되자, 돈을 더 벌려고 도시(보스턴)로 간다. 호수 공원에서 트럼펫을 불 때는 사람들을 행복하게 해주며 루이도 즐거워한다. 재주가 뛰어난 사람이 도시로 나간 셈이다. 보통 동화나 소설에서는 시간이 지날수록 주인공이 점점 돈에 빠져든다. '계속 돈을 찾다가 결국 돈의 노예가 되어 행복을 잃지 말자는 이야기일까?'

루이는 호수 공원을 떠나 나이트클럽에 취직한다. '돈을 많이 받지만 백조가 한밤중에 나이트클럽에서 연주하면 행복할까?' 루이는 나이트클럽에서 돈을 더 준다고 했지만, 그곳을 떠난다. 동물원에 취직해서 사랑하는 친구를 다시 만난다. 나는 책을 읽으며 루이가 돈의 노예가 될까, 쓸쓸하게 돈만 벌다 죽을까 조마조마했다. 그러나 아이들은 내가 느낀 조마조마함을 전혀 느끼지 않았다.

돈을 버는 데 마음을 빼앗겨 가족에게 무심하고 이웃을 잃고 후회하는 이야기는 책이나 영화에 자주 나온다. 만약 루이가 계속 나이트클럽에서 일했다면 돈에 매여 자신을 잃었을 것이다. 어쩌면 막대한 유산을 남겨두고 후회하며 쓸쓸하게 사라졌을지도 모른다. 아이들은 루이가 어떤 위험에 직면했는지, 루이가 한 결정이 어떤 의미가 있는지 몰랐다. 내가 설명하면 '그렇구나' 하고 받아들일 것이다.

아이들은 자기 생각으로 글을 쓰는 건지 아닌지 잘 모른다. 중현이처럼 다른 사람 생각을 자기 생각으로 착각하고 글을 쓰는 경우도 있다. 중현이는 몇 년이 지난 뒤에 비로소 이때 자신이 무얼 썼는지 깨달았다고 했다. 자신이 어떻게 글을 쓰는지 알았기 때문에 점점 글을 잘 쓰게 되었다. 남의 생각을 자기 생각이라 착각하면 처음에는 잘 쓰는 것 같아도 글과 생각이 자라지 않는다.

루이가 일한 네 곳(학생 캠프, 호수 공원, 나이트클럽, 동물원)에서 겪은 일을 네 가지 질문으로 살펴보았다. ① **그곳에서 돈을 얼마나 벌었나? ② 가치가 있었나? ③ 누군가에게 피해를 주지 않았나? ④ 그 일을 하면서 행복했나?** 이야기를 나눈 뒤에 자유롭게 글을 썼다.

대부분 '편견'을 주제로 글을 쓰겠다고 한다. '편견'은 글쓰기에 적당한 주제지만 편견에 대해 진지하게 고민하지 않았다면 단순하게 쓸 것이다. 이전 시간에 아이들이 행복, 자유, 권리, 생명 존중을 주제로 글을 쓰겠다고 했었다. 오늘 토론한 '돈'도 좋은 주제이다. 그러나 막상 글을 쓸 때가 되자 차별과 편견만 남았다. 자기 생각으로 글을 쓴다는 게 쉽지 않다.

다른 주제를 찾아보라 해도 힘들어한다. 그냥 두면 장애인을 편견 없이 대하자는 내용으로 쓸 것 같다. 글 쓰는 마음가짐이라도 바꿔주려고 말했다. "네겐 장애가 있어. 장애 때문에 불편한데다가 무시당하고 손가락질당했어. 네 가족도 장애인이야. 날마다 힘든 일을 겪어. 마음에 분노가 쌓였어. 너는 장애인을 대표해. 네 뒤에 장애인 천 명이 너만 바라보고 있어. 뭐라 말할 거야? '차별은 나빠요!'라고 할 거야? 외쳐야지! 울분을 토해내며 외치되, 네 말을 듣고 너를 따르도록 논증해야지! 사람들 마음을 움직여 편견을 깨야지!"

그래도 울분을 토해내며 글을 쓰진 않는다. 아직 초등학생이고 독서동아리 활동한 지 6개월밖에 안 됐다. 예전 아이들도 그랬다. 2년이 지나고 비로소 정답 찾기에서 벗어나 글에 마음을 담았다. 마음을 쏟아내며 글을 썼다. 그런 날이 오리라 믿는다. 그때까지 '네 이야기를 써라.' 하는 말을 하고 또 할 것이다. 다음은 중현이가 『트럼펫을 부는 백조』를 읽고 쓴 독서감상문이다.

(1-2문단 생략) 저희 학교에는 학습 도움반이 있습니다. 장애가 있는 아이들을 모아놓은 반입니다. 언제 그 반에 있는 아이를 본 적이 있습니다. 키가 작고 얼굴이 어둡고 안경을 쓴 아이였죠. 그 아이에게 다가가려 했지만 결국 다가가지 못했습니다. 뭔가 꺼림칙한 게 있었던 거죠. 여러분은 어떻습니까? 여러분도 이렇지는 않은가요? 여기서 귀여운 꼬마 백조를 소개하죠. 이름은 바로 루이! 벌써 눈치 채셨을지 모르겠지만, 이 백조는 장애가 있습니다. 말을 못 하죠. 그렇지만 '뿌우~뿌'라고 말하기 위해 트럼펫을 훔칩니다. 그리고는 사랑하는 세레나의 사랑과 트럼펫값을 갚기 위해 모험을 떠납니다. 결국 모두 이룹니다. 참 멋있습니다. 말을 못 하는데도 자신의 꿈을 이루죠. 전 사람들이 이렇게 장애를 극복하고 꿈을 이루었으면 좋겠습니다. 그렇기 위해서는 장애에 대한 편견이 있어서는 안 됩니다. '장애인은 가난하고 슬프며 차별받는다.' 이게 대표적인 편견입니다. 왜 그렇게 생각하죠? 장애를 가지지 않은

사람 중에도 그런 사람들이 많습니다. 꼭 장애인만 그렇다고 할 수 없습니다. 장애인 중에서도 훌륭한 사람이 있고 보통 사람 중에서도 바보 멍청이 같은 사람이 있습니다. 제가 말하고 싶은 것은 겉모습만 보고 속모습을 판단하지 말라는 것입니다. 깨진 조개껍데기 속에 아름다운 진주가 있을지는 아무도 모릅니다.

추가) 일본에 팔과 다리가 없고 대신 닭다리 같은 발가락 하나를 가진 아이가 있었습니다. 동네 아이들이 놀렸조. "야, 이 팔 없는 바보야!" 그 아이가 말했습니다. "뭐 이 팔 있는 바보야!" 전 언젠가 우리나라의 장애인이 이 말을 할 수 있는 날이 오기를 바랍니다.

중현이는 글을 잘 쓰고 싶어 했다. 나는 6개월 만에 이만큼 쓰면 잘 썼다고 생각했다. 중현이도 만족한 것 같았다. 그러나 중현이는 자기 생각을 쓰지 않았다. 6문단까지 길게 썼지만, 문단 내용이 연결되지 않고 끊어진다. 사람이 모두 다르다고 토론했고(1문단 내용), 장애의 기준을 이야기했고(2문단 내용), 루이가 장애를 극복하면 좋겠다고 말한 내용을 그대로 썼다. 장애와 편견에 어울리는 생각을 찾아 썼지만, 여기저기서 들은 내용을 모아 쓴 글이다.

6년이 지난 뒤에 중현이는, 이때 다른 사람에게 들은 내용을 자기 생각으로 착각하고 글을 썼다고 했다. 자기만의 생각을 붙잡아 글을 쓰라고 알려주는 활동을 하고도 자기 생각을 붙잡지 못했다. 그만큼 아이들이 책을 읽고 진짜 자기 생각을 쓰는 게 어렵다. 중현이는 머리에 저장된 내용을 단순하게 출력한 글로 만족하지 않았다. 마음에서 우려내어 자기 것으로 만들어 쓰길 원했다. 그 결과 글을 읽고 쓰는 자기만의 세계를 만들었다.

아이들에게 단순히 "책 읽은 느낌을 쓰세요." "생각과 느낌이 잘 드러나게 쓰세요." "주제를 정해 책 내용과 관련되는 이야기를 쓰세요." 하면 자신이 무얼 쓰는지도 모른 채 다른 사람 생각을 앵무새처럼 되풀이하는 글을 쓴다. 글을 쓰려면 아이들에게 꼭 가르쳐야 한다.

"네 생각을 찾아라. 그런 뒤에 글을 써라!"

2 ——— 세 가지를 기억하고 쓰기

『서찰을 전하는 아이』, 한윤섭, 푸른숲주니어

가. 『서찰을 전하는 아이』를 고른 까닭

동해시 북삼초등학교에서 5~6학년 남학생 세 명, 여학생 여섯 명과 독서동아리를 시작했다. 5~6학년 교과 내용에 맞춰 역사 동화를 골랐다. 『서찰을 전하는 아이』는 동학농민운동을 아이 눈으로 보여준다. 인물 관계가 단순해서 이해하기 쉽다. 복잡한 왕실 이야기도 아니고, 어른들 사이에 심각한 이야기가 오가지도 않는다. 아이가 서찰을 갖고 전봉준을 찾아가는 여정을 다루어서 흥미롭다. 더구나 아이가 서찰에 쓰인 글씨를 읽지 못해 무슨 내용인지, 어디로 가야 하는지 모른 채 길을 떠난다. 흥미진진해서 읽기 좋다.

나. 책 내용 알아보기

첫 시간이다. 북삼초는 한 학년이 오십 명밖에 되지 않아서 다른 학년 아이들까지 잘 안다. 아이들이 서로 잘 알기 때문에 자기소개를 하지 않았다. 독서동아리에 왜 왔는지만 말했는데, 책을 좋아해서 왔다는 대답이 많다. 독서 수업을 해본 적 없는 아이들이 책을 좋아해서 의외였다. 5학년은 두 번 읽었고 6학년은 한 번 읽고 대충 한 번 더 보았다고 한다. 정말 책을 좋아하나 보다. 재미있는 부분을 잘 말한다. 처음인데도 쭈뼛거리지 않고 활발하게 이야기해서 놀랐다.

몇 년 전 신설 학교가 생기면서 천오백 명이 빠져나가고 북삼초에 삼백 명이 남았다. 아이들이 사건 사고를 많이 일으키고, 공부시간에는 무기력하다고 했다. 내가 본 모습도 독서 수업과는 거리가 멀었다. 그래서 아이들이 내용을 꼼꼼하게 읽었는지 확인해야 했다. 수다만 떨다 가지 않게 하려고 첫 시간부터 문제 풀이를 시켰다. 대충 읽어도 알 만한 문제 5개, 한 번 읽으면 아는 문제 5개, 집중해서 읽어야 대답하는 문제 5개를 주관식으로 냈다.

질문1. 주인공(과 아버지)의 직업은 무엇인가? (보부상)
질문2. 서찰에 적힌 글씨(嗚呼避老里敬天賣綠豆)를 읽고 뜻을 써보자.
(오호피노리경천매녹두 : 어찌할꼬! 피노리에서 경천이 녹두를 판다.)
질문3. 아이가 가야 할 곳은 행정구역상 어느 도일까? (전라도)
질문4. 처음에는 아버지와 아이가 함께 길을 떠나지만, 나중에는 아이 혼자 간다. 도중에 무슨 일이 일어났을까? (아버지가 돌아가신다.)
질문5. 아이는 한문을 몰라서 네 번 나눠서 글씨를 묻는다. 누구에게 어떤 값을 치르고 알아내는지 표를 완성해보자.

물어본 대상	글씨	뜻	대가
책 장수	嗚呼	오~ 슬프다.	두 냥
쉬는 양반	避老里	피노리에서	두 냥
약방 의원	敬天賣	경천이란 사람이 판다.	한 냥
양반집 아이	綠豆	녹두	노래

질문6. 성환이라는 곳을 지난 뒤에 만난 어른이다. 아이에게 일하고 먹을 장소를 제공해준 사람은 누구인가? (천주학 어른)

질문7. 아이가 6번의 어른을 만난 뒤에 간 곳에서 지은 건물은 무엇인가? (교회, 공세리 성당)

질문8. 아이가 가진 놀라운 재주는 무엇인가? (노래를 부르면 아픈 사람이 조금 괜찮아지게 하는 재주)

질문9. 아이는 한문 뜻을 알아내느라, 먹고 자느라 계속 돈을 쓰다가 한 번에 돈을 20냥이나 벌게 된다. 어떻게 벌었을까? (열흘 동안 김진사에게 노래를 불러주고 2냥씩 받았다.)

질문10. 장타령이란 무엇인가? (시장에서 사람을 모을 때 부르는 노래)

질문11. 녹두장군에게 걸려있는 현상금 액수는? (천 냥)

질문12. 관군에게 잡히면 죽을 수도 있는데, 사공 할아버지는 왜 관군 몰래 아이를 배에 태워 강을 건너게 도와줄까? (노래를 불러줘서 또는 아이가 행복하다는 말을 해서)

질문13. 우금치에서 어떤 일이 일어났는가? (일본군과 관군이 농민군을 학살했다.)

질문14. 산에서 만나면 가장 무서운 것은? (사람)

질문15. 동학과 관련된 낱말(또는 이름)을 모두 써보자. (책에 여러 낱말이 나온다. 청일전쟁, 동학, 고부, 전봉준, 우금치, 농민군 등.)

두 번 읽은 아이도 내용을 잘 모른다. 한 아이만 제대로 읽고 다른 아이들은 '이건가? 이런 내용도 있었나?' 한다. 독서 수업을 하려면 꼼꼼하게 읽어야 한다. 줄거리뿐만 아니라 세부 내용도 알아야 한다. 그래서 한 문제씩 답을 찾으면서 문제와 관련된 내용을 연결해서 물었다. 질문한 내용에 앞뒤 내용을 덧붙여 세부 내용을 알아갔다. 책 내용을 파악하는 도중에 관련된 경험도 나누었다.

이때 토론을 이끄는 교사가 주의해야 할 점이 있다. 아이들은 문제의 정답을 맞힌다고 생각한다. 문제와 관련된 내용을 물으면 아이들은 앞서 낸 문제와 다른 문제라 생각하며 계속 정답 맞히기를 한다. 우리는 새로운 문제를 푸는 게 아니라 세부 내용을 알아보는 중이다. 한 문제를 발판 삼아 관련 내용을 줄줄이 엮어 전체를 이해하려 한다. 내용을 이해하기 위해 질문을 연결해서 한다는 점을 아이들에게 알려주어야 한다. 독서 수업을 몇 번 더 하면 아이들 스스로 관련 내용을 자연스럽게 말한다. 그때는 내가 문제를 내지 않고 듣기만 한다.

아이들이 한두 가지 사실에 집중할 때 진행자는 전체를 연결해서 생각해야 한다. 아이들이 책 내용을 벗어나려 할 때 진행자는 다시 책 내용으로 이끌어야 한다. 아이들이 책 내용 안에서 이야기하게 해야 한다. 나는 "우리가 나누는 이야기를 책 내용과 연결해야 한다. 그렇게 하면 토론이고, 내용과 연결하지 못하면 수다야!"라고 말해준다.

다. 자기 이야기로 읽고 느끼기

첫 시간을 마치며 책을 다시 읽고 마음에 드는 문장에 줄을 그어오라고 했다. 두 번째 시간에 각자 찾아온 문장을 소개했다. 내가 먼저 "자기가 가야 할 길을 안다는 것은 아주 중요한 일이다."라고 하니 "책에 이렇게 좋은 내용이 있었어요?" 한다. 각자 찾은 문장을 소개하고 문장으로 이야기했다. 문장을 말할 때마다 곧장 반응해서 분위기가 활발하다. 아이들이 금방 감탄하고 잘 배운다. 이 아이들이 어떤 글을 쓸지 궁금해졌다. 책을 읽을 때는 문장을 읽어야 한다고 알려주었다.

독서동아리에 온 아이 대부분이 말하길 좋아한다. 배우려는 열의가 많다. 토론이 처음이지만 잘 배우며 즐겁게 참여할 것 같다. 토론의 맛을 느끼려면 찬반토론이 알맞다. 먼저 몇 가지 질문을 나누어 논제와 관련된 내용을 살펴보고 나서 찬반토론을 했다.

질문1-1. 아버지가 주로 다니는 도시는 어디인가? (한양, 춘천)

질문1-2. 지금 아버지가 가려는 곳은 어디이고, 무엇 때문에 그곳에 가려고 할까? (전라도, 서찰을 전하려고)

질문1-3. 당시에 아버지가 가려는 곳에서는 어떤 일이 일어나고 있었나? (동학군이 관군과 싸운다. 일본군이 개입한다.)

질문1-4. 아버지가 그곳에 간다면 어떤 일이 일어날까? (동학도라고 잡혀 죽을 위험이 크다.)

질문1-5. 아버지는 아들과 자신에게 나쁜 일이 생길 수도 있는 곳에 가려고 한다. 한 사람을 살리려다가 두 사람이 죽을 수도 있다. 여러분이 아버지라면 간다. (찬성, 반대)

아이들이 양쪽으로 나눠 팽팽하게 맞선다. 상대를 이기려고 열심히 논리를 내세워 주장한다. '옳거니' 하며 맞장구를 쳐주었다. 한참 목소리를 높일 때 찬반을 바꿔 토론하자고 했다. 이기려고 덤벼드는데 갑자기 편을 바꾸라니 당황해한다. 지금까지 옳다고 주장한 내용을 반박해야 하니 어색해한다. 찬반토론에서 한 가지 주장만 계속하게 놔두면 고집을 부리거나 편협해진다. 옳고 그름을 따지고, 의견의 단점을 보완하고, 상대를 설득하려면 찬반 양쪽을 모두 생각해야 한다.

찬반을 바꾼 뒤에 아이들이 다시 주장을 펼친다. 시간이 지날수록 바꾼 의견이 처음에 정한 의견인 것처럼 열심히 논증한다. 이렇게 양쪽 주장을 다 생각하면서 자신의 논리를 따져보고 상대의 의견에 귀를 기울였다. 한쪽만 옳다고 주장하는 태도를 벗어나려면 찬성과 반대 모두 주장해봐야 한다. 아이들이 재미있다고 했다.

두 번째는 전체 내용을 '거래'로 알아보았다. 아이가 서찰에 쓰인 내용을 알아내기 위해 거래할 사람을 찾고, 글자 뜻을 알아내는 내용이 『서찰을 전하는 아이』를 이끌어간다. 아래 내용을 물어보았다.

질문2-1. 서찰에 쓰인 글이 무슨 뜻인지 알아내기 위해 아이가 돈을 네 번 쓴다. 누구를 만나 얼마를 내는가? (232쪽 표 참고)

질문2-2. 가난해 보이는 아이에게 돈을 받고 글자의 뜻을 알려준 행동은 정당한가? 지나친 요구인가?

질문2-3. 가장 돈을 많이 쓴 거래는 언제인가? 이 거래에 낸 대가는 정당했나? (첫 거래, 두 글자에 두 냥)

질문2-4. 아산에서 아이는 김진사에게 노래를 불러주고 두 냥씩 받았다. 글씨를 알아내기 위해 쓴 돈과 비교할 때 노래를 불러주고 두 냥을 받은 것은 합당한가? 아닌가?

질문2-5. 서찰을 전하면서 아이는 거래를 네 번 한다. 가장 합리적인 거래는 무엇인지 이유를 들어 말해보자.

어디 사는 누구에게 서찰을 전할지 알아내려면 서찰을 읽어야 한다. 한문을 모르므로 돈을 주고 글씨를 읽어달라 할 수밖에 없다. 지난 시간에 아이가 누구에게, 어떤 값을 치르고 글씨를 알아냈는지 찾았다. 이때 관리들이 글을 모르는 농민을 차별한 사례를 이야기했다. 아이들이 "맞아요. 양반들이 글씨 모르는 백성을 속여 배를 불렸어요."라고 말했다. 지금도 이 내용을 기억한다. 2-1, 2-3을 정확하게 대답했다.

그러나 한두 글자 알려주면서 왜 돈을 받는지 이해하지 못한다. 아이들은 가난한 아이에게 돈을 받는 게 나쁘다고만 했다(2-2). 당시에는 어른이 아이에게 친절하지 않았다. 글씨를 아는 사람이 모르는 사람을 도와주기는커녕 이용하려 했다. 아이들에게 조선시대 백성이 받은 차별을 문제로 내면 대답할 것이다. 책 내용도 잘 안다. 그러나 자기들이 아는 배경이 아이의 거래에 어떻게 영향을 주었는지는 모른다.

글을 쓰려면 지식을 가진 것만으로 부족하다. 글을 쓰려면 가진 지식을 연결해야 한다. 지난 시간에 아이가 했던 거래를 정리하고 오늘도 다시 살펴보았다. 하지만 정작 아이가 글을 익히지 못한 사정을 파악하지는 못했다. 아이는 보부상이라 돈을 주고 글씨를 알아내는 게 자연스럽다. 양반이 아니어서 글을 배우지 못했다. 내가 물어보면 대답하겠지만, 아이들 스스로 생각하진 못한다. 즉, 조선시대 신분에 따른 차별을 알지만 어떤 내용으로 글을 써야 하는지 모른다.

독서 수업은 정해진 목표를 따라 일정한 길을 걷는 게 아니다. 교사는 아이들이 목표에 이르도록 안내하는 역할에 머물러서는 안 된다. 교사는 아이들이 책의 안내를 받게 해야 한다. 책이 알려주는 길을 따라 걸으며 그때마다 나타나는 풍경에 빠져들어야 한다. 인물의 행동, 사건, 반전에 빠져들고 한 문장, 인물의 심리, 사건을 대하는 방식을 찾아 연결해야 한다. 저기 먼 곳에 있는 이야기가 아니라 내가 엮어가는 이야기로 만들어야 한다.

교사가 알려주면 들은 내용을 바탕으로 비슷한 글을 쓴다. 쉽게 쓰지만 자기만의 글이 아니다. 글은 저마다의 생각에서 자유롭게 솟아나는 샘물과 같다. 아이들이 스스로 길을 찾아야 한다. 내 질문에만 대답하면 스스로 길을 찾지 못한다. 질문하는 까닭을 알고, 자기 눈으로 바라보아야 한다. 책, 책을 읽은 나, 함께 이야기하는 친구의 생각을 따라가며 스스로 듣고 깨달아야 한다. 배움을 강요하거나 일정한 길을 따라 인도한다고 자기 생각과 그 생각을 표현하는 능력이 생기는 건 아니다. 시간이 걸리는 일이다.

조선시대 백성들이 당한 '차별'을 아는지 물었다.

질문3-1. 아산에서 아이가 양반댁 아이를 어떻게 대하는가?
(도련님이라 부르며 어른 대하듯 한다.)
질문3-2. 당시 사회의 신분제도를 설명해보자.

질문3-3. 지금도 높은 사람, 낮은 사람, 귀하고 천한 사람으로 나눌까?

질문3-4. 정당하지 못한 이유로 차별받은 적이 있다면 이야기해보자.

질문3-5. 아직도 없어지지 않은 가장 큰 차별은 무엇일까?

질문3-6. 차별을 없애기 위해 일하고 있는 단체를 소개해보자.

질문3-7. 차별이 없는 세상이 가능할까?

찬반토론을 하면서 꼬리에 꼬리를 물고 생각을 말했다. '거래'에 대해서도 옳다 그르다 하며 생각을 나누었다. 그러나 둘 다 책 내용을 말하면서도 우리 이야기로 받아들이지는 않았다. 열심히 대답해도 단편 지식에 머물렀다. 가슴이 움직이지 않았다. 진주 알갱이를 많이 가졌지만, 줄에 꿰지 못해서 놓치지 않으려고 움켜쥐고 있는 셈이다. 아는 지식과 내용을 연결해서 꿰어야 글을 쓴다.

'차별당한 경험'(3-4)을 묻자 조금 달라졌다. 아이들이 목소리를 높이며 열을 낸다. 엄마가 학업 성적으로 차별한다, 할머니가 남자인 오빠만 좋아한다, 아빠가 언니만 좋아한다, 선생님이 누구를 차별한다. … 성토대회를 한다. 아이들이 흥분해서 온갖 이야기를 쏟아낸다. 도중에 아이들을 말려야 했다. 이렇게 말하기 좋아하는 아이들은 처음이다.

조선시대 신분 차별과 남녀차별, 일제 강점기에 선조들이 겪은 압제와 불평등을 나눌 때는 아이들이 무덤덤했다. 그런데 자신이 차별당한 경험을 말하면서 달라졌다. 책 내용이 밖으로 나와 우리 이야기가 되자 반응이 바뀌었다. '그런가?' 하다가 '그럴 수 있겠다.' 하더니 '나라도 그렇게 했겠다.'로 바뀌었다.

아이들은 자신이 당한 차별에 민감하게 반응했다. 책에서 읽은 이야기, 학교에서 들은 이야기는 머리에 저장하는 정보처럼 받아들였지만, 자신이 실제로 겪은 차별은 다르다. 실제를 만나면 머리에 있는 생각이 가슴으로 내려간다. 마음이 떨린다. 느끼고 표현할 수밖에 없다. 동학농민군이 당한 일에 대해서도 감정이 들끓는다. 『서찰을 전하는 아이』가 아이들 마음에 역사의 순간을 심어주었다.

아직도 없어지지 않은 차별은 무엇이냐는 질문(3-5)에는 돈으로 차별하고, 성적도 영향을 준다고 대답한다. 차별이 없는 세상이 가능한지 물으니 불가능하다고 한다. 차별 없는 세상을 바라지만, 현실은 그렇지 않다고 말한다. 그래서 '전봉준'이 있어야 한다. 차별 때문에 아파하는 사람을 돕는 전봉준, 차별의 사슬을 깨뜨리기 위해 땀 흘리는 전봉준이 있어야 한다.

차별을 없애기 위해 일하는 단체를 소개해 보자는 질문(3-6)으로 여러 단체를 나누었다. 특히 국제엠네스티를 자세하게 소개했다.

마지막 질문을 했다. "아이가 서찰을 전해주며 김경천을 조심하라고 말했는데도 전봉준은 '나와 함께한 동지도 믿지 못한다면 무슨 일을 할 수 있겠느냐?' 하며 듣지 않았다. 결국 배신당해 잡혀간다. 전봉준은 죽을 줄 알면서 왜 피노리에 갔을까?" 아이들이 대답을 못 했다.

전봉준은 자기 때문에 동료들이 잡혀가는 걸 볼 수 없어서 피노리에 갔을까? 더 이상 희망이 없다고 생각했을까? 자신이 희생하면 다시 일어설 수 있다고 생각했을까? 책에서 천주학을 믿는 어른이 아이에게, 자신이 가야 할 길을 안다는 것은 아주 중요한 일이라고 말했다. 전봉준이 일본군에게 잡혀가는 것이 자기 길이라 생각했는지 모르겠다. 내가 생각한 세 가지 이유를 아이들에게 말해주고 전봉준이 가려고 했던 길이 무엇인지 이야기했다. 정확한 까닭을 찾지는 못했지만 슬펐다.

라. 글쓰기 주제 찾기

셋째 시간에는 앞서 나눈 이야기를 토대로 주제를 정해 글을 쓴다. 아이들은 말(토론)을 잘해도 글로 쓸 만한 주제를 정하기 어려워한다. 그러면 책 내용을 다시 정리하며 계속 주제를 찾는다.

질문1. 책을 읽으며 가장 마음에 남는 장면을 소개해보자.

질문2. 서찰을 전한 아이처럼 중요한 결정을 앞두고 고민한 적이 있나?

질문3. 앞으로 여러분이 해야 하는 중요한 결정에는 무엇이 있을까?

질문4. 아이가 아버지를 잃고 위험을 겪으면서 서찰을 전했는데도 전봉준은 죽었다. 그럼 아이가 겪은 고생이 의미가 있을까?

질문5. 글로 쓸 만한 주제를 적어보자.

서찰을 전하는 일처럼 중요한 결정을 앞두고 고민한 적이 있는지 물었다. 대답이 재미있다. 잘못했을 때 엄마가 '너 몇 대 맞을래?' 하면 진짜 고민이 된다고 한다. 한 대 맞는다고 하면 속이 들여다보이고, 많이 맞는다고 하면 아플까 봐 결정하기 어려웠다고 한다. '어떤 옷을 고를까, 무얼 먹을까'도 중요하다고 한다. 마음에 안 드는 친구가 사귀자고 고백했는데 사귀면 자기가 싫고, 싫다고 하면 상대방이 힘들어할 것 같아서 고민이라 했다. 듣고 보니 '정말 그렇네!' 하는 마음이 든다.

미래에 정말 중요한 결정을 할 때가 언제일지 물었다. 진로 결정할 때, 대학교 학과를 선택할 때, 직장, 결혼 상대를 정할 때 등을 말하는데, 결론은 '꿈'이다. 자신이 무얼 하며 살아갈지 결정하는 순간이 가장 힘들 거라고 한다. 지금도 계속 고민한다. 서찰을 전할까 말까 고민하는 것과 '앞으로 나는 무얼 하며 살아갈까?'가 같은 고민이라는 생각이 든다.

"아버지 잃고 위험을 겪으면서 서찰을 전했지만, 전봉준은 죽었다. 그럼 아이가 겪은 고생이 의미가 있을까?" 물었다. 처음에는 반으로 의견이 나누어졌다. 의미가 있다고 주장한 아이들은 "아버지의 뜻이니 따라야 한다, 맡은 책임을 다해야 한다."고 했다. 의미 없다는 아이들은 "그래 봐야 죽지 않았느냐? 아버지도 죽고 전봉준도 죽었는데 무슨 소용이 있느냐?" 한다. 그래서 다시 질문했다.

"과정이 중요할까? 결과가 중요할까? 쉽게 말해보자. 열심히 공부했는데 시험 치는 날 아파서 결과가 나쁘게 나왔다. 반대로 공부 안 하고 놀았는데 결과가 좋게 나왔다. 어떤 게 좋은가?" 이번에는 대부분 과정이 좋다는 쪽으로 기운다. 공부에 떠밀려 스트레스받는 때라 성적 잘 나오면 좋다고 대답할 줄 알았는데 의외다.

서찰을 전한 게 의미 있느냐고 물으니 멋진 이유를 말한다. '서찰을 전하기 위해 고생한 과정에서 보람을 느낀다면 충분하다.' '전봉준 장군에게 서찰을 전해주었으니 아이는 할 일을 다 했다. 장군이 죽은 이유는 서찰대로 하지 않은 전봉준 장군 때문이지 아이와는 상관없다.' '아이는 서찰 전하는 책임을 다했으니 성취감을 가져도 된다. 자부심이 생긴다.' '이런 일을 겪었으니 꿋꿋하게 자라서 잘 살아갈 것이다.' …

열심히 하고도 나쁜 결과가 생기면 좌절한다. 좌절하거나 회의에 빠지기도 한다. '내가 노력해도 전봉준 장군이 죽었다. 내 잘못이다.' 생각하면 두려움에 짓눌린다. '내가 한 노력은 헛수고다. 어차피 안 되는 일에 뛰어들어 고생만 했다.'라고 생각하면 앞으로 나가지 못한다. 아이들이 이렇게 생각하지 않아서 좋았다. 과정이 중요하며, 과정에서 배웠으니 다음에는 잘할 거라 기대해서 좋았다.

다시 물었다. "만약, 여러분이 열심히 노력하고도 원하는 일을 이루지 못했다고 하자. 그래도 괜찮은가?" 모두 괜찮다고 한다. 열심히 노력하는 과정에서 얻는 유익으로 다른 일도 충분히 할 수 있다고 한다. 아이들이 멋지다. 금방 떠들고 사소한 일에 쉽게 흥분하지만, 책을 읽고 이야기를 나누며 삶에서 과정이 중요하다고 깨달았으니 훌륭하다.

글로 쓸 만한 주제를 함께 찾았다. 차별당하는 경험을 떠올리며 분노를 터트렸으니 '차별'에 대해 써도 좋겠다. '중요한 결정', '과정이냐 결론이냐'도 쓸 말이 많겠다. 그러나 아이들은 무얼 쓸지 모른다. 독서동아리 첫 책, 처음 글을 쓰므로 '참 재미있다. 나도 서찰을 전한 아이처럼 최선을 다하겠다.'라고 쓸 것이다. 마음에서 생각을 길어내지 않고 표면만

적시다 끝난다.

책을 읽었으니 '정답'처럼 줄거리를 생각한다. 무조건 줄거리를 써야 한다고 생각하는 아이도 있다. 토론하면서 자주 말했다. "글로 쓸 만한 이야기를 붙잡아라. 토론 끝난 뒤에 무얼 쓸까 고민하지 말고 지금 '아, 이거다' 하는 걸 붙들어라. 그걸 써야 한다. 잠깐 설명하면 금방 알게 되는 내용을 시간 들여가며 토론하는 까닭은 이렇게 해야 너희 것이 되기 때문이다. 그래야 책 내용을 너희들 이야기로 바꿔서 글을 쓸 수 있다."라고 했다. 그래도 아이들이 무얼 써야 할지 잘 모른다.

마. 세 가지를 기억하며 쓰기

마지막 시간에 글을 썼다. 글을 쓰려면 갖추어야 할 것이 많다. 문장력, 표현력, 문단 구성력, 설득력… 이런 말은 아이들 귀에 들어오지 않는다. 사람은 누구나 자기가 아는 걸 쓴다. 아이들이 가장 잘 아는 건 줄거리다. 줄거리를 빼고도 쓸 게 있어야 글을 쓴다. 생각과 느낌을 쓰라는 말로는 안 된다. 무슨 생각과 어떤 느낌인지도 나누어야 한다.

글을 쓰기 전에 세 가지를 기억하라고 알려주었다.

첫째. 책을 읽고 나서 하고 싶은 말이 있니?
둘째. 하고 싶은 말이 있다면, 잘 전해지게 순서를 정했니?
셋째. 글을 읽는 사람이 알아듣도록 썼니?

이렇게 말하면 아이들이 이해한다. 하고 싶은 말은 주제 또는 글감이다. 아이들은 제목이라고 생각한다. 잘 전해지는 순서는 짜임, 문단 구성력이다. 알아듣게 설명하는 건 문장력과 표현력이다.

글쓰기에서 가장 중요한 것은 '하고 싶은 말'이다. 아이들은 '무얼 쓸지'

몰라 고민한다. 일기를 쓸 때도 쓸 게 없다고 제목을 정해달라 한다. 이럴 때 '뭐 그리 고민하느냐?' 하며 빨리 쓰라고 닦달하면 서너 줄 쓰고 '다 썼어요.' 한다. '더 할 말 없어?' 하면 '없어요' 한다. 할 말이 없는데 써야 한다면 억지로 내용을 채운다. 이런 마음으로는 열심히 써도 발전하지 않는다.

나는 글쓰기를 가르칠 때 글감 찾기 시합을 한다. 쓰고 싶은 내용을 찾고 또 찾는다. 쓰고 싶은 마음이 생겨야 글을 쓴다. 책을 많이 읽으면 글을 잘 쓴다는 생각은 오해다. 글을 쓰고 싶은 마음을 갖고 책을 읽는다면 도움이 되지만 글쓰기를 생각하지 않는 읽기는 그냥 읽기다. 읽기는 이해 활동이고 쓰기는 표현 활동이다. 쓰려면 표현할 주제가 있어야 한다. 하고 싶은 말을 찾는 일이 정말 중요하다.

하고 싶은 이야기가 있다면 내용이 잘 전해지도록 짜임을 갖추어야 한다. 문단을 만들어야 한다. 문단은 물건을 정리하는 수납장과 같다. 비슷한 물건을 한곳에 보관하면 잘 보인다. 문단이 없으면 한 말을 되풀이하거나 관련 없는 말을 한다. 아무리 좋은 말이라도 여기저기 어울리지 않은 곳에서 튀어나오면 공감이 되지 않는다. 앞에서 할 말을 뒤에서 하거나 중요하지 않은 말을 엉뚱한 곳에서 강조하면 정말 '하고 싶은 말'이 전해지지 않는다.

짜임을 갖추려면 하고 싶은 이야기를 어떻게 전할까 미리 생각해야 한다. 감상문은 글을 쓴 뒤에 짜임에 맞게 정리한다. 생각을 사방으로 펼친 뒤에 다시 살펴보며 문단을 만든다. 이와 달리 주장하는 글은 짜임을 먼저 생각하고 글을 써야 한다. 귀를 기울이며 들을 마음을 갖게 만드는 서론, 주장을 뒷받침하는 내용으로 설득하는 본론, 정말 그렇구나 하며 다시 확인하는 결론을 생각하고 써야 한다.

하고 싶은 이야기를 어떻게 전할지 짜임을 갖추었다면 알아듣게 설명해야 한다. 아이들은 한 문장 쓴 뒤에 설명하지 않고 곧바로 다음 내용으로 건너뛴다. 쓴 문장이 무슨 뜻인지, 어떤 의미가 있는지, 비슷한 사례가 무엇인지, 동의하지 않는 사람에게 어떤 말을 해야 하는지 모른다. 자기가 한 말을 자세하게 묘사하고 예를 들어 재해석하고 경험을 들어 설명해야 한다. 이때 얼마나 깊이 생각하고 쓰느냐에 따라 공감과 설득의 정도가 달라진다.

하고 싶은 말이 가장 중요하다. 하고 싶은 말이 없다면 짜임과 설명을 배워도 글쓰기 자체를 싫어한다. 하고 싶은 말이 없으면 관련 음악이나 영화를 보거나 정 안 되면 말싸움이라도 해야 한다. 『서찰을 전하는 아이』 내용으로 찬반토론을 하고 여러 가지 주제로 이야기를 나눈 까닭은 하고 싶은 말을 만들어주기 위해서이다.

독서토론은 하고 싶은 이야기를 만들어준다. 열심히 준비해서 이겨도, 하고 싶은 이야기가 없는 독서토론은 헛수고다. 책 읽고 줄거리 요약하고 독서 골든벨, 퀴즈대회 아무리 잘해도 하고 싶은 이야기가 '상 받았다.'뿐이면 역시 헛수고다. 하고 싶은 이야기를 글로 쓰고 마음을 표현하는 알맞은 말을 찾는 기쁨을 알면, 시키지 않아도 글을 쓴다.

『서찰을 전하는 아이』를 시대적 배경으로, 거래로, 갈등으로, 편견으로, 중요한 결정 앞에서의 고민, 과정과 결과 중에 무엇이 더 중요한가로 이야기 나누었다. 책을 한 가지 주제만으로 경계를 그어 읽지 않고 계속 생각하도록 부추겼다. 글로 쓸 주제를 찾기 위해서이다. 스쳐 지나가는 귀퉁이에서라도 글로 쓸 내용을 찾으면 훌륭하다.

주제를 정해주고 '이걸로 써라' 하면 아이들이 편하게 생각한다. 어떻게든 그 주제로 쓰면 되기 때문이다. 그렇지만 스스로 고민하게 하려고 우리가 나눈 이야기를 늘어놓고 고르라고 한다. 토론하면서 무엇을 쓸지 미리 고민하라고 한다. 그래야 '자기 글'을 쓴다. 주제를 정한 뒤에는 알맞은 순서를 생각하고, 내용을 찾아 표현해야 한다. 이걸 잘하려면 글을 자주 쓰고 고쳐야 한다.

한 아이가 글을 이렇게 마무리 지었다. "중요한 결정은 내 생각으로, 내

의지로 선택해야 한다. 모든 사람이 사소한 일도 중요한 것이라 생각하고 신중하게 선택하면 좋겠다." 이런 마음이 더없이 필요한 세상이다. 여기서 한 가지를 더 가르친다. '우리는 주로 책과 나와의 관계를 중심으로 이야기를 나누었다. 이것도 굉장히 중요하고 이것만으로도 충분하다. 하지만 우리가 살아가는 넓은 세상을 바라보는 안목을 글에 담아야 한다. 즉, 나와 책과 세상을 함께 두고 글을 써야 한다. 특히 논술을 할 때는 내 이야기가 아니라 내가 살아가는 사회, 시대를 말해야 한다.'라고 한다.

표현에 대해서는 세 가지를 자주 말한다. 이어주는 말을 쓰지 말아라. 문장을 짧게 써라. 주어와 서술어가 어울리게 써라. 세 가지를 자연스럽게 해내려면 몇 년이 걸린다. '그리고'와 '그래서'를 수백 번 쓰고 나서야 비로소 이어주는 말을 줄인다. '-했는데, -해서, -했다가'를 계속 써서 길고 긴 문장을 쓰는 과정을 거쳐 짧게 쓴다. 앞뒤 이야기가 맞지 않는 비문을 수없이 쓰고 나서 고친다.●

쓰고 싶은 내용을 찾고, 내용이 잘 전해지도록 짜임을 갖추고, 알맞은 문장으로 표현하기 모두 시간이 오래 걸린다. 가장 좋은 방법은 자주 쓰고 고치는 것이다. 아이들이 이 과정을 지겨워하지 않고 즐기게 하려면 독서 토론이 재미있어야 한다. 과정을 거치지 않으면 좋은 글은 나오지 않는다. 한 발, 한 발 나가다 보면 내가 가야 할 산이 점점 가까이 다가오고 있다는 걸 느낄 날이 올 것이다.

● 자세한 내용은 『책벌레 선생님의 행복한 글쓰기』, 266~277쪽 참고.

3 ——— 건강한 긴장으로
글 고치기

가. 함께 읽고 고치기

나는 C. S. 루이스와 J. R. R. 톨킨을 무척 좋아한다. 두 사람 책은 대부분 읽었다. 두 작가의 책을 50권 이상 갖고 있으며, 스무 권은 다섯 번 이상 읽었다. 사람들이 감탄하는 글을 쓴 배경에는 잉클링스(Inklings)가 있었다. 두 사람은 잉클링스라는 모임에서 글을 낭송하고 의견을 나누었다. 톨킨이 『반지의 제왕』 원고를 처음 읽은 곳, 루이스가 『스크루테이프의 편지』 내용을 친구들에게 이야기한 곳도 잉클링스였다.

잉클링스는 서로의 글을 읽고 자유롭게 이야기하는 곳이었다. 비평도 오갔지만 대부분 글을 잘 쓰도록 격려하고 도와주는 의견을 나누었다. 루이스와 톨킨은 잉클링스에서 동화책부터 연구자료까지 다양한 글을 낭송하고 서로에게 의견을 들었다. 톨킨은 루이스의 격려 덕분에 『반지의 제왕』을 완성했다고 고마워했다.

잉클링스 회원들은 무조건 칭찬하거나 대놓고 비난하지 않았다. 위축되지 않으면서 서로에게 격려와 자극을 받는 '건강한 긴장'이 있었다. 건강한 긴장은 서로가 서로에게 조언자이며 동시에 경쟁자로 함께 발전하게 한다. 루이스와 톨킨은 상대의 반응을 기대하며 신중하게 글을 썼고, 서로의 조언을 받아들여 글을 고쳤다. 자신이 보지 못하는 부분이 다른 사람에게 보이는 줄 알았기 때문에 서로의 의견을 받아들였다. 건강한 긴장 덕분에 글이 더 온전해졌다.

나도 독서동아리 수업할 때 건강한 긴장을 유지하려고 노력한다. 무엇보다 상대의 글을 비난하고 평가하지 말라고 한다. 아이들은 글에 대한 비난과 평가를 자기 자신에 대한 비난으로 받아들인다. 도움 되는 내용을 지적해도, 마음이 닫히면 받아들이지 않는다. 비난하는 분위기는 배움의 기회를 빼앗아간다. 솔직하게 말하면서 건강하게 받아들이는 분위기를 만드는 게 중요하다.

쉽지 않다. 사람은 대부분 자기 생각과 다르면 틀렸다고 생각해서 지적한다. 특히 부모나 교사, 선배와 연장자는 뭔가를 보여주려 한다. 부모가 자식을 가르치기 어려운 까닭은, 자녀가 잘되길 바라는 마음이 앞서 비판이 커지기 때문이다. 글을 비판하고 비난하면 건강하지 않은 긴장이 생긴다. 이런 긴장은 마음을 닫게 만든다. 그럼 글을 고칠 마음도 사라지고 글을 쓰고 싶지 않게 된다.

김영하 소설가는 합평(한 사람의 글을 여럿이 비평하는 활동)이 서로 뺨을 때리는 것 같다고 했다. 인간이라면 누구나 가진 시기와 질투심 때문에 장점을 잘 보지 못한다고 했다. 그래서 상처받지 않고 즐겁게 글을 쓰는 마음을 간직하는 게 중요하다고 했다. 비난하고 평가할 가능성을 차단하려면 어떻게 해야 할까? 자기 생각을 내세워 단정 짓지 말고 글쓴이에게 질문하는 방법을 선택했다.

나. 묻고 대답한 내용으로 글 고치기

생텍쥐페리는 덧붙일 것이 없을 때가 아니라, 제거해야 할 것이 아무

것도 없을 때 완성이 이루어진다고 했다. 많은 작가가 초고의 두 배 정도 글을 쓴 뒤에, 내용을 줄이며 글을 고친다. 『어린 왕자』를 쓴 생텍쥐페리도 줄이면서 글을 고쳤다. 그래서 『어린 왕자』가 깊이 여운을 안겨주는, 시 같은 책이 되었다.

아이들은 다르다. 글을 쓰기 싫어한다. 자주 쓰지 않기 때문에 글을 쓰는 힘이 부족하다. 자기 기준으로, 내키는 대로 쓴다. 자기는 알지만 읽는 사람은 이해하기 어렵게 쓴다. 자기가 아는 내용은 쓸 필요를 느끼지 못해서 적당히 넘어간다. 한 마디로, 아이들은 자세하게 쓰지 않는다. 그래서 글을 고칠 때는 무슨 뜻인지 설명해야 하는 경우가 많다. 자기 생각을 다른 사람이 동의하고 공감하도록 보충해야 한다.

이렇게 해보자. 아이들이 글을 쓰면 인쇄해서 한 부씩 나눠준다. 돌아가면서 글을 읽고 아이들이 글쓴이에게 질문한다. 글을 쓴 사람은 당연하다고 생각하는 내용을 생략한다. 이미 알기 때문에 설명하지 않는다. 그러나 읽는 사람은 경험과 배경지식이 달라서 이해가 안 되는 내용, 동의하기 어려운 내용이 보인다. 그런 내용을 묻는다. 궁금한 내용, 의견이 다른 내용, 더 생각나는 내용을 질문하면 글쓴이가 대답한다. 질문으로 부족한 점을 알아내는 방법은 내가 "이렇게 고쳐라, 저렇게 고쳐라." 하며 가르치는 것보다 효과가 좋다.

질문은 글에서 부족한 부분과 어색한 부분을 보여준다. 글을 잘 썼으면 감탄하는 내용이 많고, 어색하거나 부족한 내용이 많으면 질문이 많아진다. 질문에 대답하는 내용이 곧 글에서 고쳐야 할 내용이다. 글쓴이도 친구들 질문에 대답하면서 저절로 깨닫는다. '아, 이 부분은 자세하게 써야 하는구나! 내 글을 이해하지 못하는구나! 읽는 사람이 내 의견에 동의하게 하려면 증거를 제시해서 논증해야겠다. …'

마지막 시간에 글을 고친다. 처음부터 잘 쓰는 글은 없다. 모든 글은 고치는 과정을 거쳐야 한다. 그러나 글 고치기는 쉽지 않다. 질문하고 대답하는 시간을 가져도 처음에는 글을 고치기 어려워한다. 글 고치는 방법이나 방향도 글마다 다르다. 원칙을 정하기도 어렵다. 이곳에서는 질문하고 대답하며 글 고치기, 세 가지를 기억하며 글 고치기 사례를 소개한다.

다. 질문하고 대답하며 글 고치기 사례

석 달 이상 독서동아리 수업을 한 뒤에 질문하고 대답하는 방법을 쓴다. 내가 무얼 원하는지 알 정도로 수업한 뒤라야 아이들이 제대로 질문하기 때문이다. 독서동아리에서 아홉 번째 책으로 『빨강 연필』을 읽고 글을 썼다. 형식에 제한받지 말고 자유롭게 쓰라고 했다.

> 나는 가끔 불안할 때가 있는데 외부로부터의 영향이 들어올 때 불안하다. 현재까지 사람들이 뭐든지 잘하는 그런 아이로 본다. 하지만 솔직히 그렇지도 않다. 친구들은 알고 있을 테지만 난 뭐든지 잘하는 그런 아이가 아니다.
>
> 사람인데, 사람은 완벽하지 않은데 주변의 친구 엄마들은 나를 뭐든 잘하는 아이로 본다. 가끔 선생님도 그럴 때가 있다. 예를 들어 어려운 것은 나를 시킨다든지 그렇지 않은 척하며 은근히 나를 괴롭힌다. 엄마도, 친구들 엄마도, 친구들도, 선생님도 나에게 불안감을 심어준다. 예를 들어 내가 시험을 못 보면 친구들은 "○○이가 시험 못 봤대!" 이런 식으로 이야기를 하고 엄마든 선생님이든 친구 엄마든 모두 "○○이가 잘하다가 왜 이럴까? 무슨 일 있냐?" 이런 식으로 이야기하신다. 그럴 때마다 나는 '아, 나는 공부를 항상 잘해야 하고 안 돼도, 못해도 잘하는 척을 해야 하는구나!'라는 생각에 불안하다. 예전에는 대부분의 사람들이 날 모르고 있었는데 자라면서 거의 다 나를 알게 되었고 이런 주위 사람들 때문에 더 잘할 수밖에, 잘하려고 할 수밖에 없었다. 이제는 이런 불안에서 벗어나고 싶다. 보통 학생들처럼 눈길을 받지 않고 못해도, 잘해도 그냥 못 본 척, 모르는 척, 그냥 그런 척해주면 좋겠다.
>
> (6학년 여학생 글)

- 민호 생각하며 '불안'으로 글 쓴 거야?
- 사람들이 잘한다고 칭찬하면 힘들어? 힘든 게 또 있어?
- '외부로부터 영향이 들어올 때'가 뭐야? 외부의 압력 같은 건가?
- 엄마들은 왜 그럴까? 우리 엄마도 누구 잘한다 하면서 자꾸 비교해. 내가 엄마 자식인데 나한테는 못한다고 잔소리만 해.
- 그렇지 않은 척하며 은근히 괴롭히는 게 무슨 뜻이야? 네가 괜찮은 척하며 일한다는 거야, 다른 사람이 너 잘한다고 부려 먹는 거야?
- 난 네가 부러워. 넌 어떻게 그렇게 잘하게 됐어?
- 칭찬하면서 부담 주면 힘들겠다. 짜증도 못 내고. 어떻게 풀어?
- 사람들이 어떻게 너를 알게 되었어? 유명해진 거네!
- 사람들 신경 쓰지 않고 그냥 살면 안 돼?
- 보통 학생도 눈길을 받아. 보통 사람처럼 되고 싶은 거야? 사람들 기대를 받기 싫은 거야?
- 난 누가 좀 신경 써주면 좋겠다.

위 질문은 글에서 이해하기 어려운 부분을 보여준다. 엄마들이 왜 다른 집 아이를 칭찬하며 비교하는지 모르겠다고 하소연하면 답답한 마음이 풀어진다. 자기 마음을 솔직하게 표현하는 것이 글쓰기의 기본이다. 이 마음이 전해지려면 읽는 사람이 이해하도록 써야 한다. 질문이 이를 도와준다.

위 글에는 책 이야기가 없다. 『빨강 연필』에서 민호가 거짓말을 써서 상을 받았다. 엄마가 좋아하고 친구들도 평소와 다르게 본다. 그러나 민호는 잘하는 아이가 된 뒤에 불안감이 생겼다. 늘 잘하던 재규도 민호에게 상을 빼앗기고 불안했다. 그래서 재규는 민호에게 대회에 나가지 말라고 했다. 이런 내용을 같이 쓰면 좋은 독서감상문이 된다.

이 글은 책 내용을 더해 쓰라 하지 않고 그냥 두었다. 아이가 마음에 담아둔 불안을 꺼냈는데 글을 잘 쓰라고 말하기 싫었다. 책 이야기를 쓰지 않아도 마음을 담아 쓰면 충분하다. 책 내용이 없더라도 글을 계속 쓰면 머지않아 책 이야기를 담아 글을 쓴다. 그래서 그냥 두었다. 문단을 나누고 맞춤법, 띄어쓰기를 고치라고 했다. 고친 글을 소개한다.

나는 가끔 불안하다. 외부로부터의 영향이 들어올 때이다. 지금까지 사람들은 나를 뭐든지 잘하는 아이로 본다. 하지만 솔직히 그렇지도 않다. 친구들은 잘 알고 있을 테지만 나는 무엇이든 잘하는 그런 아이가 아니다.

사람인데, 사람은 완벽하지 않은데 주변의 친구 엄마들은 나를 뭐든 잘하는 아이로 본다. 가끔 선생님도 그러실 때가 있다. 어려운 것은 나를 시킨다. 엄마도, 친구들도, 선생님도 나에게 불안감을 심어준다. 내가 시험을 못 보면 친구들은 "○○이가 시험 못 봤대!" 이런 식으로 이야기를 하고 엄마와 선생님도 "○○이가 잘하다가 왜 이럴까? 무슨 일 있냐?" 이런 식으로 이야기하신다. 그럴 때마다 나는 '아, 나는 공부를 항상 잘해야 하는구나!'라는 생각에 불안하다.

나는 이 불안을 친구들과 부모님에 대한 짜증으로 표출한다. 짜증을 낼 때는 모르겠는데 짜증을 다 내고 되돌아보면 '내가 왜 그랬지? 정말 미안하네…'라는 생각을 하게 된다.

예전에는 대부분 사람이 날 몰랐는데 크면서 거의 다 나를 알게 되었다. 내가 외향적이어서 그런 것 같다. 나를 아는 주위 사람들 때문에 더 잘할 수밖에, 잘하려고 할 수밖에 없었다. 이제는 이런 불안에서 벗어나고 싶다. 보통 학생들처럼 눈길을 받지 않고 못 해도, 잘해도 그냥 못 본 척, 모르는 척, 그냥 그런 척 지나갔으면 좋겠다. 사람들이 나를 알게 된 이상 계속 나에 대한 지적을 할 것이고 수군댈 것이다. 하지만 나는 충고는 받아들이고 수군댐과 헛소문은 그냥 못 들은 척하고 지내는 게 좋을 것 같다. (수정한 글)

라. 글 쓸 때 기억해야 할 세 가지에 따라 글 고치기

두레학교 5~6학년 서른네 명과 이틀 동안 수업한 내용을 2부 3장에 소개했다. 이때 이야기 독서토론을 마치고 글을 썼다. 글을 쓰기 전에 아이들이 자주 하는 실수를 알려주었다. "아이들은 말하듯 쓰기 때문에 문장이 길어진다. 구어체로 길게 쓰면 이해하기 어렵다. 그러니 짧게 써라. 이어주는 말은 필요할 때만 써라. 부사(참, 정말, 아주 등)를 줄여라. 수동태(~되었다)는 자신 없는 표현이다. 능동으로 써라."라고 알려주었다.

글을 쓰고 독서 캠프 마칠 때까지 2시간 남았다. 서른네 명이 쓴 글을 모두 읽고 질문과 대답을 하기엔 시간이 부족했다. 몇 편만 골라서 질문하고 대답한다 해도 아이들이 비난하는 질문을 할 위험이 있다. 그래서 아이들이 쓴 글을 사진으로 찍어 큰 화면으로 보여주며 글을 어떻게 고쳐야 하는지 설명했다. 서른네 편을 어떻게 고치는지 알려주면 두레학교 선생님들이 배우리라 생각했다. '글 쓸 때 기억해야 할 세 가지'를 요약해서 알려주고 이 방법으로 글을 고쳤다.

돈이 있어야 해!

이 책에서는 루스라는 아이가 가난한 아이를 후원해준다는 편지를 보낸다. 이때부터 아이들은 그 가난한 아이에게 줄 10파운드를 벌기 시작한다.

내가 이 독서감상문의 제목을 〈돈이 있어야 해!〉로 지은 이유는 나도 이 책에 나온 루스, 마리, 피비, 나오미처럼 돈이 필요하기 때문이다. 이 책에서 아이들은 돈을 번다고 샌드위치도 팔고 정원도 가꿔주는 등 여러 가지 일을 하였다. 그래서 10파운드를 모은다. 나도 하고 싶은 것이 있고 그것 때문에 돈을 모은다. 그러면서 언제~ (잘 모르겠음)

그리고 이때 피비는 나에게 잘 대해주지 못한 사람들을 동물원 안에 넣는다. 그리고 할머니가 돌아가셨다고 소식을 들었을 때 할머니의 이름을 동물원 우리 안에 넣는다. 나는 책을 읽을 때 이 내용이 이해가 잘되지 않았다. 하지만 아까 선생님과 독서 토론을 해보니 이런 피비의 행동이 이해가 되었다. 피비는 할머니가 돌아가셨다는 것이 슬퍼서 그 슬픔을 나타낸 것이다.

이 책은 나의 생활과 비슷해서 재미는 없지만 좋았던 것 같다. (5학년 남학생 글)

첫째. 하고 싶은 말이 있을까?

아이는 돈이 필요하다고 썼다. 네 자매도 돈이 필요해서 여러 가지 방법으로 돈을 모았다고 썼다. 돈이 필요하다고 썼지만 무얼 하고 싶은지는 생각하지 못했다. 돈이 정말 필요하지는 않다는 뜻이다. 하고 싶은 말이 없는데, 글을 써야 하므로 독서토론에 대한 이야기를 덧붙였다. 책을 읽고 나서 하고 싶은 말이 없으면 글을 쓰지 못한다.

이 글은 일기도, 독서감상문도 아니다. 마음을 사로잡은 주제나 생각이 없어서 내용이 왔다 갔다 한다. 평소에 글을 쓰지 않았다는 증거이다. 독서 수업하면서 네 자매 이름을 자주 말했는데 레이첼을 '마리'라고 썼다. 책을 이해하지 못하고 글을 자주 쓰지 않은 아이는 이렇게 쓴다. 이틀 동안 내용을 알아보고 토론해도 무얼 쓸지 모르겠다는 아이가 많다. 아직 글을 쓸 때가 아니다. 이런 아이는 독서 수업을 일기로 쓰는 게 낫다.

둘째. 주제가 잘 전해지도록 순서를 정했나?

순서를 바꾸어야 한다. 독서토론 내용은 모두 삭제해야 한다. 독서감상문은 자기가 하고 싶은 이야기를 쓰는 글이다. 토론하면서 책을 잘 이해하게 되었다는 내용은 일기에 쓰면 된다. '돈'에 대한 내용만으로 글을 써야 한다. 2문단까지는 이미 글에 드러난 내용이다. 이것만으로는 좋은 글을 쓰기 어렵다. 아이의 생각과 경험을 뛰어넘는 깊이 있는 내용이 필요하다. 그런데 이걸 생각하지 못한다. 이런 아이는 글 고치기를 하지 말고 기다려야 한다. 지금은 쓰기가 아니라 준비가 필요한 때이다. 그래도 글을 고치겠다고 하면 아래 내용을 알려준다.

1문단 : 루스가 조셉을 후원하면서 돈을 버는 내용

2문단 : 네 자매가 조셉을 돕는 목표를 세운 것처럼 나도 하고 싶은 일이 있다. 그 일을 하려면 돈이 필요하다. 그래서 돈을 모으고 있다.

3문단 : 돈이 없으면 하고 싶은 일을 할 수 없을까? (그렇다고 해도 되고, 그렇지 않다고 해도 된다. 다만 자세하게 설명해야 한다.)

4문단 : 3문단에서 내린 결론을 확정하고 결론에 따라 어떻게 살아야 할지 제시한다.

셋째. 읽는 사람이 이해하기 쉽게 썼을까?

크게 두 가지를 고쳐보자. '그, 이' 같은 말을 쓰지 말자. '그리고, 그래서'도 최대한 줄여보자. 없어도 되는 낱말에 줄을 그었다.

~~이 책에서는~~ 루스라는 ~~아~~아이가 가난한 아이를 후원해준다는 편지를 보낸다. 이때부터 ~~아이들은 그~~ 가난한 (네 자매가) 아이에게 줄 10파운드를 벌기 시작한다. ~~내가 이~~ 독서감상문의 제목을 〈돈이 있어야 해!〉로 지은 이유는 나도 ~~이 책에 나온~~ ~~루스, 마리, 피비, 나오미~~처럼 돈이 필요하기 때문이다. ~~이~~ 책에서 아이들은 돈을 번다고 샌드위치도 팔고 정원도 가꿔주는 등 여러 가지 일을 하였다. 그래서 10파운드를 모은다.

나도 하고 싶은 것이 있~~고 그것~~(기) 때문에 돈을 모은다. 그러면서 언제~ (잘 모르겠음) ~~그러고 이때~~ 피비는 ~~나에게~~ (자기에게) 잘 대해주지 못한 (않았던) 사람들을 (사람들 이름을) 동물원 안에 넣는다. ~~그러고~~ 할머니가 돌아가셨다~~고~~(는) 소식을 들었을 때 할머니의 이름을 동물원 우리 안에 넣는다. ~~나는~~ 책을 읽을 때 이 내용이 이해가 잘되지 않았다. 하지만 ~~이때~~ 선생님과 독서토론을 해보니 ~~이런~~ 피비의 행동이 이해가 되었다. 피비는 할머니가 돌아가셨다는 것이 슬퍼서 큰 슬픔을 나타낸 것이다. 이 책은 나의 생활과 비슷해서 재미는 없지만 좋았던 것 같다. (수정 과정을 보여주는 글)

루스, 나오미, 레이첼, 피비는 4자매입니다. 늘 학교 버스를 늦게 타서 기사님께 꾸중을 듣지요. 그러던 어느 날 학교로 가는 스쿨버스를 타고 가고 있는데 루스가 약간 이상한 기분을 느꼈습니다. 그때 나오미가 "언니! 대체 학교에 무엇을 입고 온 거야?"하고 말하니 루스가 느꼈습니다. 루스가 티셔츠 대신 잠옷 윗도리를 치마 속에 집어넣고 학교에 온 것입니다. 루스는 하루 종일 도서관에 숨어 있기로 결심했습니다.

그런데 도서관은 매우 추웠습니다. (중략) 그렇게 마지막은 엠마 할머니의 도움으로 아프리카까지 다녀오게 됩니다.

제가 가장 기억에 남은 부분은 조섹이 자기를 후원해준다는 사람이 생겼을 때 기뻐한 것입니다. 그 이유는 한 사람을 도와준다는 것은 도와주는 사람도 도움을 받는 사람도 행복하다는 것을 느꼈기 때문입니다.

책을 읽다 보면 중간에 레이첼이 튤립 알뿌리를 보물이라고 하는 부분이 있는데 나한테 보물은 저의 옆에 있는 친구들인 것 같습니다. ①왜냐하면 저와 나이가 같기 때문에 하늘나라에 갈 시기도 비슷할 것 같아서 죽기 전까지 늘 함께 할 수 있을 것 같습니다. 가끔 서로 마음이 안 맞을 때도 있지만 그래도 친한 친구입니다. 그래서 친구들이 저의 보물인 것 같습니다. (5학년 여학생 글)

첫째. 하고 싶은 말이 있을까?

1문단은 줄거리다. 2문단은 줄거리를 너무 길게 써서 내용을 생략했다. 3문단에 가서야 '한 사람을 도와주는 게 귀중하다.'고 말한다. 4문단에서는 친구들이 보물이라고 말한다. 이 글에서 가장 하고 싶은 말은 3문단과 4문단 내용이다. 3문단을 핵심으로 생각한다면 한 사람을 도와주는 일이 귀중하다는 글을 써야 한다. 4문단이 핵심이라면 같은 나이로 살아가는 친구들이 보물처럼 소중하다고 써야 한다. 무얼 써도 괜찮지만 한 가지를 정해 써야 한다.

둘째. 주제가 잘 전해지도록 순서를 정했나?

아이가 쓴 글에서 전체 내용의 3분의 2가 줄거리이다. 너무 길게 써서 생략했다. 줄거리는 하고 싶은 말, 즉 주제를 표현하기 위해 필요할 때만 써야 한다. 줄거리 쓰기, 가장 인상 깊은 장면 쓰기, 느낌 쓰기는 독서록에 나온 형식이다. 독서록을 쓰면서 이런 습관이 생겼거나, 이렇게 쓰라고 배운 것 같다. 이렇게 쓰면 안 된다. 3문단에서 도와주는 사람과 도움을 받는 사람 모두 행복하기 때문에 한 사람을 도와주어야 한다고 썼다. 이것만 붙들어 글을 써야 한다.

필요한 내용을 찾아보자. 『책벌레들의 비밀 후원 작전』에 도와준 이야기가 많다. 네 자매가 조섹을 도와주면서 뿌듯해한다. 조섹은 도움을 받아 공부하면서 행복해한다. 루스와 나오미는 할아버지, 할머니를 위해 정원을 가꾼다. 할머니는 아이들과 친구가 되면서 더 이상 외롭지 않았다. 혼자라는 생각이 들지 않았다. 할머니는 피비의 동물원 덕분에 마음에 담아둔 상처를 털어버린다. 피비도 할머니와 함께 있을 때 행복했다. 줄거리를 쓰려면 자신이 쓰려고 하는 주제와 관련된 내용만 찾아 써야 한다.

우리도 살아가면서 누군가를 도와주고 도움을 받는다. 글을 쓴 아이도 친구를 도와줘서 기뻤던 적이 있을 것이다. 다른 사람이 도와줘서 행복했던 적도 있을 것이다. 이걸 글로 표현해야 한다.

1문단 : 내가 친구를 도와준 경험, 친구에게 도움받은 경험 소개. 이 경험을 통해 누군가를 돕거나 도움을 받을 때 느낀 마음 표현하기

2문단 : 한 사람을 도와주면 도와주는 사람과 도움받는 사람 모두 행복해진다. 왜 이렇게 되는지 자세하게 설명하기.

3문단 : 책에서 서로 도와주고 도움받은 내용 소개하기. 그때 도움을 주고받은 사람들이 행복한 까닭 설명하기.

4문단 : 우리도 서로 도와주고 도움을 받으며 살아가야겠다는 마음을 표현하며 글을 끝내기.

아이가 위의 순서대로 글을 쓴다면 '개요 짜기'를 가르치면 된다. 위의 순서를 보고도 글을 못 쓰면 글쓰기를 멈추고 기다려야 한다. 때론 기다리는 게 가장 좋은 교육이다.

새롭게 제시한 1~3문단은 순서를 바꾸어도 괜찮다. ① 문장처럼 '왜냐하면'으로 시작하면 '때문이다.'로 끝내야 한다. 이럴 때는 '왜냐하면'을 쓰지 않는 게 낫다. '그 이유는'도 쓸 필요가 없다. '~것'이라는 표현이 많다. 부드럽게 이어지도록 '~것'을 줄여야 한다.

인생은 힘든 거야

~~우리는 각자만의 인생을~~ 살다보면 자신이 해결하기 힘들거나 해결하지 못해서 불만이 생기는 경우가 종종 있을 것이다.

~~내가 읽은~~ 『책벌레들의 비밀 후원 작전』이라는 책에서는 우리 같이 힘든 상황에서 피비라는 아이가 그것을 해결하려고 하는 모습이 있다. ~~그때에~~ 피비는 화풀이로 사고를 치거나 물건에 많이 화풀이를 한다.

~~하지만 우리가~~ 힘든 그 순간이 우리에게 온다면 우리는 어떻게 해결할까? 피비처럼 누군가에게, 혹은 물건에게 화풀이를 할까? 물론 사람마다 다를 수 있다. 때마다 다를 수 있으니까 말이다.

피비는 언제나 사고치고 화풀이로 자신의 불만을 채운다. 자신의 우리로 할머니의 이름을, 돌아가셨다고 그 이름을 넣고 물건을 뿌신 것만으로도 증명이 가능하다.

하지만 우리도 이와 다른 것은 아니다. 동생이 있거나 누나 혹은 형에게 화풀이를 할 수도 있고 물건에게 피비처럼 화풀이도 한다. 그런데 그것을 한다 해서 풀리지 않을 때는 어떻게 하는가? 때문에 인생은 순탄하지 않은 것이고 힘든 것이다.

이처럼 우리가 살아갈 때에, 그러니까 인생이 힘들 때 해결하는 방법이 다를 것이다. 하지만 나는 어떤 방법으로든지 그것을 해결하려는 ~~것을 중심으로~~ 방법을 구해야겠다. 그것이 이 힘든 인생을 해결하는 나의 방법이니까 말이다. (6학년 남학생 글)

첫째. 하고 싶은 말이 있을까?

책을 읽고 자기만의 주제를 정했다. "인생이 힘들다. 힘든 일을 자주 만난다. 그럴 때마다 해결해야 한다."는 내용이다. 좋은 주제이다. 한 가지 주제를 정하고, 책 내용을 주제로 이해하고, 자기 이야기도 함께 썼다. 6학년 남자아이로서는 좋은 글을 썼다.

5문단에서 문제가 풀리지 않을 때 어떻게 하는지 묻고 그대로 끝내버려서 아쉽다. 문제가 풀리지 않을 때 어떻게 하는지 궁금하다. 이 질문은 '그래서 인생이 힘들다'로 끝내면 안 된다. 가족이나 물건으로 화를 풀지 못할 때 어떻게 하는지 쓰면 좋은 글이 되겠다.

"문제는 많고, 해결은 쉽지 않다. 잘 해결하고 살자."는 말은 누구나 쓸 만한 글이다. 실제로 현실에서 어려운 문제를 이겨내지 못한 사람도 '잘하자!' 정도는 말한다. 어떻게 해결하는지 말해주는 사람이 필요하다. 곱게 종이에 담은 내용이 아니라 현실에 부딪힌 내용, 현실에서 적용한 이야기를 쓰면 좋은 글이 된다. 혼자 해결 방법을 찾기 어려울 테니 같이 의논해서 알아본 뒤에 글을 쓰면 좋겠다.

둘째. 주제가 잘 전해지도록 순서를 정했나?

1문단은 한 문장뿐이다. 아무리 좋은 생각이라도 설명이 부족하면 마음이 전달되지 않는다. 읽는 사람이 '정말 해결하기 어려운 일을 만나면 불만이 생기지!'라고 느끼도록 설명해야 한다. 공부, 취직 등의 사례를 들거나 후원금을 마련하기 위해 고군분투하는 책 내용을 들어 글쓴이의 마음이 느껴지게 전해야 한다.

2~4문단이 모두 같은 내용이다. 이걸 묶어서 새롭게 2문단을 만들었다. 기존의 5문단 뒷부분과 2문단 일부를 합쳐 3문단을 만들었다. 4문단은 '그러므로'에 이어질 내용을 새롭게 써야 한다. 쓸 내용이 생각나지 않으면 글의 초점을 바꾸어야 한다. 더 어려운 일을 어떻게 해결하는지 내용

을 빼고, 화를 쌓아두지 말고 즉시 해결하라는 내용으로 써야 한다. 또는 피비의 동물원 역할을 하는 사람이 곁에 있어야 한다는 내용으로 써도 좋다. 위의 글을 4문단으로 바꾸었다.

1문단 : 누구나 살면서 해결하기 힘든 일을 만난다. 이런 일을 만나면 불만이 생긴다. (읽는 사람이 공감하도록 내용을 덧붙여 쓰기)

2문단 : 『책벌레들의 비밀 후원 작전』에서 피비도 해결하기 힘든 문제를 만난다. 피비는 아직 어려서 화풀이로 문제를 해결한다. 할머니가 돌아가셨다고 할머니 이름을 동물원 우리에 넣기까지 한다. 우리도 피비처럼 동생이나 누나, 형에게 화풀이한다.

3문단 : 위의 방법으로 해결하기 어려운 일이 생기면 어떻게 할까? 피비처럼 누군가에게, 혹은 물건에 화풀이할까? 그렇다고 모든 문제가 풀리는 건 아니다. 문제가 풀리지 않을 때는 다른 방법이 필요하다. (방법 설명)

4문단 : 인생은 순탄하지 않다. 힘들다. 그러므로~ (대안 제시)

셋째. 읽는 사람이 이해하기 쉽게 썼을까?

첫 문장은 "누구나 살면서 해결하기 힘든 일을 만난다."처럼 짧고 간단하게 써야 한다. 이어지는 문장 대부분 간단하게 써야 한다. 말하는 것처럼 길게 늘여 쓰는 구어체로는 뜻이 명확하게 전달되지 않는다. 쉽고 간단하게 쓰면서 자세하게 설명하고 묘사해야 한다. 밑줄 그은 말은 모두 생략해도 된다.

아이들이 글을 쓰고 고치게 하는 일은 연인 사이의 밀당과 비슷하다. 아이 마음을 잘 살펴 밀고 당기기를 해야 한다. 슬쩍 밀어놓고 기다릴 때와 바짝 당기며 시켜야 할 때를 가려야 한다. 계속 가르친다고 잘하지 않으며, 무조건 기다린다고 기대가 이루어지지도 않는다. 가까이 다가가 시키고, 잠시 떨어져 기다리고, 책 내용으로 묻고, 책과 상관없는 이야기로 멀어지는 과정을 거쳐야 한다. 사람을 상대하는 일이 다 그렇듯 마음이 먼저이다. 글쓰기 지도 기술, 독서 수업 기술을 많이 아는 것보다 아이 마음을 살피는 일이 중요하다.

독서 수업을 계획하며 두 가지 목표를 세운다. 개인의 능력 높이기와 삶의 힘겨움 달래기다. 우선 아이들이 책을 발판 삼아 힘겹게 감춰둔 이야기를 털어놓을 기회를 주려 한다. 책을 읽으며 마음을 나눌 질문을 찾는다. 수업하면서 아이들 표정을 살핀다. 마음을 울리는 순간을 만들어주려고 주의를 기울인다. 그러면 아이들이 감춰둔 마음을 털어놓는다. 울림이 있는 수업이 안 된다면 읽고 생각하고 쓰며 능력을 높이도록 도와준다. 낱말과 문장을 이해하고, 표현하는 방법을 알게 도와준다.

독서 수업이 끝나면 아이들이 논술을 어떻게 쓰는지 배워서 좋다고 말한다. 글쓰기가 쉬워졌다고 말하는 아이도 있다. 뿌듯하다. 그러나 무엇보다 좋은 건, 마음이 울린 아이가 아쉬워하는 모습이다. '또 오라고~', '또 오겠다고~', '이런 수업 다시 하자고' 하는 모습을 보면 나도 마음이 울린다.

책으로 아이와 밀당했던 기록

울리는 수업

ⓒ 권일한, 2021

초판 1쇄 발행 2021년 8월 10일
지은이 권일한
펴낸이 한상수
책임편집 윤미향
편집 조지연 김지원
디자인 강현정
표지·본문 일러스트 이새로미

펴낸곳 (사)행복한아침독서
주소 경기도 파주시 경의로 1240번길 31. 6층
전화 031-943-7566
팩스 031-944-7569
출판등록 2007년 10월 26일
홈페이지 www.morningreading.org
전자우편 morningreading@hanmail.net

ISBN 979-11-85352-69-5
ISBN 979-11-85352-50-3 (세트)